知识产权研究文丛

知识产权
治理机制研究
——以支撑陕西创新
驱动发展为视角

陈　波▪著

知识产权出版社

全国百佳图书出版单位

——北京——

图书在版编目（CIP）数据

知识产权治理机制研究：以支撑陕西创新驱动发展为视角/陈波著. —北京：知识产权出版社，2022.10
（知识产权研究文丛）
ISBN 978-7-5130-8400-0

Ⅰ.①知…　Ⅱ.①陈…　Ⅲ.①知识产权—研究—陕西　Ⅳ.①D927.410.340.4

中国版本图书馆 CIP 数据核字（2022）第 190147 号

内容提要

本书以"创新引领高质量发展"为主题，结合陕西知识产权治理十年来的实践，围绕知识产权治理机制在促进多元主体协同创新、加快科技创新成果转化、服务科技型中小微企业、形成激励创新的法治环境、推动职务科技成果知识产权混合所有制改革、建设知识产权强省为陕西创新驱动发展提供系统支撑等领域展开专题研究，探索知识产权治理机制在推动区域经济高质量发展中的问题与成效、作用机理与制度构建，以省域为样本考察提升知识产权治理能力与治理体系现代化的实现路径，为知识产权强国建设贡献地方治理的经验与智慧。

责任编辑：林竹鸣　　　　　　　**责任校对：**潘凤越
封面设计：张国仓　　　　　　　**责任印制：**刘译文

知识产权研究文丛
知识产权治理机制研究
——以支撑陕西创新驱动发展为视角
陈　波　著

出版发行：知识产权出版社 有限责任公司		网　址：http://www.ipph.cn		
社　　址：北京市海淀区气象路 50 号院		邮　编：100081		
责编电话：010-82000860 转 8792		责编邮箱：linzhuming@cnipr.com		
发行电话：010-82000860 转 8101/8102		发行传真：010-82000893/82005070/82000270		
印　　刷：三河市国英印务有限公司		经　销：新华书店、各大网上书店及相关专业书店		
开　　本：880mm×1230mm　1/32		印　张：11.875		
版　　次：2022 年 10 月第 1 版		印　次：2022 年 10 月第 1 次印刷		
字　　数：297 千字		定　价：86.00 元		

ISBN 978-7-5130-8400-0

陕西人文社科文库著作出版资助

/前　言/

当今世界正经历百年未有之大变局，以互联网、人工智能等领域为代表的新一轮科学技术革命正迅猛发展，科技创新日益成为推动全球经济增长的核心动力。为有效应对错综复杂的国内国际发展环境变化，充分发挥我国超大规模经济体优势的内在需求，习近平总书记指出："要逐步形成以国内大循环为主体，国内国际双循环相互促进的新发展格局。"● 发挥科技创新在畅通循环中的关键作用，不断提升供给体系的创新力与关联性，解决好各类"卡脖子"问题，是实施"以国内大循环为主体，国内国际双循环"● 战略的重要环节。

保护知识产权就是保护创新。系统推进支撑"双循环"战略实施的科技创新工作，离不开知识产权制度变革和总体规划。中共中央、国务院 2021 年 9 月印发了《知识产权强国建设纲要（2021—2035 年）》，明确提出"统筹推进知识产权强国建设，全面提升知识产权创造、运用、保护、管理和服务水平，充分发挥知识产权

● 人民网. 习近平在看望参加政协会议的经济界委员时强调：坚持用全面辩证长远眼光分析经济形势　努力在危机中育新机于变局中开新局［EB/OL］.（2020-05-24）［2022-06-24］. http://www.gov.cn/zhengce/2021-09/22/content_5638714.htm.

● 刘鹤. 加快构建以国内大循环为主体、国内国际双循环相互促进的新发展格局［N］. 人民日报，2020-11-25（6）.

制度在社会主义现代化建设中的重要作用"❶。知识产权制度是建设创新型国家的重要保障，也是完善国家治理体系的重要内容，推动知识产权从传统管理模式向治理模式转变是实现国家治理现代化的任务，也是知识产权自身发展规律的内在要求和体现。

知识产权治理是包括政府、产业界、高校、科研院所、金融机构、中介力量、使用者等在内的多元主体运用法律、政策、合同等手段参与知识产权创造、运用、保护、管理和服务等环节的活动，以加快知识产权价值转化，推动创新链与产业链紧密融合，不断将创新主体的智力创造成果转化为社会发展核心动力。

作为建设"一带一路"的重要节点，陕西省始终将打造西部创新高地作为加快追赶超越步伐的重要抓手。为充分发挥知识产权支撑创新驱动发展的积极作用，应以建设更高水平知识产权强省为统领，以提升知识产权治理能力与治理水平现代化为主线，持续推进知识产权体制机制改革，全面加强知识产权保护，建立高层次知识产权市场机制运营，大力激发全社会创新活力，不断优化营商环境，实现更高质量、更有效率、更加协调、更可持续的发展。

本书立足于"推进创新驱动高质量发展"这一主题，从陕西地方实践出发，围绕"知识产权治理与创新驱动发展""知识产权促进多元主体协同创新""知识产权促进科技成果转化""知识产权服务促进科技型中小微企业创新发展""健全激励创新发展的知识产权法治环境""探索职务科技成果知识产权混合所有制改革""建设知识产权强省 为创新驱动发展提供系统支撑"等专题展开研究，探索知识产权创造、运用、保护、管理、服

---

❶ 中华人民共和国中央人民政府网. 中共中央 国务院印发《知识产权强国建设纲要（2021—2035 年）》［EB/OL］.（2021-09-22）［2022-06-24］. http://www.gov.cn/zhengce/2021-09/22/content_5638714. htm.

务、权属配置等治理机制在推进区域经济高质量发展中的问题与成效、作用机理与制度构建，以省域为样本考察提升知识产权治理能力与治理体系现代化的实现路径，以期为知识产权强国建设贡献地方治理经验与智慧。

/ 目　录 /

第一章　知识产权治理与创新驱动发展

创新是推动人类社会发展的不竭动力，坚持以创新推动经济发展是世界上多数国家的选择。实现创新驱动发展的关键在于以尊重人的首创精神为前提，以保护创新者合法权益为基础，以实现科技创新成果市场价值转化为重点❶，将科技创新力量源源不断地转化为经济发展动力。与汽车、房屋等传统民事权利客体不同的是，专利、商标、作品、地理标志、植物新品种等各类创造性智力成果不仅具有非物质性特征，同时也具有非排他性与非竞争性的公共产品特征，由此带来的一个后果是体现为知识产品的创造性智力成果更易受到侵权的威胁——随着互联网的普及，网络社会中知识产权侵权现象更容易发生。因此，加快创新驱动发展，持续激励社会大众的创新热情，必须加强知识产权保护。知识产权保护是一项系统工程，"不仅在于对权利主体的激励，更在于对公共利益的维护"❷，涉及"审查授权、行政执法、司法保护、仲裁调解、行业自律、公民诚信"等多

---

❶ 储小华. 从熊彼特的创新理论看实施创新驱动发展战略之选择 [J]. 统计科学与实践, 2013（7）：17.
❷ 冯晓青. 知识产权法中专有权与公共领域的平衡机制研究 [J]. 政法论丛, 2019（3）：55.

个方面，需要"综合运用法律、行政、经济、技术、社会治理等多种手段"● 以构建起大保护格局。更为重要的是，知识产权保护也仅仅是知识产权制度运行体系中的一个环节，从推动创新驱动发展的制度价值而言，知识产权制度是通过为知识产权创造、运用、保护、管理、服务等运行系统提供支撑以促进科技创新成果价值不断在市场转化为现实生产力。由此可见，加快创新驱动发展不仅需要实施严格的知识产权保护制度，更需要构建起包括政府、企业、社会组织、高校院所、公民个人等多元社会主体共同参与的现代知识产权治理体系，凝聚起各方力量形成有助于创新发展的知识产权治理生态系统。

第一节　知识产权治理的基本内涵

知识产权既是一项重要的民事权利，体现出创造性智力成果权利人的私有利益诉求，也是现代社会中关系国家发展的重要战略性资源和衡量国际竞争力的核心要素，因此知识产权从其诞生之时就作为国家治理的重要方式存在。这不仅要求知识产权制度设计时必须综合考量多元主体的利益，而且在提升知识产权运行实效时应注重发挥多元主体协同共治作用。由此而言，知识产权治理可以被理解为包括政府、产业界、大学、科研院所、金融机构、中介力量、使用者等在内的各方主体运用法律、政策、合同等手段参与知识产权创造、运用、保护、管理和服务等环节，以加快知识产权客体价值转化，推动社会创新驱动发展和社会公共利益最大化的活动。

● 习近平. 全面加强知识产权保护工作　激发创新活力推动构建新发展格局 [J]. 求是，2021（3）：7.

一、治理

在过去的三四十年里，治理成为国内外学术界高度关注和深入研究的热点论题，不仅衍生出"元治理理论"[1] "韧性治理理论"[2] "多中心治理理论"[3] "协同治理理论"[4] "整体性治理理论"[5] "公共治理理论"[6] "复合治理理论"[7] "协商治理理论"[8] 等不同理论流派，还被广泛运用到政治经济社会各个领域，形成了"国家治理"[9] "社会治理"[10] "环境治理"[11] 等不同领域的研究范式，至于运用各种治理理论分析社会现象更是数不胜数，正如鲍勃·杰索普描述的那样"治理在许多的语境中大行其道，以

[1] 李澄. 元治理理论综述 [J]. 前沿, 2013 (21)：124.

[2] 朱振威, 刘莹莹. 韧性治理：风险与应急管理的新路径 [J]. 行政论坛, 2020 (5)：81.

[3] 叶飞. 走向多中心治理：学校组织管理的善治之道 [J]. 苏州大学学报（教育科学版）, 2020 (4)：46.

[4] 李胜. 突发环境事件的协同治理：理论逻辑, 现实困境与实践路径 [J]. 甘肃社会科学, 2022 (3)：180.

[5] 王立军, 夏志强. 效率与效果：从专业化到整体性治理——兼论整体性治理理论在中国语境中的适应性 [J]. 云南行政学院学报, 2020 (6)：145.

[6] 魏崇辉. 公共治理理论中国适用性：批判的理路与话语的构建 [J]. 行政论坛 2018 (5)：81.

[7] 张昕. 复合治理视角下的行政体制改革：理论与实践 [J]. 甘肃行政学院学报, 2020 (3)：43.

[8] 魏崇辉. 新时代协商治理理论与实践有效互动的中轴逻辑及其实现 [J]. 中南大学学报（社会科学版）, 2020 (6)：1.

[9] 赵耀宏, 王留群. 以政党为中心：中国特色国家治理范式的发展逻辑 [J]. 理论探讨, 2021：(4)：43.

[10] 刘谢慈, 刘亚云, 方媛. 内部体育纠纷化解机制的多元逻辑证成——以社会治理范式转换为视角 [J]. 体育学刊, 2022 (3)：29.

[11] 崔盈. 核变与共融：全球环境治理范式转换的动因及其实践特征研究 [J]. 太平洋学报, 2020 (5)：40.

至成为一个可以指涉任何事物或毫无意义的'时髦'词语"❶。

1. 西方治理理论的基本观点

有学者研究指出,西方语境中的"治理"(Govern)一词可溯源至古希腊语和古拉丁文,其本义是控制、引导和操纵等,经常与"统治"(Government)交叉使用,"主要用于与国家的公共事务相关的管理活动和政治活动"。❷ 20世纪90年代"治理"一词重新被人们所重视,但其内涵已发生了很大转变。全球治理委员会在其《我们的全球伙伴关系》(*Our Global Neighborhood*:*The Report of the Commission on Global Governance*)中关于治理的界定被认为是目前最具有代表性与权威性的观点:"治理是各种公共的或私人的个人和机构管理共同事务的诸多方式的总和,它是使相互冲突的或不同的利益得以调和并且采取联合行动的持续的过程。治理是一个持续的过程,能调节不同的、甚至是冲突的利益,并使不同的利益相关者采取共同的行动。它既指规范人们行为的正式制度与规则,也指符合人们利益或者人们认可的各种非正式的制度安排。"❸

现代西方治理理论的内涵较为丰富,但其要旨无非在于强调多元主体参与国家和社会公共事务,形成协同共治的网络。相较于传统治理理论而言,西方治理理论的现代转型体现在:就治理对象而言,主要涉及公共领域范围内的事项,尤其是与市场、社会事务关系紧密的事项;就治理主体而言,强调参与公共事务治理主体的多元化,意味着从之前政府等行政公权力转向政府与市

---

❶ 鲍勃·杰索普,漆燕. 治理的兴起及其失败的风险:以经济发展为例的论述[J]. 国际社会科学杂志(中文版),2019(36):53.

❷ 方涛."治理"内涵解析[J]. 重庆社会科学,2015(3):57.

❸ The Commission on Global Governance. Our Global Neighborhood:The Report of the Commission on Global Governance [R]. Oxford:Oxford University Press,1995:2-5.

场、社会力量之间的协商沟通，不仅体现了众人之事由众人治理的民主思维，也是西方市民社会传统不断发展壮大而对政府制衡的体现；就治理方式而言，不仅重视法律体现国家意志的正式制度的作用，而且重视公共领域不同主体之间形成的各种规制、习惯性做法的作用，强调体现国家意志的法与各种软法之间的协调乃至融合；就治理目标而言，不再满足政府权力运行的效率和结果，而是重视在公共事务处理中如何更好满足社会公众需求。总的来说，西方治理理念的现代转型是其"政府—市场—社会"三种力量在长期发展中相互制衡的结果，是随着市民社会力量不断发展壮大，社会公众对公共事务领域出现的"市场失灵""政府失灵"两种结果的不满进而提出的"第三条道路"方案。因此，西方现代治理理论具有较为鲜明的社会中心论色彩。

2. 中国治理理论与基本观点概述

单纯从词源学角度而言，"治理"的概念也很早就出现中国思想史上。按照《说文解字》的解释，"治"的意思是"水。出东莱曲城阳丘山，南入海。从水，台声"[1]，而"理"的意思是"治玉也。从玉，里声"[2]。如果将"治"理解为管理事务而将"理"理解为符合事物发展之道，那么在中国古代，治理就包含着追求管理事务至善之道的内涵，正如《管子·治国》所言："故治国常富，而乱国常贫。"将"治""理"二字合而为一，即"治理"一词的使用形成于战国晚期，其含义也主要与治国、管理国家政务相关，"指国家管理应按照某种规律、规则行事之义"[3]。

中华人民共和国的成立宣告了在中华大地上开启了人民当家作主的新时代。由此，中国共产党带领全国各族人民依照《宪

---

❶　许慎. 说文解字［M］. 上海：上海古籍出版社，2007：545-546.
❷　许慎. 说文解字［M］. 上海：上海古籍出版社，2007：13.
❸　卜宪群. 中国古代"治理"探义［J］. 政治学研究，2018（3）：83.

法》和各项法律规定，"通过各种途径和形式，管理国家事务，管理经济和文化事业，管理社会事务"❶。新中国成立七十多年来，中国共产党带领全国各族人民一直探索适合本国国情的治国理政之道。尤其是改革开放四十多年来，随着市场经济体制的建立与完善，城乡基层社会治理的快速发展，以完善行政权力规范运行为核心的政府机构改革也在不断深入，积极推进政企分开、政社分开，把应当由市场、社会处理的事务交还给市场力量和社会组织。党的十八届三中全会通过的《中共中央关于全面深化改革若干重大问题的决定》提出"全面深化改革的总目标是完善和发展中国特色社会主义制度，推进国家治理体系和治理能力现代化"❷，治理与中国特色社会主义现代化建设实践紧密相连，成为推进政治经济文化社会环境保护等各领域发展的重要理论、重要理念、重要方式。中国特色社会主义道路是"中国共产党人把马克思主义基本原理同中国具体实际相结合，同中华优秀传统文化相结合，成功探索出一条适合中国国情的道路"❸，相应的，中国特色社会主义治理体系必然是"以马克思主义为指导，根植中国大地，具有深厚中华文化根基，深得人民拥护的制度和治理体系"❹。正由于政治体制、文化传统、社会基础等方面存在本质差异，决定了中国不可能照搬西方的治理理论，而只能坚持以马克思主义为指导，从中国自身国情出发，形成中国特色社会主义治理理论。因此，在治理内涵、治理目标、治理功能乃至治理体

❶ 中国法制出版社. 中华人民共和国宪法（实用版）[M]. 北京：中国法制出版社，2018：5.

❷ 习近平. 中共中央关于全面深化改革若干重大问题的决定 [EB/OL]. (2013-11-12) [2022-06-25]. http://www.dangjian.cn/shouye/zhuanti/zhuantiku/dangjian-wenku/quanhui/202005/t20200529_5637913.shtml?ivk_sa=1024320u.

❸ 陈理. 走自己的路，建设中国特色社会主义 [N]. 经济日报，2021-12-20 (3).

❹ 习近平. 坚持和完善中国特色社会主义制度，推进国家治理体系和治理能力现代化 [M] // 习近平谈治国理政（第三卷）. 北京：外文出版社，2020：121.

系的构建等方面，中国治理理论与西方治理理论存在本质区别。对此，有学者总结道："中国共产党主张的国家治理，强调的是党委领导、政府主导。在这个前提下，发挥社会组织和公民作用，形成一主多元的治理机制，这与西方治理理论是本质不同的。"❶

二、知识产权

知识产权制度最早萌芽于文艺复兴时期的意大利，随着资本主义生产关系的确立、发展而兴起、兴盛，是市场经济体制的建立与完善、近现代科学技术发展与运用、私权观念普及等多元因素共同作用的结果。

知识产权的重要性已为人们所普遍认可，但是学界对于知识产权的概念仍然存在诸多不同看法与观点。吴汉东教授从概念史的角度研究认为"知识产权这一概念在 17 世纪为法国人卡普佐夫最先使用，后为比利时法学家皮卡第所发展。自 1967 年《成立世界知识产权组织公约》（*The convention Establishing the World Intellectual Property Organization*，以下简称"WIPO 公约"）签订后，知识产权这一概念在国际上得到广泛认同。❷ 余俊教授则通过考证认为，关于知识产权这一称谓的来源至少可以分为德国说、法国说、瑞士说，"呈三足鼎立之势"❸。至于知识产权的定义更是不一而足，众说纷纭。

从字面上看，知识产权是由"知识"与"产权"组成的偏正结构复合词，可无论是"知识"还是"产权"，其内涵均异常丰富，这导致对知识产权概念界定存在很大难度。但目前学界大多

❶ 方涛. "治理"内涵解析［J］. 重庆社会科学，2015（3）：59.
❷ 吴汉东. 知识产权总论［M］. 3 版. 北京：中国人民大学出版社，2013：3.
❸ 余俊. 知识产权称谓考［M］//中国知识产权评论（第三卷）. 北京：商务印书馆，2008：2.

数研究成果更集中于阐释和理解知识产权一词中的"知识",即更关注对知识产权制度所要保护的对象或者说作为知识产权这一权利之客体进行研究,内在原因或许在于:"在知识产权概念体系中,知识产权客体是定义知识产权的支点,而构建知识产权客体的理论范畴是实现知识产权理论化与体系化的基本前提与直接出发点。"❶ 因此,本书也依循这一思路,先对作为权利客体的"知识"进行阐述,再对作为权利属性的"产权"内涵进行辨析,在此基础上,提出关于知识产权的看法与观点。

(一)何谓"知识":关于知识产权客体的理解

1. 学界关于知识产权保护对象的不同观点

或许是出于对概念思辨的热衷,国内许多学者多以"概括主义"来说明知识产权保护对象,进而提出诸如创造性智力成果说、工商业标记说、无体(形)物说、抽象物说、知识产品说、信息说、信号说、无形财产说、知识说、知识资产说、形式说、符号说、精神产物说等不同观点。

郑成思教授将知识产权定义为:"人们就其智力创造所享有的专有权利。"❷ 其理由在于我国现行知识产权法的重要规定均来自几个重要的国际公约,因此,对于基本理论的研究,也应该从公约入手。知识产权的定义应遵循《建立世界知识产权组织公约》对知识产权的范围划分。刘春田教授则将知识产权定义为:"知识产权是基于创造性的智力成果和工商业标记依法产生的权利的统称。"❸ 其理由是,创造性智力成果与工商业标记的价值来源不同,创造性智力成果不能包含工商业标记。创造性智力成

---

❶ 王太平. 知识产权客体理论范畴 [M]. 北京:知识产权出版社,2008:1.
❷ 郑成思. 知识产权法教程 [M]. 北京:法律出版社,1993:1.
❸ 刘春田. 知识产权法 [M]. 北京:中国人民大学出版社,2000:6.

果的价值产生于对智力成果的利用上，如实施专利、复制作品，而工商业标记的价值源于标识与特定商业信誉的联系。因此，知识产权应包括创造性的智力成果和工商业标记依法产生的权利。还有学者把知识产权定义为："对知识这种'形'的排他支配权，这种知识包括智力成果、工商业标记，并会随着社会的发展而增加。"❶ 考虑到知识产权制度功能在于支撑创新驱动发展，这种说法仍然有些宽泛。

　　总体看来，虽然学界提出诸多有关知识产权客体概念的名词表述，但大多仅是给予简单的界定，基本上都停留在对知识产权客体概念的词语把握上，未能围绕其所提出的概念内涵所具有的"一般的、本质的特征"予以更深入地说明。

　　2. 立法实践对"知识产权"客体的界定

　　与理论界倾向于对知识产权客体概括性描述不同，国际知识产权相关条约以及国内外知识产权法律制度对知识产权客体的描述大多是列举式的。

　　WIPO 公约第 2 条第 8 款规定，下列权利构成知识产权：著作权与邻接权、专利权、发现权、外观设计权、商标权及其他标记权、反不正当竞争权以及其他由于智力活动产生的权利。❷ TRIPS 协定第一部分第 1 条规定，该协定所保护的知识产权是指该协定第二部分第一节至第 7 条中所列的著作权与邻接权、商标权、地理标记权、外观设计权、专利权、集成电路布图设计权和商业秘密权。❸ 也就是说对规范知识产权领域立法，执法和一般

---

❶　程啸. 知识产权法若干基本问题之反思 [J]. 中国人民大学学报, 2001 (1)：75.

❷　世界知识产权组织. 建立世界知识产权组织公约 (1979 年 10 月 2 日修正, 中文) [EB/OL]. (1967-07-14) [2022-09-11]. https://wipolex.wipo.int/zh/text/283836.

❸　世界贸易组织. 与贸易有关的知识产权协定 (2017 年 1 月 23 日修正, 中文) [EB/OL]. (1967-07-14) [2022-09-11]. http://sms.mofcom.gov.cn/article/wtofile/201703/20170302538505.shtml.

民事行为影响重大的 WIPO 公约和 TRIPS 协定等国际条约并未给知识产权下概括性的定义，而只是规定列举了知识产权应当包括的范围和权利种类。

我国 1986 年颁布的《中华人民共和国民法通则》（以下简称《民法通则》）一改之前理论界与实务界长期使用的"智力成果权"为"知识产权"，并指出其具体包括：著作权（版权）、专利权、商标专用权、发现权。这些规定为 2020 年颁布的《中华人民共和国民法典》（以下简称《民法典》）所吸收并予以丰富。《民法典》第 123 条规定："民事主体依法享有知识产权""知识产权是权利人依法就下列客体享有的专有的权利：（一）作品；（二）发明、实用新型、外观设计；（三）商标；（四）地理标志；（五）商业秘密；（六）集成电路布图设计；（七）植物新品种；（八）法律规定的其他客体。"

可以看出，国内外立法均是通过对实践中常见的具体知识产权类型予以列举来确定知识产权保护的对象，但是这种对客体的列举并不能反映知识产权客体的本质规范性，也无法深刻认识知识产权的丰富内涵。并且，这种列举式界定知识产权客体的方法在逻辑上存在一个矛盾，即在将这些所谓具体的知识产权放在一起之前肯定存在着一个对这些不同知识产权客体之共同本质的认识，即有一个将其归纳在一起的依据，而这个依据也就是对知识产权客体本质的理解。所以，列举式的前提也是要有一个对知识产权概念较为明确的定义，至少需要对知识产权保护对象的本质有一个基本认识。

3. 本书观点

（1）"知识"的丰富内涵

根据《辞海》的解释，知识是人类认识的成果或者结晶。依反映对象的深刻性，可分为生活常识和科学知识；依反映层次的系统性，可分为经验知识和理论知识，等等。事实上，知识是一个非常复杂的概念。罗素曾说过："'知识是什么意思'这个问题并不是一个具有确定和毫不含糊的答案的问题。"❶ 我国有学者也指出："虽然'知识'是一个人们再熟悉不过的概念，但恰恰是在这一熟悉且有价值的概念上，哲学家们产生的分歧也最多。不论是在认识的起源，还是在知识的有效性方面，甚至是在认识是否可能的问题上，长期存在着争议。"❷

知识是西方传统哲学的一个重要范畴。早在古希腊时期，巴门尼德、苏格拉底、柏拉图等哲学家就对如何理解知识进行了思考。巴门尼德区分了知识与意见的不同，认为知识具有群体的普遍性，而意见则是个体的内心体验。❸ 苏格拉底将获得知识作为追求德行生活的重要方式，认为"知识即德行，无知即罪恶"，不过他所主张的知识是对事物一般的，类本质的认识，"唯有它才是具有确定性，普遍性和必然性的知识"❹。柏拉图继承了其老师的观念，认为"知识是经过证实了的真的信念。知识是一切的基础"❺。亚里士多德则进一步丰富了柏拉图的知识分类，"他从人类实践活动出发，将知识分为理论知识，实践知识与创制知识"❻。

随着人类认识能力的增强，对知识的理解也更加深刻、全面、丰富，已不再囿于上述传统哲学视角，而是从经济、文化等多角度展开研究，尤其是随着信息科学与技术发展，现代通信技术的产物信息论对知识的内涵产生深刻影响，越来越多的研究成果将知识的本质视为一种信息，是"人们用于提高劳动生产率的

❶　罗素. 人类的知识 [M]. 张金言，译. 北京：商务印书馆，1983：195.
❷　陈嘉明. 知识与确证：当代认识论引论 [M]. 上海：上海人民出版社，2003：28.
❸　苗力田. 古希腊哲学 [M]. 北京：中国人民大学出版社，1995：93.
❹　陈黎明，王明建. 西方哲学视野中的知识观 [J]. 聊城大学学报，2007 (4)：81.
❺　陈黎明，王明建. 西方哲学视野中的知识观 [J]. 聊城大学学报，2007 (4)：81.
❻　陈洪澜. 论知识分类的十大方式 [J]. 科学学研究 (2)：27.

信息"。❶ 达尔波特与普卢萨克（Davenport & Prusak）也认为，"知识是框架性的经验、价值、前后相关的信息和专家见解的流动性的混合体，它提供了一个评价和合并新经验和信息的框架"❷。与西方传统哲学中的知识观不同，辩证唯物主义认为，知识并非只是抽象的概念，是人们在实践中获得的认识，是人们通过学习，发现及感悟获得的对世界认识的总和，"知识是人类实践经验的总结（结晶）"❸。

可以看出，知识的内涵既有其普通常识的一面，也有其科学体系的一面；既是人对现实的主观反映，存在人的大脑之中，也可能物化为某种形式的劳动产品，可以交流和传递给其他主体，并成为人类共同的精神财富。更为重要的是，知识已不再被视为一个抽象概念，人们越来越强调知识的实用性，强调知识的社会价值，强调知识对人类社会发展的意义。但无论是知识的实用性还是其社会价值的实现都需要通过一定的客观形式表现出来，能为人所掌握、控制、共享。可以说，知识的经济价值属性得到挖掘和重视是知识成为权利保护对象的重要条件。由此而言，马克卢普关于知识的定义无疑具有较强的说服力，"生产知识就不仅仅是向已知的知识存量加入知识，而且是在任何人的脑海中所创造的一种认知状态；知识生产者可以在非常不同的水平上工作：他们可以是传播者、加工处理者、改编者、翻译者或者信息分析者以及原作者"❹。

---

❶ 张玉敏，易健雄. 主观与客观之间——知识产权信息说的重新审视 [J]. 现代法学，2009（1）：171.

❷ Davenport T H, Prusak L. Working knowledge: How organizations manage what they know [M]. Boston: Harvard Business Press, 2000: 144.

❸ 章士嵘，卢婉清，蒙登进，等. 认识论词典 [Z]. 长春：吉林人民出版社，1984：33.

❹ 南振兴. 知识产权法经济学论 [M]. 北京：中国社会科学出版社，2010：26.

如果说哲学上的知识注重研究知识的本质，那么经济学则注重对知识的价值，特别是经济价值的研究。经济合作与发展组织在《以知识为基础的经济》中提出，"知识经济的标志之一，是承认知识的扩散与知识的生产同样重要"。❶ 显然，经济学中强调知识是人类智力劳动的产物，是具有价值与使用价值的知识商品，"知识作为人类脑力劳动的结晶，当其用于交换时就会成为知识商品。到了知识经济时代，知识进一步成为纯粹的、普遍的商品形式。在商品经济中，创造知识产品的目的是获取与知识本身相等的价值，但前提是这种知识必须具有使用价值。即使用者利用该知识产品后能够更加有效地创造物质财富或精神财富"❷。

知识的价值及其可能带来的巨大财富使得保护作为智力劳动成果的知识产品成为法律的重要任务，但并非所有类型的知识都可以对其设定权利，这就涉及对作为知识产权保护对象的"知识"，即"知识产权的客体到底是什么？"这一问题的回答。

（2）作为知识产权保护对象的"知识"

其实，现有研究成果对知识产权客体的认识大多局限于准物权视角，将知识产权客体视为客观存在，在本体论思维指导下，探求知识产权客体的自然本质或属性，其结果虽通过对知识产权客体"终极因"的判定而在形式上最大限度地实现了知识产权客体概念的统一性（如将知识产权客体归结为"信息"），但这样的研究视角忽视了知识产权客体是人类思维的结晶，是人类知识生产的产物，也是人与人社会交往中介的事实——即被社会

---

❶ 经济合作与发展组织. 以知识为基础的经济（修订版）[M]. 杨宏进, 薛澜, 译. 冯瑄, 审校. 北京：机械工业出版社, 1997：22-23.

❷ 王浩军. 论知识经济时代知识商品的特殊性 [J]. 西华大学学报（哲学社会科学版）, 2005（5）：65.

化的个体创造性智力成果。现有理论观点同样也忽视了知识产权客体是特定历史条件下所形成的知识产权法律治理的对象，是立法者基于特定立法目的所选择的结果，即属于知识产权法与特定社会环境条件互动发展中所形成的法律文化现象。

作为知识产权客体的知识是人类脑力劳动的产物，在本质上将其理解为一种创造性智力成果也没有错，但这样的知识产权更多的是一种道德权利，或者说自然法意义上的权利。作为法律制度层面的知识产权客体应当从法律的社会功能或立法目的来考察。无论是作为信息还是人类的创造性智力成果，作为知识产权保护对象的"知识"早已有之，但为什么知识产权法律制度却是近代资本主义发展以后的产物？显然，单纯的知识产品不足以成为权利保护的对象。只有在知识产品的利益被广泛用来交易，为了维护交易稳定，才有制定法律的必要。由此而言，知识产权的客体或者说知识产权中的"知识"本质上是一种知识商品。

（二）何种"产权"：关于知识产权权利属性的认识

依学界通常理解，产权（property right or property rights）是指与财产有关的一系列权利。但究竟什么是产权，至今也没有一个公认的定义。按照科斯的解释，"产权是指一种权利。只要在法律上有清晰界定，某人就拥有了对该财产的产权"。❶ 德姆塞茨在《关于产权的理论》中提出："产权包括一个人或其他人受益或受损的权利"。❷ 埃瑞克·G.菲吕博顿与斯韦托扎尔·平乔

❶ 经济学消息报社. 诺贝尔经济学奖得主专访录——评说中国经济与经济学发展 [M]. 北京：中国计划出版社，1995：35.
❷ R.科斯，A.阿尔钦，D.诺斯. 财产权利与制度变迁——产权学派与新制度学派译文集 [M]. 刘守英，等译. 上海：上海人民出版社，2014：71.

维奇认为，产权不是指人与物之间的关系，"而是指由物的存在以及关于它们的使用所引起的人们之间相互认可的行为关系"❶。

以上观点从不同角度揭示出产权的丰富内涵，其关键之处有三：一是产权既是一种人对物的关系，更是一种人对物的关系下所掩盖的人与人的关系。二是产权与所有权不同，后者强调对权利客体或者经济资源的占有状态，而前者更强调对权利客体或者经济资源的支配权力。这种支配权源于人们对权利客体价值效用最大化的内在追求，也与市场机制配置资源的现实逻辑一脉相承，从这个意义上讲，产权是市场经济孕育的产物。三是正由于对权利客体价值效用最大化的追求，产权的实现方式远远超出传统所有权的占有、使用、分配、收益等权能，发展出包括参与经营、投融资等多种形式。这些内涵对于理解知识产权具有深刻意义。

按照不同的标准，产权可以分为不同类型。如依主体不同，大体可以划分为国家产权、集体产权、个人产权等；按照客体不同，可以划分为有形财产产权、无形财产产权；按照权利类型不同，可以分为物权、债权、股权等。若从属性而言，产权可以分为公共产权与私人产权，简称公权与私权❷。

---

❶ 罗纳德·H. 科斯等. 财产权利与制度变迁——产权学派与新制度学派译文集 [M]. 上海：上海人民出版社，2014：148.

❷ 关于公权与私权的划分标准，学界也有不同观点：（1）"利益标准说"或称为"目的标准说"，即以保护公共利益为目的的为公权，以保护私人利益为目的的为私权。（2）"主体标准说"，即所调整的法律关系主体双方均为私人或私人团体的，该权利属于私权，而法律关系主体中有一方或双方均为国家或公共团体，这类权利为公权。（3）"权力与权利标准说"，即体现国家与公民之间服从与被服从关系的属于公权，而体现公民等平等主体之间权利对等关系是私权，或者说，私权中没有权力成分的渗透。以上各种观点均有一定道理，也存在各自局限性。本书综合以上各种观点认为，公权是指国家机关之间或者国家与公民之间以公共利益为对象的权利类型，私权是指平等主体之间以私益为内容的权利类型。

那么知识产权属于公权还是私权？对此，学界亦有争议。基于古典劳动价值论与自然法理论以及知识产品是作为个体智力劳动成果的预设，源于以美国、英国、德国、法国、日本等发达国家为代表的主流理论认为，知识产权的本质是私权，强调对个体创造性智力成果的尊重与保护，主张权利主体对其创造性智力成果拥有垄断权，并以此为基础构建起包括 TRIPS 协定等国际条约在内的知识产权国际保护框架体系。但这种以保护个人创造性智力成果为主要内容的知识产权国际保护基本秩序在激发人们创新热情的同时，也常因其"私权神圣"价值取向"弱化了知识产权制度尊重社会公共利益的历史传统"❶而饱受诟病。同时，对传统知识保护的缺失，使得在某些国家或地区经过数百年乃至上千年所形成的传统医药、民间文学等沦为公用资源而被肆意无偿使用。现行知识产权国际保护秩序的合法性不断受到质疑。很多学者指出现代知识产权制度不过是发达国家推行霸权主义❷和国际专利大鳄实现资本扩张的工具而已。因此，承认知识产权是私权的同时强调知识产权具有公权化倾向的观点，在学界仍被不时提及。

TRIPS 协定第 1 条开宗明义地指出，知识产权是私权。这既代表了国际组织对于知识产权属性的基本态度，也为主张知识产权私权论者频频引用，但 TRIPS 协定并没有给出知识产权是私权的理由。因此，关于知识产权私权论的正当性还需要进一步论证。本书认为，知识产权属于私权范畴，理由在于：

其一，劳动价值论为知识产权的私权属性提供了伦理正当

---

❶ 严永和，甘雪玲. 知识产权法公共利益原则的历史传统与当代命运 [J]. 知识产权，2012 (9)：13.

❷ 徐元. 美国知识产权强保护政策的国际政治经济学分析 [J]. 宏观经济研究，2014 (4)：27.

性。"从自由的角度看，财产是自由最初的定在"❶，但获得财产的正当性何在？对此，以洛克、斯密等为代表的启蒙思想家与古典经济学家进行了详细阐述。在《政府论》一书中，洛克从人对其身体享有所有权这一"天赋人权"最基本的表现出发，提出人通过自己劳动使得那些原处于自然状态下的自然物脱离了自然状态，由此获得该脱离了自然状态的自然物之权利无疑是正当的。但同时，"同一自然法，以这种方式给我们财产权，同时也对这种财产权加以限制"❷，这就要求人们一方面不能糟蹋或者浪费财物，另一方面要留有足够多且同样好的东西给其他人。显然，作为创造性智力成果，知识产品也是创作者由他自己身体所从事劳动获得的产物，是使那些原先的公共知识产品脱离"自然状态"的结果，并且这个过程中赋予了完全属于创造者的东西。由此而言，将知识产权归属于私权无疑是正当的。

其二，鼓励创新是知识产权私权属性的实践要求。创新是推动人类社会发展的不竭动力，包括专利在内的知识产权制度自创设伊始就被赋予了激励创新的制度功能。社会发展实践也表明，专利等知识产权制度也确实强有力地推动了世界多数国家的科技进步和经济发展，甚至有观点认为在工业化发展进程中"最有刺激性的因素是'专利制度的存在'。这一因素在技术创新的任何阶段均居首位"❸专利等知识产权制度以法律的形式明确创新成果的产权界定，厘清创新过程中各主体应享有的权限范围，使创新主体的创新投入得到合理回报，进而激发创新主体的创新热情。因此，从激励创新发展的持续性而言，赋予创新者对其创新

❶ 黑格尔. 法哲学原理［M］. 范扬，张启泰，译. 北京：商务印书馆，1995：54.
❷ 洛克. 政府论（下）［M］. 叶启芳，瞿菊农，译. 北京：商务印书馆，1996：21.
❸ 斋藤优. 发明专利经济学［M］. 谢燮正，等译. 张志平，校. 北京：专利文献出版社，1990：13.

成果以私权保护无疑是十分必要的。

其三，知识产权的私权属性有着深厚的历史渊源。1624 年英国《垄断法案》被视为世界上第一部近代知识产权法，明确规定专利应当被授予"真正的第一个发明人"，而 1710 年颁布的《安妮法案》也第一次赋予作者以版权，明确规定"作者是其著作的绝对控制者"。尽管上述法案的制定有着非常复杂的经济社会与政治背景，但将创造性智力成果的归属与其创造者联系起来则开创了近现代知识产权归属于私权的先河，并一直对后世知识产权的发展产生深远的影响。

（三）关于知识产权内涵的理解

知识产权是伴随着商品知识化与知识商品化进程而产生的一种法律现象，是对创造性智力成果和商业标识等具有商业价值的信息所设立的权利类型。知识产权的本质是私权，但其制度功能在于通过对权利人专有权利保护，激励社会创新，引导各类资源向社会创新聚集，推进各类创新成果向现实生产力转化，从而成为联结创新成果生产转化与经济发展动力之间的纽带。因此，知识产权从其诞生之时就是作为国家治理的重要方式存在着。

三、知识产权治理

创新是引领发展的第一动力，保护知识产权就是保护创新，在推进以创新驱动为原动力的高质量发展中知识产权的作用更加显著。全面建设社会主义现代化国家，必须更好推进知识产权保护工作。为此，我国将知识产权保护提升到国家战略高度。早在 2005 年国务院就牵头成立"国家知识产权战略制定工作领导小组"，协调国家知识产权局等 30 多家国家部委共同推动知识产权国家战略的制定与实施，并于 2008 年以国务院名义印发《国家知识产权战略纲要》，由此开启了中国知识产权快速发展之路。为适应推动高质量发展需要，加快知识产权从大到强、从多到优的内在转型需求，中共中央、国务院于 2021 年印发了《知识产权强国建设纲要（2021—2035 年）》，为建设制度完善、保护严格、运行高效、服务便捷、文化自觉、开放共赢的知识产权强国提供了根本遵循。推进知识产权强国建设需要全面提升知识产权创造、运用、保护、管理和服务水平，这不仅要着眼于专利、商标、版权等各类知识产权综合实力增强，更要着眼于与之相适应的知识产权治理能力系统升级，以知识产权治理现代化推动知识产权强国建设。"知识产权强国一方面意味着有先进的知识产权发展实力，另一方面也要求与发展实力相匹配的先进的知识产权治理能力。这是基于实施知识产权强国战略的要求，也是顺应知识产权客观发展趋势的制度安排。"❶ 为此，《"十四五"国家知识产权保护和运用规划》明确提出"到 2025 年，知识产权强国建设阶段性目标任务如期完成，知识产权领域治理能力和治理水平显著提高"❷。

　　从目前研究状况来看，学界普遍认为知识产权治理是治理理论在知识产权领域的具体应用。有学者基于治理与管理在组织方式方面的区别，认为知识产权治理是围绕知识产权创造、运用、保护、管理等活动表现为"主体多元、治理依据多样的一种组织形式"❸。刘雪凤将公共治理模式引入知识产权领域，提出知识产权治理的概念："是指在知识产权的创造、运用、管理和保护过

❶ 梁茜. 知识产权治理主体的互动关系及作用机理研究［D］. 大连：大连理工大学，2021：1.

❷ 中华人民共和国国务院.《关于印发"十四五"国家知识产权保护和运用规划的通知》［EB/OL］.（2021-10-11）［2022-06-25］. https://www.cnipa.gov.cn/art/2021/10/11/art_2758_170644.html.

❸ Miranda，Forsyth. Intellectual property protection and development：The case of sustainable sea transport in Pacific Island countries［J］. Development Policy Review，2018（1）：69-86.

程中基于多元化参与主体平等协商，良性互动而形成的管理模式。"❶ 另有学者进一步将知识产权治理的概念与来自国家管理的公共治理模式相等同，认为 "是一种包括政府、行业协会、企业、公民等多元主体在内的综合治理工程。但是，知识产品的外部性特征决定了公权力介入的必要性，而市场失灵与政府失灵的叠加效应决定了多元主体参与治理的正当性。知识产权需要调整私权与公益的平衡关系，表明知识产权治理的复杂性及其与其他法律治理手段的差异和不同"❷。易继明教授从内在构成的角度揭示了知识产权治理由三个层面构成：第一个层面是从权利取得的角度，包括授权、确权与保护的问题；第二个层面是从权利运用的角度，包括知识产权价值链形成并实现其价值的过程；第三个层面则将知识产权作为一种 "战略资源"，包括如何运用其间，运用得当的问题，"这一结构及其运行机制就构成了一个国家的知识产权体制"❸。还有学者从知识产权的多元权利属性出发揭示了知识产权治理形成的内在原因，"知识产权的多重属性对其制度建设提出了更高的要求，既要从微观上考虑知识创新技术进步的知识产权保护，也要从宏观上考量其对本国经济与社会发展的影响；既要保护私人技术创新，又要谋求国家整体利益，这就决定了知识产权制度建设的过程必然绕不开政府与各类组织的互动关系，多主体共同参与知识产权活动成为目前的普遍现象和未来的发展趋势"❹。还有学者关注到知识产权战略对知识产权治理的影响，指出知识产权治理水平和现代化程度直接影响到知识

---

❶ 刘雪凤. 多元化主体视野下的知识产权治理 [J]. 学海，2010 (5)：201.

❷ 汪祥胜. 法律治理和 "人" 的多种面孔——以民事诉讼中当事人为考察中心 [J]. 西南民族大学学报（人文社会科学版），2010 (9)：130.

❸ 易继明. 建集中统一的知识产权行政管理体制 [J]. 清华法学，2015 (6)：184.

❹ 梁茜. 知识产权治理主体的互动关系及作用机理研究 [D]. 大连：大连理工大学，2021：1.

产权战略的实施，因此是知识产权战略最核心的内容，甚至将知识产权治理等同于知识产权战略，并认为"知识产权治理（intellectual property right governance）就是知识产权战略，就是"在知识产权创造、运用、保护、管理和服务过程中，以多元治理主体、多种治理依据、多样治理方式为特征的知识产权战略"❶。

以上观点无疑都非常有道理，提供了认识知识产权治理的不同视角，揭示了知识产权治理的丰富内涵。也确如上述研究成果所述，知识产权具有多重权利属性，需要协调多元主体的利益。知识产权既是一项重要的民事权利，体现出创造性智力成果权利人的私有利益诉求，也是现代社会中关系国家发展的重要战略性资源和衡量国际竞争力的核心要素。保护作为个体私权的知识产权不能以牺牲国家利益、社会公共利益为代价，作为私权的知识产权在行使中必须遵循诚实信用和不得滥用等原则，因此知识产权在制度设计中必须综合考量多元主体的利益。从法的运行环节来看，涉及多元主体利益的法律只有这些利益关切的主体真正参与其间并使其意志得到充分体现时才能制定出良法，才能保证良法在实践中得到尊重、遵守并取得良好的法律运行效果。实践也充分证明，无论是法律制定，还是出台政策，只有充分考虑多元主体利益，发挥多元主体作用，知识产权规则体系才会更加合理。

毫无疑问，治理机制的建立与善治效果的实现应当与该国经济政治文化发展状况相适应。就中国来说，尽管知识产权事业有了长足发展，但是总体来看，知识产权保护的社会意识还不强，以企业为代表的技术创新主体对知识产权在市场竞争中的重要作用认识亦不全面，知识产权法治水平总体不平衡，知识产权发展

---

❶　Henry E. Smith. Intellectual property as property：Delineating entitlements in information [J]. The Yale Law Journal, 2007（8）：1742.

环境还有待进一步完善。加上中国传统的"大政府、小社会"格局，参与知识产权治理的社会力量还非常薄弱，不足以代替政府来整合全社会的知识产权资源，同时国际知识产权旧秩序、旧格局尚未打破，国际上以西方发达国家为代表的知识产权霸权主义对发展中国家依然形成压制态势，这些都决定了中国知识产权治理体系的现代化必须坚持走中国特色社会主义道路，坚持党的集中统一领导和政府主导，坚持保护权利人合法利益、激励创新与促进信息公平惠享相结合，积极发挥企业、高校、科研院所、社会组织、公民个人等多元主体作用，在法治轨道上加快形成协同共治新格局。

　　基于此，本书认为，知识产权治理是指包括政府、产业界、大学、科研院所、金融机构、中介力量、使用者等在内的各方主体运用法律、政策、合同等手段参与知识产权创造、运用、保护，管理和服务等环节，以此加快知识产权客体价值转化、推动社会创新驱动发展和社会公共利益最大化的活动。实施国家知识产权战略是当前推进知识产权治理现代化的系统集成与主要方式。

　　本书研究重点不仅仅在于探讨知识产权治理的内涵——尽管这是开展本主题研究的重要基础，还在于弄清其基本内涵基础上，更致力于探索知识产权治理的运行实践，尤其是在支撑创新驱动发展中——这应该是知识产权最基本也是当前推进高质量发展进程中最重要的功能，知识产权治理在促进创新性科技成果创造、运用、保护、服务等全链条运行机制中的现状，剖析其存在的主要问题，思考完善知识产权治理的对策。但在开展此项研究之前，从宏观层面简要回顾一下我国改革开放以来知识产权治理的发展历程无疑是非常必要的。

　　需要补充的是，知识产权治理可以从不同视角展开研究。如基于治理理论具体应用的视角，研究不同治理理论下知识产权治理的具体展开；或是基于知识产权大保护视角，围绕知识产权立法、行政执法、司法审判、社会信用、行业自律、企业自治、多元纠纷调解、文化建设等环节，探索在构建严大快同知识产权新格局背景下知识产权治理体系的完善；抑或从经济管理的角度，运用成本效益分析等方法探索知识产权治理的成效。本书之所以从知识产权创造、运用、保护、管理、服务等全链条运行体系的角度展开研究，是因为上述环节包含知识产权支撑创新驱动发展的具体着力点，体现出知识产权链接与融合创新链与产业链的具体路径，提示了完善知识产权治理机制的基本方向和任务。也正因如此，知识产权创造、运用、保护、管理、服务等全链条分析视角是我国自 2008 年制定《知识产权强国建设纲要》以来关于描述知识产权实际运行的主要方法，这一方法的优势在于它基本涵盖了知识产权支撑创新驱动的主要节点，展现了在推进创新驱动发展中知识产权实际运行的规律，有助于把握和理解知识产权实践运行的特点。由此出发，本书通过对各主要运行环节中知识产权治理的思考，探索完善全链条知识产权治理体系的基本路径。

四、当代中国知识产权治理实践的发展

新中国成立后，百废待兴。中国共产党领导下的人民政权面临的迫切任务还在于继续完成新民主主义革命的遗留任务以及迅速恢复和发展经济，为社会主义改造和建设创造条件。即便如此，专利、商标、版权等知识产权制度仍然受到重视。当时的政务院先后颁布了《保障发明权与专利权暂行条例》《商标注册暂行条例》、出版总署颁布了《关于改进和发展出版工作的决议》等知识产权法律制度和相关政策文件，"1955 年成立了以胡愈之

署长为组长的著作权法起草小组，旨在制定一部全面、完整的著作权法"❶。但随着新中国初期社会主义三大改造的完成，"社会主义的物质力量在制度的调动下，成就了中国无与伦比的国家治理能力优势，这种能力如中流砥柱，撑起社会主义的大厦，有效地抵御和战胜了各种风浪。另外，与之相匹配，计划经济应运而生。此后几十年，'一大二公'和'计划经济'成为中国社会主义的本质特征和根本标记"❷。在此背景下，以保护创造者个体私权为特征的知识产权制度失去了存在土壤。后来，全国人大常委会颁布《商标管理条例》，国务院颁布《发明奖励条例》《技术改进奖励条例》以取代上述相关制度规定。总体而言，这些条例在内容上不再强调对作为创造者的个体权益的保护，因为"生产资料社会主义公有制是确定科技成果公有性质的唯一标准，无论科技成果由谁创造，由谁资助，由谁管理，都应当属于全民所有，无偿使用，不得私有"❸，从法律性质而言，这些条例更加强调专利、商标等知识产权领域的行政管理。可以看出，从新中国成立直至改革开放之前，我国知识产权始终处于积极探索之中，但受限于当时的经济社会结构、政治环境等因素，当时的知识产权治理体系并没有建立起来，知识产权治理能力整体上处于较低水平。有学者分析其中原因认为，市场经济未确立，私权观念缺乏以及封闭的国际环境等是其中的关键因素❹，这无疑是有一定道理的。这些因素的变化正是改革开放巨变所带来的结果。

❶ 冯晓青. 中国70年知识产权制度回顾及理论思考［J］. 社会科学战线, 2019 (6): 26.
❷ 刘春田. 知识产权法治的经济与法律基础：纪念中国知识产权四十年［J］. 苏州大学学报（法学版）, 2019 (1): 63.
❸ 肖尤丹. 我国科技成果权属改革的历史逻辑［J］. 中国科学院院刊, 2021 (4): 467.
❹ 冯晓青. 中国70年知识产权制度回顾及理论思考［J］. 社会科学战线, 2019 (6): 27.

"改革开放是我们党的一次伟大觉醒，正是这个伟大觉醒孕育了我们党从理论到实践的伟大创造。"❶ 改革开放取得巨大成就，其中"最主要、最核心的成就是市场经济的恢复和私权的重建。通过这个根本改革，社会秩序和社会关系得以重构，各个不同主体重新获得相对合理的生存'空间'"❷。市场经济首先要承认市场主体的法律人格与合法权益，而市场主体合法的私有权利成为国家公权力延伸的边界，由此而言，协调政府、市场、社会三者之间关系与力量就成为国家治理的重要内容；市场经济还必须尊重市场主体之间公平、合法的竞争关系，以此激发市场主体的创造活力，这就需要建立和完善包括专利、商标、版权等各类知识产权制度以及相应组织、机制在内知识产权治理体系。显然，市场经济与私权保护、科技创新有着天然的密切联系，而科技创新与私权保护的兴盛直接推动了知识产权治理的兴起、发展。正是在此意义上，学者们普遍认为市场经济是知识产权存在的土壤，其中的具体逻辑见图 1。

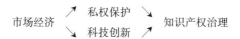

图 1　市场经济催生知识产权治理的基本逻辑图示

如果说市场经济是孕育知识产权治理体系形成的土壤，那么对外开放则是推动中国知识产权治理体系不断发展的重要动力。早在 1979 年，邓小平同志应美国政府邀请率团访问美国期间，中美双方签署了《中美高能物理合作执行协议》《中美贸易协定》等一系列合作协定。在美方的强烈要求下，上述协议规定了较为

---

❶　习近平. 在庆祝改革开放 40 周年大会上的讲话 [N]. 人民日报, 2018-12-19 (2).

❷　刘春田. 知识产权法治的经济与法律基础：纪念中国知识产权四十年 [J]. 苏州大学学报（法学版）, 2019（1）：65.

宽泛的知识产权条款，尤其是在《中美贸易协定》中"涉及了全部主要的知识产权类型，包括专利、商标、版权、商号、不正当竞争"❶。为履行上述双边协议约定的承诺和义务，中国开始全方位推动知识产权保护工作，包括于 1980 年加入了世界知识产权组织；探索《中华人民共和国专利法》《中华人民共和国商标法》《中华人民共和国著作权法》等知识产权立法；成立国家专利局、商标局、版权局等知识产权行政管理机构；加强对知识产权违法犯罪行为的惩治和知识产权文化的宣传。可以说，吸引外资和国外先进技术的现实压力使得中国政府在改革开放之初就必须直面知识产权在对外交往中的重要性。尽管在改革开放之初国内各个领域关于知识产权保护还存在很多不同意见并发生过激烈的碰撞，但在党中央及国家领导人的支持与坚决推动下，我国知识产权事业逐步走上正轨，这时的知识产权治理处于初始萌芽的状态，带有被动接受的特征和较为鲜明的行政管理色彩。

随着改革开放的不断深化，中国知识产权发展在承受内外两方面压力下稳步前行。1992 年党的十四大明确提出"经济体制改革的目标，是在坚持公有制和按劳分配为主体，其他经济成分和分配方式为补充的基础上，建立和完善社会主义市场经济体制"❷。市场经济的确立和快速发展激发了市场主体活力和创新创造热情，为一些市场主体通过自主研发技术以抢抓市场机遇、提升市场竞争优势提供了坚实的制度基础，进而也为知识产权发展提供了更为充分的契机和内在动力。但当时知识产权制度实施时间不长，全社会尊重和保护知识产权的意识普遍较弱，许多市场

---

❶ 易继明. 改革开放 40 年中美互动与中国知识产权制度演进 [J]. 江西社会科学，2019 (6)：159.

❷ 江泽民. 加快改革开放和现代化建设步伐 夺取有中国特色社会主义事业的更大胜利 [EB/OL]. (1992-10-12) [2022-09-11]. http://cpc. people. cn/GB/64162/64168/64567/65446/4526308. html.

主体既不知道如何保护自身的知识产权，也发生了数量较多的侵权假冒等知识产权违法行为。从对外开放角度来看，国际社会尤其是西方经济发达国家在知识产权保护方面已经有几百年的发展历史，对知识产权的理解和运用能力高于我国，因此我国与国际社会交往越密切、越深入，围绕知识产权发生的摩擦、碰撞也就越多，而中国要扩大对外开放必须了解、适应、运用知识产权国际规则。2001 年中国成功加入世界贸易组织，这不仅促使中国加快修订知识产权法律法规，而且成为"建立科学、健全的知识产权保护体制，提高全民的知识产权保护意识，加强国内知识产权保护力度，鼓励国内企业、事业单位与自然人加强技术创新能力，努力提升本国产业的技术水平" ❶ 的最佳契机。从此中国知识产权在内外挤压中走上发展的快车道。专利申请量、专利授权量、商标申请量、商标注册量等衡量知识产权实力的指标先后稳居世界前列。知识产权保护产生的巨大效益激发了国人保护知识产权的热情，由此，知识产权保护从被动保护向主动保护转型。企业等市场主体、高校、科研院所等创新主体以及社会组织、公民个人关注、重视知识产权的意识普遍增强，参与知识产权治理的积极性稳步提升，知识产权治理开始向多元主体参与的新时期迈进。

党的十八大以来，中国知识产权治理迈入新时代。以习近平同志为核心的党中央站在统筹中华民族伟大复兴战略全局和世界百年未有之大变局的高度上多次提出"创新是引领发展的第一动力，保护知识产权就是保护创新。全面建设社会主义现代化国家，必须更好推进知识产权保护工作"。中国已稳居世界第二大经济体，传统的依赖资源型等发展模式无法适应中国持续发展的

---

❶　王燕. TRIPS 协议与我国知识产权制度的完善 [J]. 沧桑，2013（6）：144.

迫切要求，当务之急是加快科技创新步伐，深入实施创新驱动发展战略，让创新成为推动经济社会发展的第一动力。但创新资源的配置，创新成果的价值实现，创新者合法权益的保护都离不开知识产权的创造、运用、保护、管理、服务等诸环节的支撑作用。知识产权是创新资源、创新成果、创新主体的法律表现形式，因此，在一定意义上可以讲，创新驱动发展的过程就是知识产权创造、运用、保护的过程，创新驱动发展就是知识产权驱动发展。正基于此，习近平总书记从"五个关系"角度深刻指出知识产权保护工作的重大意义："知识产权保护工作关系国家治理体系和治理能力现代化，只有严格保护知识产权，才能完善现代产权制度、深化要素市场化改革，促进市场在资源配置中起决定性作用、更好发挥政府作用。知识产权保护工作关系高质量发展，只有严格保护知识产权，依法对侵权假冒的市场主体、不法分子予以严厉打击，才能提升供给体系质量，有力推动高质量发展。知识产权保护工作关系人民生活幸福，只有严格保护知识产权，净化消费市场，维护广大消费者权益，才能实现让人民群众买得放心、吃得安心、用得舒心。知识产权保护工作关系国家对外开放大局，只有严格保护知识产权，才能优化营商环境，建设更高水平开放型经济新体制。知识产权保护工作关系国家安全，只有严格保护知识产权，才能有效保护我国自主研发的关键核心技术，防范化解重大风险。"❶ 显然，深入推进创新驱动发展必须全面提升知识产权治理能力，深化知识产权权属等领域的制度改革，加快以"放管服"为核心的行政管理和行政执法改革，加强以集中审理为方向的知识产权司法体制改革，保护权利人的合法权益，激发全社会崇尚创新精神、尊重知识产权的

---

❶ 习近平. 全面加强知识产权保护工作　激发创新活力推动构建新发展格局 [J].
求是，2021（3）：4.

文化氛围，形成体系化、法治化、国际化的知识产权治理现代化新局面。

由以上分析可以看出，新中国成立以来，尤其是改革开放以来中国知识产权治理在治理理念、治理体系、治理主体、治理领域、治理视角、治理目标、治理手段等方面都发生了较大变化，呈现出从被动接受到主动发展再到积极参与谋求主导的发展过程，知识产权治理体系从无到有，知识产权治理能力从弱到强，知识产权治理主体从单一到多元，知识产权治理逐步踏上现代化发展的快车道。具体来说：

1. 治理主体由以政府全面主导向政、产、学、研、中介、用等多元主体协同治理的转变

改革开放初期，知识产权事业基本是从零开始。无论是法律法规政策制度的制定还是知识产权行政管理机构的筹建及其人员的配备都需要国家主导，因此当代中国知识产权事业的发展轨迹是从上而下型的，即由政府主导向社会各方面推进。随着国内外形势的变化，特别是国际知识产权力量影响的日益增加以及中国内在社会结构的变化，中国知识产权事业一方面要承受与国际知识产权保护水平相接轨的压力，另一方面也要体现国内经济社会发展对知识产权不断提出的新需求。国内经济体制改革的深化与企业主体知识产权意识的觉醒，知识产权的治理与发展无疑需要更广泛的市场主体与社会力量的参与。如在知识产权创造方面，从最初由国家力量为主（包括中央和地方政府、国有企业、公办高校等）转变为包括民营企业、民营院校、专利代理机构等非行政社会主体的加入。在建章立制方面，除了国家立法机关指定的法律，行政机关、司法机关也通过制定部门规范性法律文件的方式出台了大量有关知识产权的制度。一些行业组织乃至企业也成为有关知识产权规章制度的参与者，如 2012 年颁布的由

国家知识产权局主持制定的《企业知识产权管理规范（试行）》，其起草单位既有中国标准化研究院、中石化集团公司等"国字头"单位，也包含了爱国者电子科技公司、北京科慧远咨询服务公司等民营企业。

2. 治理理念从弱保护到强保护，从"被逼迫型"向"主动发展型"的转变

"每个国家在不同发展阶段有不同国情与发展需求，知识产权也就应当作出选择性政策安排。这也是以往西方国家的普遍做法。"❶ 一般来说，当一国经济发展水平较低时，对知识产权采取较弱的保护可以加快知识产品的扩散速度以推进经济社会发展。因此，在改革开放初期国内经济总量规模小、技术水平较低、综合国力不强的背景下，中国保护知识产权的能力与当时世界知识产权强国相比是较弱一些，但也正是这种与中国国情相符的知识产权保护模式不仅极大促进了中国科技创新和经济高速增长，也加快了社会公众对知识产权的知晓度、认可度、接受度，为推动中国知识产权事业的发展腾飞奠定了深厚的社会基础。

3. 治理手段从以行政执法为中心的协调保护向以司法为主导的多主体协同保护机制转变

行政执法与司法是我国知识产权保护的两种主要方式。在改革开放初期，由于司法资源匮乏等原因，我国知识产权保护采取双轨并行模式，但在较长的时期里是以行政执法为主，这在当时具有时代必然性：一方面知识产权客体内在的公共利益要素决定了知识产权保护涉及诸多社会公共利益要素，如打击侵权产品维护交易秩序的稳定等；另一方面则是由于行政执法方式相对简

---

❶ 吴汉东. 中国知识产权法制建设的评价与反思 [J]. 中国法学，2009（1）：55.

便，与改革开放初期政府知识产权政策的易变性相适应以及知识产权保护力量整体较弱有关。但知识产权毕竟是私权，特别是随着国内知识产权水平的快速发展，越来越多的纯属于个体之间私人利益冲突需要通过司法途径解决。所以，"随着司法保护需求的增长，司法力量日益壮大，司法保护最终会在知识产权保护体系中发挥越来越大的作用"❶，于是 2008 年国务院颁布实施的《国家知识产权战略纲要》明确规定要建立以司法为主导的知识产权保护体系。但无论是司法保护还是执法保护都是以国家权力的运行为基础的，知识产权的本质是私权，知识产权运行的主要领域在市场，因此健全的知识产权保护体系离不开企业、社会组织、公民个人等多主体参与期间。事实上，改革开放以来，除国家力量在知识产权保护发挥主导作用外，包括企业事业单位、社会组织以及公民个人力量在知识产权保护中的作用日益显现，这不仅表现为知识产权民事纠纷案件的急剧增长，表现为各类新媒体、融媒体中企业、社会组织、公民个人对知识产权现象的发声、关注逐渐常态化，而且表现为这些社会主体不断参与知识产权治理规则的形成与知识产权治理实践的运行，以自身行为对中国知识产权发展产生深刻影响。如在互联网上引起广泛关注的王老吉与加多宝商标权纠纷案等，无论其判决结果如何，类似的知识产权案件对中国知识产权法治发展，对提升全民知识产权保护意识无疑具有非常重要的意义和价值。

4. 治理目标从以提升知识产权创造数量为中心向以提升质量和加强知识产权运用为重心的转变

改革开放之初，中国知识产权数量，特别是专利技术数量非

---

❶ 孔祥俊. 全球化、创新驱动发展与知识产权法治的升级［J］. 法律适用，2014（1）：40.

常少，因此在吸收引进国外专利技术的同时提升中国知识产权创造水平，特别是数量的增加是当时知识产权治理的主要目标。经过 40 多年的努力，2011 年以来"我国国家知识产权局所受理的国内外专利申请已超过美国，跃居全球第一"❶，从这个意义上可以说，中国已成为世界知识产权大国，但尚未成为知识产权强国。就专利而言，中国专利申请量虽然在国际领先，但是企业核心技术专利、体现竞争力水平的高新技术专利以及有市场前景的专利都仍然不多。同时，对于现有专利技术，无论是企业还是高校，就整体而言其转化率、维持率都比较低。也就是说，专利质量不高，专利价值转化水平较低，很多专利都处于"休眠"状态而被白白浪费。在建设创新型国家、实施创新驱动发展战略背景下，知识产权治理目标从单纯激励知识产权创造数量转变为数量、质量双增长，优化知识产权结构，促进知识产价值转化，使知识产权真正成为国家竞争力和国家实力的体现。

随着国内外经济社会形势发展需要，尤其是创新发展的需要，单纯的知识产权创造已经不能适应知识产权事业发展的要求，而必须建立起包含知识产权创造、运用、保护、管理、服务等环节的治理机制，推进中国知识产权事业的整体发展。正基于此，我国在 2008 年制定并颁布实施《国家知识产权战略纲要》的基础上，又于 2021 年制定并颁布了《知识产权强国建设纲要（2021—2035 年）》，为全方位提升知识产权治理体系和治理能力现代化水平擘画了蓝图。

---

❶ 田力普. 国内外知识产权最新形势分析 [J]. 知识产权，2014（1）：3.

第二节　知识产权治理与创新驱动发展的内在联系

实施创新驱动发展战略，要以尊重和激励人的首创精神为前提，以保护创新成果为基础，以实现创新成果价值为核心。[1] 实现创新驱动发展目标离不开以保护创新成果为对象的知识产权法律制度的完善，更离不开以推进创新成果的创造、运用、保护、管理、服务为主要内容的知识产权治理机制的保障作用。从保护创造者利益、促进科技创新成果流转的角度而言，知识产权治理与创新驱动发展之间具有天然的内在契合性。

一、创新驱动发展与我国创新驱动发展战略的提出

发展问题是人类社会永恒的话题。近现代以来，科学技术对于经济社会发展的巨大作用日益得到人们认可与重视，但是将科学技术的作用归纳为创新这一概念并从经济与技术相结合角度进行理论探索，其主要代表人物是约瑟夫·熊彼特。他在 1912 年出版的《经济发展理论——对于利润、资本、信贷、利息和经济周期的考察》中较早提出"创新"一词，认为创新是经济发展的根本现象，是社会前进最基本的动力。熊彼特认为"创新是新的生产函数的建立"，即"企业家对生产要素的新的组合"。创新有五种情况："一是引入一种新产品或提供一种新产品之新的质量，即消费者还不熟悉的产品；二是采用一种新的生产方法或新的技术；三是开辟一个新市场；四是获得一种原料或半成品的新的供

---

[1] 储小华. 从熊彼特的创新理论看实施创新驱动发展战略之选择 [J]. 统计科学与实践，2013（7）：17.

给来源；五是实行一种新的企业组织形式。"❶ 在此基础上，后来的经济学理论不断发展着创新经济的内涵。新经济增长理论进一步将技术内生化于工业生产过程，将知识和人力资本等因素引入经济增长模型，指出一国或者一个地区经济增长取决于其知识积累、技术进步以及人力资本水平等因素，并认为对外开放参与国际贸易中的技术转让可以产生"外溢效应"，但是"技术的差异则解释了不同国家生产力的差异"❷。科学技术创新内在原理是知识投入能够改变其他要素投入所带来的边际效益递减，实现边际收益递增。

显然，创新驱动发展或者创新驱动型经济就是一种技术创新支撑经济增长的内生发展模式，"以新知识、新技术对生产要素进行改造和重新组合，能够突破传统发展模式下的资源和要素约束，实现高效、集约、绿色的经济可持续发展，并成为赢得竞争力的关键"❸。目前，创新已从经济驱动的一种重要因素演变成为经济发展的核心要素，并扩散到整个经济增长体系，并最终改变经济增长方式和发展模式。从现有的研究来看，理论界关于创新驱动经济增长的机制大致可以归结为以下三个方面：一是增加产品的多样性，即通过多样化产品或服务以创新创造出更多消费体验和市场，增进生产的专业化程度❹。二是创造出新的产业部门，即以新型产品或服务替代原有或者传统的产品与服务，进而推进生产和消费水平的快速跃升；或者是带动新的中间型产品的部门

❶ 储小华. 从熊彼特的创新理论看实施创新驱动发展战略之选择 [J]. 2013 (7)：17-19.
❷ 虞晓红. 经济增长理论演进与经济增长模型浅析 [J]. 生产力研究，2005：(2).
❸ 洪银兴. 向创新型经济转型：后危机阶段的思考 [J]. 南京社会科学，2009 (11)：2.
❹ Rome. P. Endogenous. Technological Change [J]. Journal of Political Economy，1990 (98)：71.

发展，以互补性产品或服务扩大市场空间，进而强化创新价值的获取能力。三是提升投入要素的质量以及促进要素积累，进而提高生产效率，包括人力资本积累模型、知识积累模型、资本积累和技术资本积累等❶。

创新驱动发展的提出有其深刻的经济社会背景。尤其是进入21世纪，在继要素驱动、投资驱动等发展方式之后，以发挥现代科技力量为核心的创新驱动成为经济发展的更高阶段，是推进经济高质量发展的最关键因素。

第一，传统资源要素发展模式日益受到限制。在人类社会发展的不同时期，以土地、劳动力、投资为主要内容的要素投入型发展模式也曾经起到过积极作用。但一方面，由于自然资源的稀缺性，土地等物质性生产要素不可能无限供给，生产规模的增长必然会成为制约经济发展的限制性因素；另一方面，受边际报酬递减规律影响，物质性生产要素无法满足长期的经济效率要求，在到达一定饱和点后，其对经济增长的影响越来越有限。

第二，现代科技迅猛发展使得科技创新要素在现代经济生产中的地位日益重要。每一次工业革命都推动人类社会以前所未有的量级快速发展，其力量来源在于科技创新取得的革命性突破。特别是进入21世纪以来，新一轮科技革命和产业变革方兴未艾，以大数据、云计算、移动互联网等为代表的新一代信息技术，以基因编程、干细胞等为代表的新型生物技术以及新材料、新能源等一大批新型科技创新层出不穷，科学技术越来越成为推动经济社会发展的重要力量。新科技革命所带动的以知识为基础的新兴产业的快速发展，标志着经济发展从传统的要素驱动、

---

❶　程郁，陈雪. 创新驱动的经济增长：高新区全要素生产率增长的分解［J］. 中国软科学，2013（11）：26.

投资驱动向创新驱动转型❶。

创新也是驱动中国特色社会主义建设和推动中国特色社会主义事业发展的根本动力，自新中国成立以来一直为党和国家所重视。早在 1956 年 1 月 14 日中共中央在北京召开的全国知识分子会议上，周恩来同志代表中共中央作《关于知识分子问题的报告》，提出制定科学技术远景规划的任务，并向全党、全国人民发出"向科学进军"的号召。1956 年 1 月 25 日在最高国务会议第六次会议上，毛泽东同志作了《社会主义革命的目的是解放生产力》的讲话，指出"我国人民应该有一个远大的规划，要在几十年内，努力改变我国在经济上和科学文化上的落后状况，迅速达到世界上的先进水平。为了实现这个伟大的目标，决定一切的是要有干部，要有数量足够的，优秀的科学技术专家"。1963 年在听取聂荣臻汇报十年科学技术规划各项工作时，毛泽东同志强调："科学技术这一仗，一定要打，而且必须打好。过去我们打的是上层建筑的仗，是建立人民政权，人民军队。建立这些上层建筑干什么呢？就是要搞生产。搞上层建筑，搞生产关系的目的就是解放生产力。现在生产关系是改变了，就要提高生产力。不搞科学技术，生产力无法提高。"❷ 在强调科学技术重要性的同时，毛泽东同志还非常睿智地提出并论述了"两种革命的思想"，即要将社会主义革命和技术革命相结合的思想，"我们现在不但正在进行关于社会制度方面的由私有制到公有制的革命，而且正在进行技术方面的由手工业生产到大规模现代化机器生

---

❶ Porter Michael E. Strategy and the Internet [J]. Harvard Business Review, 2001 (3): 63-78.

❷ 毛泽东. 不搞科学技术，生产力无法提高 [C] //毛泽东文集（第 8 卷）. 北京：人民出版社，1999：351.

产的革命，而这两种革命是结合在一起的"❶，有学者研究指出"过渡时期'一化三改'的总路线便是毛泽东这两种革命思想的直接反映"。❷

党的十一届三中全会作出了把党和国家的工作中心转移到经济建设上来的重大决定，提出既要采用世界先进的技术设备，更要加强科学教育工作努力实现四个现代化的奋斗目标。同年还举行了 5000 多名科技代表参加的全国科学技术大会，在该会议上，邓小平提出"向科学技术现代化进军"的号召，指出"实现四个现代化的关键是科学技术现代化"。在坚持以经济建设为中心的时代背景下，科学技术现代化必须围绕服务经济建设的大局。为有效解决科学技术脱离经济发展主战场、科学技术创新与经济发展"两张皮"的问题，1985 年中共中央颁布《关于科学技术体制改革的决定》，强调"经济建设必须依靠科学技术，科学技术工作必须面向经济建设的战略方针"，从此该方针成为指导中国科技创新的基本指导思想，为加快科技成果向市场转化指明了方向。1988 年，邓小平提出"科学技术是第一生产力"的著名论断，科学技术对经济发展的核心支撑作用日益显现，中国科技人员以饱满的热情投入到科技成果转化工作，发挥科技创新对社会主义经济建设的推动作用。20 世纪 90 年代以来，信息技术等新一轮科技革命异军突起，1995 年中共中央、国务院颁布了《关于加速科学技术进步的决定》，提出科教兴国战略，要求全面落实科学技术是第一生产力的思想，把科技与教育的进步作为经济和社会发展的强大动力，增强国家科学技术的整体实力以及科学技

---

❶ 毛泽东. 关于农业合作化问题 [C] //毛泽东文集（第 6 卷）. 北京：人民出版社，1999：432.
❷ 李明，刘松涛. 从立国到兴国——试论毛泽东的科技创新思想 [J]. 毛泽东思想研究，2010（4）：50.

术向现实生产力转化的能力与水平。1999 年的全国技术创新大会将"发展高新技术、加快科技成果转化、实现高新技术的产业化"作为中国科学技术跨世纪发展的战略目标。进入 21 世纪以来，国民经济在保持高速增长的同时也暴露出我国在全球化的产业价值链上处于低端，核心技术依赖进口等隐忧。2006 年的全国科学技术大会上，胡锦涛同志作的《坚持走中国特色自主创新道路 为建设创新型国家而努力奋斗》的重要讲话提出，建设创新型国家，核心就是把增强自主创新能力作为发展科学技术的战略基点，走出中国特色自主创新道路。党的十七大又进一步明确把提高自主创新能力贯彻到现代化建设各个方面。经过改革开放 30 多年的发展，中国科技创新日新月异，科技创新对经济发展的重要性更加凸显，取得的成效更加显著，但同时在科技体制机制等方面还存在一些深层次问题。

实施创新驱动是中国保持经济增长的现实选择。改革开放以来，中国始终保持高速增长，并成为世界第二大经济体，有专家研究指出："1978—2018 年，中国的 GDP 年平均实际增长率高达9.4%，是同期世界上最快的增长速度。"❶ 但更深层次的问题在于，中国在改革开放期间的高速增长是以劳动力、土地、投资等要素投入为主要驱动力的发展模式。这种要素型发展模式不仅需要消耗大量能源，而且常常以破坏环境为代价。随着人口红利的不断衰减，以及国际上贸易保守主义不断抬头，贸易摩擦不断等因素，导致传统的发展模式面临严峻困境。为此，实施创新驱动，促进经济向高质量发展转型就成为持续推进中国特色社会主义现代化建设的大势所趋。

在新的历史关头，党的十八大召开并旗帜鲜明提出"实施创

---

❶ 郭庆松. 两个大局是当代中国的谋事之基 [N]. 学习时报，2020-03-20 (2).

新驱动发展战略"，强调"科技创新是提高社会生产力和综合国力的战略支撑，必须摆在国家发展全局的核心位置"，将创新驱动发展上升到国家战略层面，❶ 从战略高度对科技创新支撑经济社会进行系统规划。在中华人民共和国成立 64 周年国庆前夕，习近平总书记主持中共中央政治局第九次集体学习时指出，实施创新驱动是我国经济发展形势所迫，毕竟对于经济总量已经跃居世界第二位的中国来讲，人口、资源、环境压力越来越大，发展中面临的不平衡、不协调、不可持续等问题越来越突出，必须及早转入创新驱动发展的轨道，充分发挥科技进步和科技创新的作用。在该讲话中，习近平总书记特别强调："实施创新驱动发展战略是一项系统工程，涉及方方面面的工作，需要做的事情很多。其中最为紧迫的是要进一步解放思想，加快科技体制改革步伐，破除一切束缚创新驱动发展的观念和体制机制障碍。"❷

随后，以习近平同志为核心的党中央围绕实施创新驱动发展战略展开了全面、深入、广泛的部署，在中央全会中多次围绕创新驱动发展作出规划。党的十八届三中全会制定了全面深化改革的总体方案，指出要"加快建设创新型国家"。党的十八届五中全会提出"创新、协调、绿色、开放、共享"五大发展理念并将"创新"置于五大发展理念之首，强调"坚持创新发展，必须把创新摆在国家发展全局的核心位置，不断推进理论创新、制度创新、科技创新、文化创新等各方面创新，让创新贯穿党和国家一切工作，让创新在全社会蔚然成风"。2016 年中共中央、国务院印发《国家创新驱动发展战略纲要》，明确了科技创新分"三

---

❶ 胡锦涛. 坚定不移沿着中国特色社会主义道路前进为全面建成小康社会而奋斗 [M]. 北京：人民出版社，2012：21.

❷ 毛胜. 十八大以来中央政治局如何开展集体学习（上）[N]. 学习时报，2022-05-02（5）.

步走"的战略目标，强调"实现创新驱动是一个系统性的变革"，应坚持"科技创新和体制机制创新"的双轮推动思路，"统筹推进科技、经济和政府治理等三方面体制机制改革，调整一切不适应创新驱动发展的生产关系，最大限度释放创新活力"。党的十九大不仅继续强调要坚定实施创新驱动发展战略，更特别指出"创新是引领发展的第一动力，是建设现代化经济体系的战略支撑"；党的十九届五中全会提出要"坚持创新在我国现代化建设全局中的核心地位"，十九届五中全会通过的《中华人民共和国国民经济和社会发展第十四个五年规划和 2035 年远景目标纲要》强调指出"发展是解决我国一切问题的基础和关键"，为此必须"坚持创新在我国现代化建设全局中的核心地位，把科技自立自强作为国家发展的战略支撑，创新驱动发展战略，完善国家创新体系，加快建设科技强国"，并将"坚持创新驱动发展　全面塑造发展新优势"置于"十四五"和面向 2035 年期间国家重点任务的首要位置，进一步将创新理念、科技创新、创新驱动发展提升到前所未有的高度。可以说，实施创新驱动发展战略，坚持创新驱动发展是中国当前和未来很长时期内的主基调。

二、实施创新驱动发展的关键是加快科技创新成果向现实生产力转化

《国家创新驱动发展战略纲要》揭示了创新驱动发展的丰富内涵："创新驱动就是创新成为引领发展的第一动力，科技创新与制度创新，管理创新，商业模式创新，业态创新和文化创新相结合，推动发展方式向依靠持续的知识积累，技术进步和劳动力素质提升转变，促进经济向形态更高级，分工更精细，结构更合理的阶段演进。"

创新驱动发展要求摆脱依靠有形生产要素，资源的投入以及高消耗、高污染、低效益的传统增长方式，走上一条将创新作为发展的主要驱动力，实现可持续、节约型的人类发展道路。要发挥科技创新力量在经济社会发展中的作用，至少有三个条件。一是创造出高质量的科技创新成果，这里的高质量创新成果不仅是指其技术要素、技术方案的创新程度高，更指其能够快速向市场转化并带来较高的市场价值。二是科技创新成果能够快速向市场转化，实现其使用价值。三是要有健全的制度环境，尤其是要加强法治建设，充分保障科技创新成果在市场转化中的安全性尤其是在受到侵权时能够得到及时有效救济，以持续激励社会创新创造热情。

创造出高质量的科技创新成果是前提条件，是实施创新驱动发展的物质基础。发挥科学技术对经济发展的推动作用，就是将人们关于改进生产设备、生产方式方法等方面的创造性智力成果用于生产实践并能产生提高生产效率的效果，因此研发出有助于提升生产效率的创造性智力成果是实施创新驱动发展的前提。

加快科技创新成果向市场转化是核心环节。创新驱动发展不仅要求创造出数量更多、质量更好的创新科技成果，还要将这些新科技成果推广、运用，实现这些创新成果的价值转化，促进科技进步与经济社会的融合。所以，创新驱动发展不仅在于科技创新成果的研发，更在于科技创新成果的运用，特别是通过与经济发展相结合，提高生产要素的内在质量与产出效率，进而加快经济发展速度，优化经济结构。从这个意义上讲，促进科技成果转移转化是落实创新驱动发展战略的重要方式，是加强科技创新与经济发展紧密结合的关键环节，是实现新旧动能转化的有力支撑。科技创新成果市场转化体现的是智力创造成果能否转化为现实生产力的"惊险的一跃"，如果转化成功，不仅其前期巨大投入会得到补偿，更为重要的是它对生产力可能起到巨大推动作用；如果无法转化，那么它可能就是一堆毫无用处的资料信息而被束之高阁。因而，科学技术创新创造，各种技术发明的形成，其本身并不是目的，研发新技术等各类科学技术创新的最终目的是运用这些新技术去提升生产效率，推动经济社会发展，以更好满足人民群众日益增长的物质文化需要，可以说，"研以致用"是科技创新的基本目标，也是实施创新驱动发展的关键环节。

完善的制度环境是实施创新驱动发展的重要保障。在现代化大生产中，科技创新是特定制度环境中的精神生产活动，制度设计对科技创新具有非常重要的影响。西方学者道格拉斯·诺斯与罗伯斯·托马斯在总结近代以来西方世界兴起的原因时就特别强调制度对西方经济增长的重要性："对经济增长而言，起决定作用的是制度创新。有效率的经济组织是经济增长的关键，而有效率的组织需要在制度上作出安排和确立所有权。"❶《国家创新驱动发展战略纲要》也明确指出，实现创新驱动是一个系统性的变革，要按照"坚持双轮驱动"的原则，就是在实施创新驱动发展中，坚持科技创新和体制机制创新两个轮子相互协调，持续发力，既要抓科技创新，更要调整一切不适应创新驱动发展的生产关系，统筹推进科技、经济和政府治理等三方面体制机制改革，最大限度释放创新活力，既要"改进创新治理，进一步明确政府和市场分工，构建统筹配置创新资源的机制"，又要"完善激励创新的政策体系，保护创新的法律制度，构建鼓励创新的社会环境，激发全社会创新活力"。作为支撑科技创新最基本的法律制度，完善知识产权治理体系，加强知识产权保护，是其中最关键的着力点。

---

❶ 道格拉斯·诺斯，罗伯斯·托马斯. 西方世界的兴起［M］. 厉以平，蔡磊，译. 北京：华夏出版社，2017：5.

三、知识产权治理与创新驱动发展的契合性

1. 知识产权是科技创新成果最重要的法律表现形式

知识产权是保护创造性智力成果的法律制度，其基本制度功能在于通过界定权利人对创造性智力成果的权属，保护权利人享有创造性智力成果权益，以持续激励权利人对创新创造的积极性，引导、维护、激发创新对社会发展的驱动力作用。科技创新成果是重要的人类创造性智力成果，是创新资源的重要形式，也是体现创新对经济社会发展驱动力的重要物质基础，理所当然应是知识产权保护的对象。

科技创新成果是知识产权保护的对象，但科技创新成果毕竟不等同于知识产权。只有经过"申请—审查—授权"等环节，被国家知识产权行政管理部门通过法定程序授予权利之后，科技创新成果才具有知识产权的外观，人们才会将一种经过授权的科技成果称为知识产权成果。

除了直接用于研发主体自身生产过程，科技创新成果在权属界定、转让、许可或者进行担保、质押贷款等投融资活动中，转让人与被转让人之间、担保人与被担保人之间、质押人与被质押人之间等各种当事人之间围绕科技创新成果展开的活动，一般都体现为科技创新成果知识产权的活动。可以说，知识产权是科技创新成果的外在法律表现形式，而科技创新成果不过是其知识产权的物质内核。在市场经济中，科技创新成果的运用无非就是其知识产权在不同主体之间的流转。当前，知识产权成为一种国际话语，越来越多的国家之间、区域之间将知识产权作为相互交往的重要内容，我国更是将建设知识产权强国作为一项重要的国家战略规划，在此背景下，科技创新成果只有披上知识产权的法律"铠甲"，才能够获得有效地保障，才可能在市场环境中加快

实现其价值转化。

2. 激励创新是知识产权最重要的制度功能

"知识产权制度就是一种鼓励创新，鼓励科技成果转化和利益的激励机制，其根植于市场经济，以明确界定知识成果的产权并为之提供有效保护为其主要特征。"● 美国前总统林肯曾对以专利为代表的知识产权制度所具有的激励功能做过生动的描述："专利法律制度是给天才之火添上利益之油，以鼓励新而有用事物之发现与生产。"有学者指出，在工业化进程中"最有刺激性的因素是'知识产权制度的存在'。这一因素在技术创新的任何阶段均居首位"❷。更为重要的是，知识产权制度运用不仅是创新驱动发展能力的构成要素，也是提升创新驱动发展能力的重要机制，"现行的知识产权制度是一种对创新投入给予最佳回报的利益驱动机制"❸，并以此推进创新发展。当然，知识产权对创新驱动发展的激励作用并不仅仅体现为利益驱动，还包括以下几个方面。

一是维护权利人对其创新成果的权益进而激发其创新热情。知识产权制度以法律的形式明确创新成果的产权界定，厘清创新过程中各主体应享有的权限范围，使创新主体的创新投入得到合理回报，激发创新主体的创新热情。

二是保障公平竞争的创新环境。技术创新成果的公共物品属性很容易使权利人的利益因侵权人的"搭便车"行为而受到侵害，如果不予以规制就可能会造成知识产权市场的"自然状态"，

---

❶ 吕志英. 科技成果的界定及知识产权保护 [J]. 南京林业大学学报（人文社会科学版），2007（4）：132.

❷ 斋藤优. 发明专利经济学 [M]. 谢燮正，等译. 北京：专利文献出版社，1990：13.

❸ 万志前，郑友德. 论生态技术创新的专利制度安排 [J]. 科技与法律，2008（5）：11.

知识产品成为人人可以使用的公共物品，这必然会削弱市场主体的创新意愿。所以有效打击侵权是知识产权制度的重要内容。尤其是许多科技创新成果研发投入成本极高，花费了大量的人力资源、机器设备、资金投入等，但由于具有非物质性属性，科技创新成果的物理本质是信息，复制成本非常低，特别是随着现代科学技术的发展，复制技术日新月异，使得复制信息产品的成本在巨额投入面前几乎微不足道。于是高生产成本与低复制成本之间的差额就成为某些不法分子竞相逐利的对象。如果无法有效保护，科技创新活动就成为一种风险极高的活动，创新创造者不仅无法取得预期收益，甚至会造成血本无归的结果，其创新创造的热情与积极性必然会受到打击。所以，科技创新成果的性质与创新创造活动的规律性决定了知识产权保护的重要性、必要性。目前，包括我国在内的世界上很多国家都建立起知识产权法律保护体系，通过打击侵权行为，一方面保护权利人的合法利益不受侵害，另一方面有效维护了促进公平竞争的创新环境，为创新驱动发展提供有力制度保障。

三是为推进创新成果的价值实现提供制度平台。衡量创新能力的重要标准不仅在于拥有创新成果的数量与质量，更重要的是创新成果的价值是否得到实现。知识产权制度通过设立许可制度、转让制度、强制使用制度等为创新成果的价值实现提供制度平台，推进创新成果向现实生产力转化。

3. 知识产权是促进创新要素与经济发展相结合的重要纽带

知识产权制度通过发挥其内在的激励、保护、交易、引导等机制（功能），促进科技创新对经济的推动作用。

一是创新激励机制。激励全社会创新热情，创造出大量科技创新成果是发挥科技创新对经济发展驱动力作用的前提与基础，这就需要建立比较完善的知识产权激励创新机制。目前，我国许多省市以及相关部门、领域围绕激励知识产权创造、运用、管理、保护、服务、文化宣传等各个领域都出台了激励政策，如设立专利奖、评定驰名商标，认定各种知识产权示范试点区并给予相应的政策优惠，等等，形成了知识产权激励创新的制度体系，为推动各地方、各部门、各领域、各方面的主体参与科技成果发明创造以及运用转化起到积极作用。

二是产权保护机制。通过赋予创新成果的财产权，进一步明确创新主体对创新成果的支配权、使用权以及通过成果转移转化获取收益的权利，依法切实保护创新者合法权益，促使人们对通过创新可能会取得的利益形成稳定的制度预期，降低创新创造的制度风险，激发全社会创新创造热情。

三是市场交易机制。科技创新成果转化是发挥科技创新驱动经济发展的最关键、最现实、最直接的环节。知识产权是科技创新成果的法律外化形式，科技创新成果的转化就体现为知识产权的流转。实践中，知识产权为科技创新成果的转化与市场交易提供支撑具体体现在：第一，制定交易规则，在专利法等各种知识产权法律法规中，对于转让、许可、担保等作出了非常明晰具体的规定，为科技成果转化提供了可操作的规范，为创新成果在市场经济环境中顺利地实现转移转化提供法律支持；第二，建立知识产权运营平台，通过提供知识产权信息咨询、检索、交易信息、鉴价评估等服务，为科技创新成果的产权交易提供具体空间支撑。此外，知识产权交易市场的形成，知识产权专业服务人才队伍等也是作为知识产权市场交易机制的一部分而发生作用。

四是引导机制。知识产权对科技创新支撑经济发展的引导至少体现在三个方面，其一是通过预警分析等手段引导创新主体在创新领域的布局。其二是通过专利池、知识产权联盟等手段聚集创新资源，促进其产业化发展，通过对市场份额的巩固与扩大形成市场竞争力和市场影响力。其三是引导科技创新服务社会公共利益，尽管具体的科技创新是个体或者某个组织的活动，但从全社会、全人类发展的角度而言，科技创新最终是服务人类社会的发展需要，满足与丰富人类不断增长的生产生活需求，唯有如此，科技创新才有价值。这就需要平衡科技创新活动中个体私权保护与服务社会公共利益之间的矛盾与冲突。专利、商标、版权等知识产权法通过对保护客体范围的界定，将损害社会公共利益的创造性智力成果排除在保护范围之外；通过设定知识产权的时间、空间边界、以及设置合理使用、法定许可等各种制度，在一定程度上实现了在保护个人私权的同时，促进知识产权保护与社会公共利益保护实现利益平衡。

4. 现代科技创新的开放性趋势需要不断加强知识产权治理

与传统个体创新、企业等组织内创新不同，现代科技创新的开放性趋势日益凸显，即创新活动不断突破在单个组织内封闭进行，而是在越来越多的主体协同参与中完成。美国学者切斯布洛（Chesbrough）（2003）通过对比一些研发能力强但相对较封闭的公司（如朗讯）与一些内部研发能力弱但能注重运用外部资源的公司（如思科），发现后者的创新速度与创新回报率往往高于前者，"原因在于前者只注重内部研发而忽视了大量的外部机会"❶。因此，随着网络社会的发展，知识信息的流动性不断增强，为创新者获取外部资源创造了越来越便利的条件，而科技创新的开放性趋势也越来越普遍。在我国，大量的产学研结合模式都是科技创新开放性的表现，而且随着科技创新规模的扩大，包括政府、企业、科研院所、金融部门、服务机构等多元主体参与的科技创

---

❶ 何郁冰. 国内外开放式创新研究动态与展望 [J]. 科学学与科学技术管理, 2015 (3): 3.

新活动更加普遍。如何协调这些参与主体的关系，形成更强大的协同共治力量，是知识产权治理机制的重要任务与使命所在。

可以看出，知识产权是推进创新驱动发展的重要制度保障，在运用制度创新支撑科技创新的双轮驱动中，知识产权是制度创新的核心关键，正因如此，党的十四大以来，中国共产党历次全国代表大会报告总是将知识产权作为支撑创新驱动发展的重要制度基础而着重强调。党的十八大以来，以习近平同志为核心的党中央将知识产权治理对创新驱动发展的推动作用置于更加重要的位置。党的十八大报告关于"实施创新驱动发展战略"部分明确提出要"实施知识产权战略，加强知识产权保护"；党的十九大报告围绕"加快建设创新型国家"提出要"倡导创新文化，强化知识产权创造、保护、运用"。创新是推动发展的第一动力，而知识产权是实现创新驱动发展的首要制度前提。《中华人民共和国国民经济和社会发展第十四个五年规划和2035年远景目标纲要》明确强调要坚持"创新在我国现代化建设全局中的核心地位，把科技自立自强作为国家发展的战略支撑"，将实施创新驱动发展作为"十四五"期间以及面向2035年远景目标的首要任务，而且在"坚持完善科技创新体制机制"一章中专门分配一节的内容专门用于描述知识产权的任务，包括"实施知识产权强国战略，实行严格的知识产权保护制度，完善知识产权相关法律法规，加快新领域新业态知识产权立法。加强知识产权司法保护和行政执法，健全仲裁、调解、公证和维权援助体系，健全知识产权侵权惩罚性赔偿制度，加大损害赔偿力度。优化专利资助奖励政策和考核评价机制，更好保护和激励高价值专利，培育专利密集型产业。改革国有知识产权归属和权益分配机制，扩大科研机构和高等院校知识产权处置自主权。完善无形资产评估制度，形成激励与监管相协调的管理机制。构建知识产权保护运用公共服务平台"❶。

坚持创新驱动发展是实现中国经济社会高质量发展的重大战略抉择。尤其在当前，"世界百年未有之大变局加速演进，国际环境错综复杂，世界经济陷入低迷期，全球产业链供应链面临重塑，不稳定性不确定性明显增加，科技创新成为国际战略博弈的主要战场，围绕科技制高点的竞争空前激烈"❷，在此背景下，加快建设知识产权强国，加大知识产权保护力度，不断推进知识产权治理体系现代化，夯实深入推进创新驱动发展的治理根基，成为一项有重大时代价值的研究课题。

第三节　知识产权治理推动创新驱动发展的实施路径

创新驱动发展是一项系统工程，基础是科技创新成果的高质量产出，核心是科技创新成果价值的高效率转化，关键是健全有助于科技创新成果创造运用的法治环境。知识产权治理推动创新驱动发展的实施路径体现为围绕科技创新成果的研发运用提供系统的制度保障和机制支撑，从而形成包括知识产权创造、运用、保护、管理服务、权属配置、文化建设等环节在内的全链条知识产权治理体系。通过这一全链条治理体系整合政府、企业、高校院所、市场中介服务机构等各方主体力量，形成治理合力。当前，建设知识产权强国是提升知识产权治理体系与治理能力现代化水平的系统工程。

---

❶ 新华网. 中华人民共和国国民经济和社会发展第十四个五年规划和 2035 年远景目标纲要［EB/OL］.（2021-03-13）［2022-05-15］. http://politics. people. com. cn/n1/2021/0313/c1001-32050444-3. html.

❷ 习近平. 加快建设科技强国　实现高水平科技自立自强［J］. 求是，2022（9）：7-8.

一、激励知识产权创造，提升自主创新能力

创新驱动发展的核心是把增强自主创新能力作为经济社会发展的主要驱动力，不断提高拥有自主知识产权的数量和质量。通过实施知识产权战略，激励全社会的创造热情，将各方智慧与能力都凝聚到创新发展上来。

激励创造离不开进一步完善知识产权法律制度。尤其在现代社会中知识生产是高投资、高风险的事业，无论是专利技术的研发，还是文学艺术作品的创作，都需要大量的投入，但又面临着投资回报的不确定性，而知识产品的非物质性进一步扩散了知识生产的风险性。因此，只有建立和完善知识产权法律制度体系，权利人的合法利益才能得到有力保障，最终鼓励发明人、设计人、作者等能够不断发挥其创造才能，激励创造热情，从而在整体上增强国家和地区的自主创新能力。总的来说，"知识产权既是自主创新的出发点，又是自主创新的落脚点；既是自主创新的基础，又是自主创新的衡量指标" ❶。

当前，科技创新活动的开放性趋势日益明显，除央地合作、军民合作外，各种类型的产学研、政产学、政产学研、政产学研用、政产学研用创、政产学研金服用、政产学研资用等协同创新模式层出不穷，对于推进我国知识产权治理现代化进程既是挑战，也是重要机遇。

二、强化知识产权运用，加快科技创新成果的价值转化

知识产权的价值不在于拥有的知识产权数量，而在于知识产权向经济社会转化，通过科技与经济的融合发展，将知识产品转

---

❶ 赵建军. 自主创新与知识产权保护 [M]. 北京：知识产权出版社，2011：1.

化为社会财富。所以，自主创新成果产业化程度就成为检验创新能力的重要标准。以陕西为例。作为科教资源大省，陕西聚集了100多所高校、1500多家科研机构、200多万名专业技术人才，其中在陕院士有72人，数量位居全国前列；同时拥有国家重点实验室25家、国家工程技术研究中心7家，省级重点实验室89家、省级工程技术研究中心166家，国家级园区平台324家，国际创新合作平台71个。2020年全省共投入研究与试验发展经费632.33亿元，研究与试验发展经费投入强度全国排名第七位。❶但整体而言，陕西还不是科教强省，也非知识产权强省，更非经济强省，科技与经济发展"两张皮"现象依然存在，科技创新对经济社会发展的驱动作用还有待进一步提高。这其中，如何将科教资源，特别是具有知识产权的创新性技术成果转化为现实生产力，实现知识产权所蕴含的内在价值，就成为提升陕西创新驱动发展能力的重要环节。实施知识产权战略，应在激励创新的基础上，通过税收优惠、政府采购、支持与鼓励、资助与补助、质押融资、创投补偿、专利参股、评价与考评体系等一系列政策法规加强对知识产权的有效运用，加快科技成果转化，实现其潜在的巨大经济和社会价值。

三、严格知识产权保护，是优化创新驱动发展环境的关键保障

以市场为导向，以企业为主体是现代创新体系的基本要素。所以，创新驱动发展需要有一个能保护企业主体的合法权益、能维护市场公平交易秩序的法治环境，这恰恰也是实施知识产权战略的重要目的和内容。

---

❶ 陈小玮. 秦创原：陕西创新高地强势崛起 ［J］. 新西部，2022（6）：14.

首先，创新驱动发展需要有效保障权利人合法权益。一方面，建立健全知识产权法律体系，通过法律赋权机制为权利人提供保护其合法权益的法律依据；另一方面也为解决权利人在协同创新中的权益纠纷提供了判断标准。

其次，创新驱动发展需要良好的营商环境。实施知识产权战略，发挥执法与司法等法律机制的作用，追究违法行为法律责任，强化知识产权保护。

最后，创新驱动发展需要建立知识产权限制制度，维护公共利益与私人权利的平衡。创新驱动发展离不开个体的创造性智力劳动，但是其最终目的是推动社会的整体发展。因此实现公益与私益之间的平衡成为创新驱动发展中必须面临的重要问题，也是知识产权法从其诞生时起就建立起的基本原则。现代知识产权法律体系中，著作权法中的法定许可、合理使用，专利法中的强制使用等规定都是基于利益平衡原则而对知识产权人权益的限制，以保障社会公众对知识产品的合理使用。

四、规范知识产权管理，促进创新资源的高效配置与综合集成

没有规矩难成方圆，科学管理是知识产权战略实施中的"规矩"。科学管理不仅贯穿于知识产权创造、运用、保护、服务的整个过程，而且能为知识产权促进创新驱动发展提供坚实基础和强有力保障。具体来说，一是通过预警机制、指标统计、信息检索与评估、优先支持立项、财政扶助等指引知识产权工作未来的发展方向，促使全省创新资源向地方知识产权优势产业、优先发展产业聚集；二是通过项目管理，明确管理职责、权属关系等加强对省重大科技项目的监督，保证项目完成质量；三是通过转让许可、强制实施、审议机制等加强科技创新成果的产权化、产业

化运用，防止技术研发的盲目性、重复性，节约创新资源。可以说，对于实施知识产权战略和实现创新发展而言，筑牢科学管理的基础，具有谋在现实、利在长远的深刻意义。

五、提升知识产权服务，是整合创新力量实现协同创新的平台枢纽

随着国家对创新成果商业化、产业化的日益重视，知识产权交易机构、知识产权信息加工和战略分析、展示和交易平台、融资担保系统等知识产权服务业成为现代创新体系和知识产权战略的重要组成部分。由此，最大限度整合政府、企业、高校院所、中介服务机构等各方创新资源，实现协同创新，成为创新驱动发展主要着力点。

知识产权治理作用于创新驱动发展的方方面面，每个方面都值得深入细致研究。限于篇幅，本书结合陕西地方知识产权治理实践，围绕"知识产权治理与创新驱动发展关系""知识产权促进多元主体协同创新""知识产权促进科技创新成果转化""强化知识产权服务促进科技型中小微企业发展""健全激励创新的知识产权法治环境""探索职务科技成果知识产权混合所有制改革""建设知识产权强省为陕西创新驱动发展提供系统支撑"等专题展开分析。

第四节　推动陕西创新驱动发展应持续完善
知识产权治理机制

长期以来，陕西省科技创新成果创造多、转化慢，科技创新支撑区域经济发展的动力尚未得到有效发挥。其中原因固然很多，作为联结科技创新与经济发展之间的纽带，加强知识产权保护，完善知识产权治理机制，为密切融合科技创新与经济发展提供制度支撑与机制保证无疑是非常关键的因素。2013年12月30日，科技部正式批复支持陕西省开展创新型省份建设试点工作，陕西省成为继江苏、安徽后的全国第三家创新型试点省份，也是西部唯一一个创新型试点省份，这为更好发挥知识产权治理支撑创新驱动发展作用提出更高要求，完善知识产权治理机制，加快建设知识产权强省成为推进陕西创新型试点省份建设的必然选择。在此背景下，2018年《陕西省人民政府关于建设知识产权强省的实施意见》的颁布实施，从政策上保障了陕西知识产权工作在创造、运用、保护、管理与服务五个方面有力推动了科技创新成果创造与转化，对建设创新型陕西起到积极作用。当前，深入实施创新驱动高质量发展成为新时代中国特色社会主义建设的主题，陕西省正处在从工业化中期向后期跨越的关键时期，创新成为驱动陕西高质量发展的新引擎。面对创新驱动发展新形势，需要从优化知识产权结构、提高知识产权质量、整合执法资源以及建立协同管理服务机制等多方面入手，增强实施知识产权推动陕西创新驱动发展的效能。为此，既要深度融入共建"一带一路"，抢抓新时代推进西部大开发形成新格局、黄河流域生态保护和高质量发展等国家重大战略机遇，更要持续扎实推进知识产权管理体制机制改革，有效促进知识产权创造运用，优化知识产权公共服务，实行更加严格的知识产权保护，不断完善知识产权治理机制，建设更高水平的知识产权强省，为陕西奋力谱写追赶超越新篇章提供创新驱动力和制度支撑力。

一、陕西知识产权治理取得的成效

加快科技成果创造水平、不断提升科技创新成果、提升陕西创新发展能力是陕西知识产权工作一直以来的目标，并且取得了非常突出的成绩。这体现在知识产权成果数量与质量不断增加与提高，知识产权成果运用日趋增多，知识产权保护持续加强，知识产权管理逐渐成熟，知识产权服务日益丰富。可以说，知识产权战略实施对陕西地方经济发展的推动作用在不断增强。特别是《陕西省知识产权战略纲要（2008—2020年）》颁布实施以来，陕西特色优势产业与战略性新兴产业专利实施率不断提高，企业专利产品产值有大幅增长，商标战略实施步伐加快，省企事业单位驰（著）名商标运营能力大大增强，软件正版化推进工作成效显著，全省知识产权保护环境日益优化，知识产权综合水平迈上了新台阶。

1. 完善知识产权政策法规体系

及时修订《陕西省专利条例》（2012），先后颁发《陕西省关于开展高层次创新创业人才知识产权服务工作实施意见》（2013）、《陕西省查处假冒专利行为办案规程》（2013）、《陕西省专利纠纷处理办法》（2013）、《陕西省人民政府关于建设知识产权强省的实施意见》（2018）、《陕西省知识产权专项资金管理办法》（2020）、《陕西省专利创造救济指导意见（试行）》（2020）、《陕西省关于强化知识产权保护的若干措施》（2020）、《陕西省知识产权举报投诉奖励办法》（2021）等多项政策法规，为陕西知识产权战略实施提供了具体的制度依据，也为陕西知识产权促进创新驱动发展提供了坚实的制度基础。

2. 知识产权质量数量大幅提升

在省知识产权工作协调领导小组及其成员单位与省内各市区县的共同努力下，近年来陕西核心专利、知名商标、优质地理标志等各类知识产权数量不断增加，质量不断提升，一批重大专利技术实现了从技术到标准的战略升级。截至2021年年底，全省专利授权量 86 272 件，较 2008 年全省专利授权量 4392 件增长了 19.6 倍❶；全省有效发明专利总量达到 67 379 件，每万人口发明专利拥有量 17 件❷，分别是 2012 年全省有效发明专利总量 11 316 件的 6 倍，全省每万人口发明专利拥有量 3.02 件的 5.6 倍❸。知识产权数量不断创新高，知识产权创新创造活力更加强劲，动能更加持久。

3. 持续注重知识产权创造与运用

陕西始终把企业作为技术创新主体，将推行企业知识产权战略作为全省知识产权战略实施的关键环节，在全省范围内开展中小企业知识产权战略推进工程，包括专利技术产业化孵化计划、知识产权优势企业培育、驰名、著名商标运营企业和版权示范单位等工作，有效地促进了企业知识产权的转化运用。尤其是 2008 年以来国家知识产权军民融合试点省，国家知识产权运营公共服务平台（西安）试点平台等一大批知识产权运营重大项目先后落地，为加快陕西知识产权运用提供了坚实基础。截至 2021 年年底，"全省共获授权专利 86 272 件（其中发明专利授权 15 516 件），商标注册 142 766 件，作品版权登记 29 610 件，全省专利质押合同登记累计 823 件，合同金额 40.3 亿元；商标质押合同登

---

❶ 陕西省人民政府. 2008 年陕西省国民经济和社会发展统计公报 [EB/OL]. (2009-03-04) [2022-06-25]. http://www. shaanxi. gov. cn/zfxxgk/fdzdgknr/tjxx/tjgb_240/stjgb/200903/t20090304_1661952_wap. html.

❷ 此处 2021 年各项数据均来源于《2021 年陕西省国民经济和社会发展统计公报》. 陕西省统计局，国家统计局陕西调查总队. 2021 年陕西省国民经济和社会发展统计公报 [EB/OL]. (2022-03-28) [2022-06-25]. http://www. shaanxi. gov. cn/zfxxgk/fdzdgknr/tjxx/tjgb_240/stjgb/202203/t20220328_2215220_wap. html.

❸ 此处 2012 年陕西专利数据均来源于《陕西省 2012 年知识产权保护状况》. 中华人民共和国国务院新闻办公室. 陕西省 2012 年知识产权保护状况 [EB/OL]. (2022-03-28) [2022-06-25]. http://www. scio. gov. cn/m/ztk/xwfb/2013/11/11/Document/1317027/1317027. htm.

记 26 项，贷款金额 2.7 亿元"❶，知识产权创造、运用能力较 2008 年均有大幅增长。

4. 知识产权保护能力不断加强

加强保护是落实知识产权治理机制的重点内容。近些年，陕西通过强化知识产权行政执法，先后组织开展"铁拳""剑网""昆仑""龙腾""清浊"等执法专项行动，严厉打击知识产权侵权假冒行为，维护良好市场秩序。建立中国（西安）知识产权保护中心，成立 12 个市级知识产权维权援助分中心；深入推进知识产权"三合一"审判等改革举措；持续强化协同保护，陕西省知识产权行政管理部门与省法院、省检察院、西安海关、省贸促会、省律协建立战略协作关系，有效预防和惩治知识产权违法犯罪活动；形成了覆盖全省的知识产权维权援助体系，知识产权保护社会满意度逐步提高，营商环境不断改善。在强化法律保护的同时，还注重知识产权保护关口前移，通过帮助和引导产业联盟建立专利联盟，建立重大经济活动知识产权评议工作机制等，将保护贯彻于知识产权创造、运用的整个过程中，实现知识产权保护和运用"双赢"的良好局面。

5. 知识产权服务体系持续完善

知识产权服务体系持续完善主要体现在：第一，开展知识产权质押融资工作，基本形成了"政府牵线，银企互动"的良好局面；第二，继续加强实施专利技术转化孵化工作，明确项目支持导向，加大资金支持力度；第三，实施专利创业富民工程，通过支持创业群体依靠专利创业兴业，不断发展，促使更多创新成果走向商业化，激发鼓励社会群体创新和创业热情，发挥专利制度

---

❶ 陕西省知识产权局. 2021 年陕西省知识产权保护状况［N］. 陕西日报，2022-04-26 (9).

在以创业促就业中的重要作用；第四，促进专利技术交易流转和转化实施，展现出专利制度"依托于创新，显效于市场"的巨大威力；第五，制订中小企业知识产权优势聚集区工作实施方案，实施中小企业知识产权战略推进工程，指导园区做好知识产权托管、专利信息利用和维权援助等重点工作，并在政策和经费方面给予大力支持。通过深入实施知识产权服务能力提升工程，大力推进知识产权服务业的蓬勃发展。截至 2020 年，"全省执业专利代理师由 218 人发展到 391 人，具有专利代理资格储备人才由223 人增加到 1220 人，专利代理机构由 33 家增加到 129 家，商标代理机构（含律所）由 545 家增长到 1097 家，各类知识产权服务机构数量超过 1200 家，从业人员超过 1 万人。全省商标受理窗口达到 6 家，知识产权服务业集聚发展试验区 1 家。知识产权服务业监管更加规范，专利代理行业"蓝天"专项整治行动取得丰硕成果，非正常专利申请和商标恶意注册得到初步遏制"❶。完善知识产权运营全链条服务体系，推进科技产业和特色经济创新，促进军民融合技术转移。多层次加强专业人才培养，与西安外国语大学、知识产权出版社共建陕西省"一带一路"知识产权语言服务人才培养中心，知识产权服务能力进一步增强。

二、陕西知识产权治理中存在的问题

面对国内外经济社会发展的新局面，特别是陕西近些年经济结构不断转型所释放出来的对创新驱动发展的新要求，在知识产权促进陕西创新驱动发展进程中还有很多工作需要进一步加强与完善。

---

❶ 陕西省知识产权局. 砥砺奋进谋发展　擘画蓝图再出发——陕西省知识产权工作"十三五"回顾和"十四五"展望［N］. 陕西日报，2021-04-26（5）.

1. 就知识产权创造而言，重视数量而轻视质量的观念仍然存在

知识产权整体质量效益还不够高，知识产权创造"多而不优"的局面还未有根本改观，高价值知识产权偏少，解决产业关键技术和"卡脖子"技术难题的核心专利亟须较大突破，知识产权创造与地方经济建设发展对创新的需求还有一定偏差，高新技术企业和战略性新兴企业领域的自主知识产权还未占优势地位；政产学研协同创新水平不强，省内外知识产权创新资源还有待于进一步聚集、整合。

2. 就知识产权运用而言，知识产权的产业化程度不高

知识产权运用水平亟待提升，创新技术成果在地方经济建设中的价值实现还不充分，加快职务科技成果转化，深挖"沉睡专利"市场价值的工作有待加强，知识产权对增强陕西在国内外的竞争力方面还有待进一步整体性提升。尤其是考虑到高校院所作为陕西科技创新的重要主体，其知识产权转化能力一直处于较低水平。根据相关数据统计，2019 年获得专利授权最多的前 100 家陕西省机构中，大学的数量有 31 家，并且排在前 10 名的单位均是高校，即使排在前 20 名的单位中也有 14 家高校，5 家国有科研院所，而仅有 1 家企业（中国西电电气股份有限公司，排在第 20 位）。但高校院所的科技成果转化水平却与此并不相适应。以技术合同成交数额来看，2018 年陕西技术输出合同成交额为 1125.28 亿元，其中企业为 862.14 亿元，占比为 76.61%，科研机构为 232.68 亿元，占比为 20.67%，高校科技合同成交额仅为 30.46 亿元，仅占当年技术输出合同成交额的 2.7%，与企业差距甚大。事实上，2018 年陕西知识产权类技术输出合同成交额为 225.03 亿元，占总技术输出合同总成交额的 19.97%，而其中技术秘密合同成交额 173.98 亿元，专利合同成交额 37.74 亿元，仅

占技术输出合同成交额 3.35%❶。可以看出，陕西知识产权类科技成果转化率本身不高，而高校院所拥有的专利等科技成果更是远未转化。

3. 就知识产权保护而言，知识产权大保护格局有待进一步增强

以知识创新为主导、信息技术为基础、人才创业为支持的新经济形态正在成为经济增长的重要引擎，对知识产权保护提出了诸多新要求，促进新技术新业态蓬勃发展的知识产权法治环境还有待完善。目前仍存在知识产权侵权易发多发和侵权易、维权难的现象，知识产权侵权违法行为呈现新型化、复杂化、高技术化等特点，知识产权侵权惩戒不足，快速维权体系还不健全，社会力量参与知识产权治理渠道不畅，多元化纠纷解决机制亟待完善；全社会对知识产权保护重要性的认识和知识产权法治意识有待进一步提高。目前，全省知识产权执法体系还不健全，一些县级知识产权执法力量还较为薄弱。行政执法与刑事司法在打击知识产权犯罪方面的协同性与衔接性不强，降低了保护权利人合法利益的法律效果。

4. 就知识产权管理而言，管理体系不完善

虽然在 2018 年新一轮机构改革中，包括西安、宝鸡、咸阳、渭南、榆林、延安、汉中、商洛、铜川等在内的多地市场监管局加挂了市知识产权局的牌子，初步形成全省上下衔接的知识产权工作体系，但区县一级的知识产权专门管理机构还未健全，编制人员较少，统筹协调不力，经费投入不足，面上的工作还有较大困难；管理模式较为单一，管理手段还不丰富，管理方式有待创

---

❶ 陈波. 深化高校院所职务科技成果产权改革推动陕西经济高质量发展 [J]. 新西部, 2020（Z2）：104-105.

新，特别是缺乏协同管理机制在知识产权管理中的应用。围绕《企业知识产权管理规范》《高等学校知识产权管理规范》和《科研组织知识产权管理规范》的贯彻实施，陕西在全国率先形成"三标同贯"的工作格局，但相对于需要贯标的对象数量而言，贯标规模还有待进一步扩大。

5. 就知识产权服务而言，整体水平还有待提升

知识产权服务体系仍有进一步健全完善的空间，转化渠道不畅，资本投入不足，运营效率和效益质量有待进一步提高，知识产权服务专门人才紧缺，知识产权对外开放合作能力有待强化。一是服务业单位数量较少，分布不均衡，绝大多数分布在西安、宝鸡等关中地区，陕南、陕北基本没有；二是提供的服务以代理企业申请专利商标等低层次业务为主，知识产权评估、价值分析、交易、转化、质押、投融资、运营、托管等商用化服务能力较弱，尤其缺乏为企业提供知识产权战略分析及产品市场战略、风险评估和预警等高端的咨询服务企业与专职工作人员；三是服务平台建设比较滞后，知识产权服务业的信息化，网络化水平还有待加强；四是缺乏区域性、专业性维权组织保护联盟及多元化的维权援助机制，对重点出口企业、支柱和特色产业的知识产权保护、维权援助工作以及提高企业应对知识产权纠纷与国际贸易壁垒的能力等方面都需要继续加强工作和建立相应的配套政策与机制。

三、提升陕西知识产权治理水平的着力点

当今世界正经历百年未有之大变局，新一轮科技革命和产业变革深入发展，深入实施创新驱动高质量发展成为新时代中国特色社会主义建设的主题，陕西省正处在从工业化中期向后期跨越的关键时期，创新成为驱动陕西高质量发展的新引擎，建设更

高水平知识产权强省面临重大战略机遇。深度融入共建"一带一路"、新时代推进西部大开发形成新格局、黄河流域生态保护和高质量发展等倡议和国家重大战略的深入实施，进一步为陕西知识产权事业发展提供了重要契机。陕西需要进一步转变观念，从知识产权管理型思维向知识产权治理型思维转变，持续扎实推进知识产权管理体制机制改革，加强对创新主体权益保障，激发全社会尊重、维护知识产权的主动性、积极性，形成社会各方主体共同参与的知识产权治理新局面，为有效促进知识产权创造运用、优化知识产权公共服务、实行更加严格的知识产权保护提供良好的知识产权治理环境。

1. 高质量推进知识产权创造

知识产权创造方面，核心知识产权的数量、质量双提升仍需加强。在增量目标不放松的情况下，应当改变、建立、完善相应的以重视知识产权质量为核心的综合考核评价体系，进一步优化陕西知识产权结构；加强协同创新，组织生产同类产品的企业与高等院校、科研机构围绕关键共性技术和配套装备技术进行协同攻关，共同突破核心技术，共享知识产权，并在各自差异化产品的生产中加以利用；组织行业大型企业集团与产业链上下游企业以及相关科研机构联合，围绕产业链中薄弱或缺位的关键共性技术进行集中突破，促进完整产业链的迅速形成，使产业链上下游企业共享专利等知识产权。

2. 高效能促进知识产权运用

就知识产权运用来说，应当加强知识产权与陕西地方经济建设的协调发展，通过知识产权政策设计将陕西地方的创新智慧、创新资源引领到陕西经济建设的关键领域中去；积极探索知识产权协同运用新途径，发挥行业协会的桥梁纽带作用，探索建立"政产学研用金介"深度融合的知识产权协同运用新机制。以知识产权资源为依托，推动行业骨干企业牵头组建科研机构、金融机构、专利服务机构等多方参与的专利运用协同体，实现资源优势互补，运作协同一致，大幅提升行业整体竞争力；优化配置全省知识产权人才、市场、服务等资源，加快推进知识产权运用高端化、规模化和国际化发展，不断提高陕西地方经济产业的国内与国际竞争力；推动建立以市场化运作为主要方式的知识产权运营机构，针对核心产品、关键技术的系列专利，通过收储或托管等方式，实现专利集中管理和集成运营。

3. 高水平加强知识产权保护

在知识产权保护领域，注重整合执法资源，强化知识产权联合联动保护机制，努力提高知识产权保护效能。一是统筹协调立法、执法、司法与普法工作，形成知识产权保护合力，积极推进跨地区跨部门沟通、配合与合作的知识产权执法保护；二是根据经济社会发展的实际，完善知识产权政策法规体系，优化知识产权司法与行政执法双轨制保护并行模式，加强知识产权行政执法与刑事司法衔接机制的衔接，严厉打击各种形式知识产权违法犯罪行为；三是将专项保护行动与日常执法保护相结合，集中解决突出问题。同时，通过完善法制、体制和政策，形成知识产权保护的长效机制。

4. 高起点深化知识产权管理体制改革

在知识产权管理方面，探索建立知识产权协同管理机制。积极利用和发挥知识产权保护协调领导小组平台作用，加强省知识产权局对全省知识产权工作的领导协调，统一谋划部署知识产权在提升全省创新能力方面的战略规划；发挥协调作用，创新社会管理方式方法，探索企业知识产权联盟、知识产权服务机构等社会力量参与全省知识产权管理工作的可行性与路径；研究和开发知识产权行业与联盟协同管理系统，定期搜索指定的国内外知识产权数据库，获取知识产权文献，并进行分类、挖掘和分析，形成知识产权情报，指导知识产权战略的实施。

5. 高品质优化知识产权服务

在知识产权服务方面，继续以多渠道、多形式积极开展宣传普及工作，提高全社会知识产权意识；结合陕西地方文化建设，培育具有陕西地方特色的知识产权文化；加强教育培训工作，特别是以高层次人才的培训培养为重点，利用多种资源对企事业单位进行知识产权管理工作的专业培训，提升管理人员的知识产权意识。

第二章　知识产权促进多元主体协同创新

现代科技创新是一个复杂系统，包括从创新规划到科技创新成果研发中试生产再到将创新成果运用于经济活动并实现其价值的整个过程。其间，参与科技创新成果创造过程的不仅包括产学研等科技创新成果研发、中试，而且生产主体、政府对知识产权创造活动的规划引导、奖励激励以及中介服务机构提供的信息检索、咨询、分析、代理等活动，对于高品质科技创新成果的形成具有同样重要的影响，即需要从产学研等创新成果生产主体的结合创新向包括政府、企业、科研机构、目标用户以及金融机构、中介服务组织在内的多元主体共同参与的协同创新演进。作为科技创新成果的法律表现形式，知识产权在推进多元主体协同创新活动中承担着中介与桥梁作用，通过保护协同创新成果权益、平衡各方主体在协同创新中的利益关系、促进协同创新成果价值转化等保障协同创新的顺利开展。

第一节 从产学研到"政产学研用金介"：
多元主体协同创新组织模式的演进

随着现代科技创新开放性趋势日益明显，最大限度整合创新资源就成为科技创新发展的基本方向，相应的科技创新组织也逐渐向日趋复杂方向发展，其中的一个典型特征是参与创新的主体不断多元化，先后出现了产学研、政产学、政产学研、"政产学研用金介"等各种新型创新组织模式。相比较而言，融合政府、企业、高校院所、用户、金融机构、中介服务力量等多方主体在内的协同创新组织，"构成要素更为全面，基本涵摄了从知识生产到知识消费全过程中创新力量；协同创新的内涵更加丰富，不仅强调创新知识生产，更强调创新知识的转化"❶，能够发挥政府规划引导和政策供给、企业市场运用与转化、高校院所研发、金融与中介服务促进等各方力量，将各创新主体组织成为一个内部协同配合又兼有较强外部开放性的创新组织体系，能有效克服科技创新活动中"政府失灵"与"市场失灵"的弊端，促使科技创新与经济发展紧密结合，进而充分体现出科技创新对经济发展驱动力的作用。

一、"政产学研用金介"协同创新的内涵与功能定位

新中国成立以来，尤其是改革开放以来，党和政府高度重视科技创新工作，但是由于历史原因，我国科技创新体制仍然存在一些弊端：一是科技创新资源分布未能有效满足市场主体创新的

---

❶ 陈波. 政产学研用金介协同创新的内涵、构成要素及其功能定位 [J]. 科技创新与生产力, 2014 (1): 1.

需求。高校院所科技创新资源集中但未能有效对接市场需求，造成科技创新成果研发多转化少，企业等市场主体虽有强烈的科技创新需求但科技创新资源较少，自身科技创新能力弱；同时高校院所与企业等市场主体之间的联系不充分。总体而言，科技创新未能有效服务市场经济发展的现实需要。二是政府协调力度不够。由于科技创新是一个长期工作，短期效益不明显，导致一些地方政府对创新驱动发展的重要性认识不到位，政策支持动力不足，也有一些地方政府对科技创新及科技市场的规律不熟悉，"科研立项、资助缺乏规划和监督，造成低水平重复研发而浪费经费的现象比较严重，创新驱动发展显得投入大，见效慢"❶。此外，支持科技创新的有些政策法规不健全，高校院所与企业间难以建立起有效的资源与利益共享机制，产学研各方主体之间形成长期有效、牢固深入合作情况少、短期化、表象化现象较为严重。三是无论是政府的知识产权公共服务体系还是高质量的市场化知识产权服务体系均供给不足，围绕专利检索、专利地图、专利导航、专利布局、专利申请、专利维护等领域提供的知识产权服务还不能系统满足产学研结合创新的需要。正如国际经济合作与发展组织的一份报告中所描述的那样："中国的创新系统就像'群岛'，各岛屿间没有充分联系，难以形成溢出效应。"❷ 在此背景下，如何运用协同创新理念，有效整合各种创新资源，最大限度发挥出各种创新主体合力就成为理论界与实务界共同关注的焦点。

---

❶　蒋科兵，刘期达. 高校科研成果转化率偏低原因初探［J］. 技术与创新管理，2013（3）：202.

❷　龚克. 大科学时代需要大协同创新［N］. 中国教育报，2012-06-01（5）.

(一) 协同创新提出的理论背景

与原始创新、集成创新、引进吸收消化再创新等创新理念不同，协同创新主张以政府意志的引导与机制安排，促进大学、研究机构、企业等市场主体与社会主体发挥各自能力，整合各自资源，促进各方优势互补，以加快技术推广、应用及产业化。可以说，协同创新"是由各种主体协同开展产业技术创新和科技成果产业化活动，已成为当今科技创新的新范式"❶。

在英文中，表达"协同"一词含义的有 collaboration，synergy，cooperation，coordination 等多个表述，强调的是双方或者多个主体之间在工作或者事业上的合作关系；在汉语中，其内涵主要是"齐心协力，互相配合"。从学理角度讲，"协同"概念关注的是如何提升一个系统内组织管理的效率，强调"系统中各子系统的相互协调，合作或同步的联合作用及集体行为，着力形成'1+1>2'的效应"❷。这一思想随后被广泛运用到很多领域，如"管理研究者将这一思想应用到企业新产品开发 (NPD) 领域，并扩展至企业与价值链上下游企业、互补企业甚至竞争企业在产品设计、制造和销售的资源共享及协作运营"❸。协同的本质是合作，方法是求同存异，这其实是人类社会非常普遍的现象。当然，基于系统视角，从提升组织管理效率目标出发进行学理性阐释，是该理论的创新之处。该理论的贡献不仅在于从系统的视角思考如何协调组成要素之间的关系，更在于为人们提供了一个开放性思维模式，即类似于科技创新这样的复杂脑力劳动不应仅仅

---

❶ 何俗非，任明，王硕. 产学研结合下的协同创新机制探索 [J]. 中国中医药现代远程教育，2013 (9)：152.

❷ 何郁冰. 产学研协同创新的理论模式 [J]. 科学学研究，2012 (2)：166.

❸ 于翔. 我国高校社会科学科研成果转化问题研究——基于协同创新视角 [J]. 南京理工大学学报 (社会科学版)，2014 (5)：88.

局限于研发一个环节，不能局限于某一个主体，而是要考虑相关联的多元主体的作用，这与科技创新开放性发展趋势恰恰不谋而合。因此，"随着科技与经济的结合日趋紧密，协同的思想在创新系统理论中得到重视和深化，并以'产学研合作'为主题探索企业与大学、科研机构或中介组织之间如何通过要素的互动形成创新合力"❶。

在此基础上，有学者认为"协同创新是以知识增值为核心，企业、政府、知识生产机构（大学、研究机构）、中介机构和用户等为了实现重大科技创新而开展的大跨度整合的创新组织模式"❷。将协同创新理解为一种新的创新组织模式无疑具有一定道理，但也应当看到，"协同创新有着非常丰富的含义，可以是一种新的组织方式，也可以是一种新的创新过程，或是一种新的创新思维方式。可以说，协同创新是以创新的组织形式最大限度整合创新资源，加快创新成果创造、转化的一种新型创新模式"❸。

（二）多元主体协同创新的内涵

从以上分析可以看出，多元主体协同创新是指通过整合政府、企业、高校、科研机构、目标用户、金融部门、社会中介服务组织等在科技创新的组织规划、市场导向、成果研发、信息捕捉、融资担保、人才培养等方面的各自资源优势，形成一个从科技成果研发到市场转化的创新链，以增强系统科技创新能力，有效发挥科技创新驱动经济发展的制度安排。

以"政产学研用金介"为代表的协同创新组织体现了政府引

---

❶　于翔. 我国高校社会科学科研成果转化问题研究——基于协同创新视角 [J]. 南京理工大学学报（社会科学版），2014（5）：88.

❷　陈劲，阳银娟. 协同创新的理论基础与内涵 [J]. 科学学研究，2012（2）：163.

❸　陈波. 政产学研用金介协同创新的内涵、构成要素及其功能定位 [J]. 科技创新与生产力，2014（1）：1.

导与市场主导在创新活动中的积极作用，即在以企业为主体，发挥市场创新资源配置作用和通过市场来检验新技术、新产品的同时，也要考虑市场失灵现象的存在，通过发挥政府宏观政策的引导与扶持作用，趋利避害。

"政产学研用金介"等协同创新组织的特点有：一是强调整体性，即"政产学研用金介"作为一种创新生态系统存在，是内在要素的有机集合而非简单相加，尤其是在系统存在的方式、目标、功能等方面都表现出整体一致的特性；二是动态调整性，即协同创新生态系统的内在要素及其结合方式处于不断变化的动态调整之中。

基于此，本书认为，以"政产学研用金介"为代表的协同创新是指政（政府）、产（企业）、学（高校）、研（科研机构）、金（金融机构）、介（中介服务组织）等创新主体以市场（目标用户）的需要为对象，按照优势互补的原则，整合各自优势资源，形成共同发展的合力，最终实现以共赢为目的的科技创新机制。其实质是通过合理配置多元主体各方资源，促进技术创新所需各种生产要素的有效组合。

(三) 协同创新中多元主体的具体功能

"政产学研用金介"分别代表政府机构、企业集团、高等院校、研究机构、目标用户、金融机构、中介服务组织等力量，或者说，从构成要素而言，"政产学研用金介"包含了政、产、学、研、用、金、介等不同主体。

1. "政"

从参与主体角度来看，"政"首先是指政府，具体来说是指与科技创新相关的政府部门、政府机关、政府机构等。从合作的功能角度看，这里的"政"，还指"政策"等相关制度工具。政府参加产学研合作的任务主要就是通过制定政策，加强引导和监管，为产学研结合营造良好的运行环境。当前制约我国产学研合作长效发展的问题之一，就是相关政策法规制度，特别是知识产权政策体系不健全，制度体系不完善。

政府是协同创新体的引导者与保障力量。这体现在：通过对地方经济社会发展进行规划，引导协同创新体为当地最为需要发展的行业产业提供服务；通过宏观政策，引导科技创新人才向最需要的行业领域聚集；通过制定知识产权等政策法规，为协同创新发展提供外在制度保障和化解内在利益冲突提供依据；通过发展科技创新服务业，加大对协同创新的中介扶持力度，促进协同创新的顺利发展。

2. "产"

"产"主要指产业，是由诸多企业构成的市场主体。企业是市场创新主体，最具有创新动力。其内在根源是：一方面，企业是自负盈亏主体，创新关系到企业在市场中的发展机会甚至是生死存亡，所以企业最具有内在的创新热情；另一方面，企业是距离市场需求最近的主体，最了解创新方向，也最具有将创新成果转化为现实的内在需要。

企业是经济发展的主体，也是自主创新主体，在"政产学研用金介"协同创新中也应居于主导地位。企业对社会需求了解得最为清楚，对市场反应也最灵敏，是技术创新活动中的具体作用者。只有以企业为主体，才能明确协同创新发展的方向，有效集聚力量，推动协同创新扎实有效地开展。企业的主体地位还体现在，企业既是创新资金的投入主体和创新风险的承担主体，也是创新课题的决定主体、创新成果的转化主体以及创新利润的分配主体。可以说，企业具有的比较优势决定了其在"政产学研用金介"协同创新活动中的主体地位。

3. "学"

"学"主要指大学等高等院校。由于体制原因,我国高校无论是在创新人才、创新资金、创新设备等物质资源,还是在科技创新成果的积累方面,均具有巨大优势,拥有较为强大的科技创新能力,同研究机构一起构成科技创新链中的"发动机"。

4. "研"

"研"是指各类研究机构,它们与高校有相同的地方,如科技创新资源丰富且聚集,有比较突出的科研优势等,但在管理体制、研发目的与重点等方面与高校仍有不同。在"政产学研用金介"协同创新链条中,研究机构与高校共同扮演了科技创新成果研发与生产的角色。

"学研"是协同创新的智力支撑。高校与科研院所的优势在于其具有丰富的智力资源、良好的科研条件与完善的科研环境,所以"学研"是协同创新人才的重要来源。同时,作为科技创新的重要研发中心,大学与研究机构还需要围绕市场的需求,切实进行科研成果攻关,避免技术与市场脱节、科研工作与市场需求脱节,在科研成果完成之后还要尽快通过企业将科研成果付诸应用,实现科研成果向现实生产力的转化。

5. "用"

从主体而言,"用"首先是指目标用户,即在产学研合作中,协同创新的落脚点应当放在目标用户的需求上,这就使协同创新成果有了针对性和实用性。从功能角度而言,"用"还指应用。任何科技创新成果,只有通过应用转化为现实生产力,才能为人类社会带来福祉。上述两层含义之间是相互联系的:目标用户的需求就是科技创新成果应用的目标,满足了目标用户的需求也就实现了科技创新成果的应用。所以,将目标用户纳入产学研合作过程中来，不仅要分析目标用户即市场，更要通过建立合理的介入机制，使用户和广大消费者能够介入产学研协同创新过程中来，使用户需求真正成为企业创新的目标，并使目标用户在介入中不仅能参与协同创新，更能对协同创新的利益进行分享，从而成为协同创新机制的主体之一，而不仅仅是被动的分析对象。

用户需求是协同创新的目标与导向。用户需求是协同创新的最终目的，只有明确了市场需求变化，才能促进协同创新的持续发展。企业应该以目标用户市场需求为导向，高等院校则应以培养企业与市场需要的人才、产品、急需解决的问题为导向，研究机构则应按照市场需求进行研发，实现研究成果快速向实用技术转化为导向，形成协同创新的关系纽带。

6. "金"

"金"亦有两层内涵。从主体而言，是指以银行、保险公司、担保机构等为代表的金融机构；从在创新系统中的功能而言，主要是指"资金"。科技创新活动既需要付出艰辛的智力劳动，也需要相应的资金支持，尤其是随着科技创新的快速发展，人们对研发投入也越来越重视，以我国为例，"'十三五'期间我国全社会研发经费支出从 1.42 万亿元增长到 2.21 万亿元，研发投入强度从 2.06% 增长到 2.23%"❶。充足的经费投入无疑是推动科技创新发展的重要保障条件。实践中，不仅需要在科技创新研发阶段投入大量经费，而且在产品中试、量产等环节都需要经费保障。尤其是在以科技创新成果作为资产进行投资、抵押时，需要通过金融机构变现为资金。

7. "介"

"介"指各种中介服务机构，广义上包括"情报信息、法律、

---

❶　佘惠敏. 我国科技创新实现量质齐升 [N]. 经济日报，2020-10-22 (6).

税务、财务、产业咨询、科技商务、专利管理交易平台等同时涵盖科技项目申报评估、风险预算、项目招标等方面的中介机构"●，狭义而言主要是指专利事务所、商标事务所等各类知识产权服务组织。从功能而言，"此类机构通常具有信息渠道普遍、信息资本丰富、专业性较强的特点，可以为联盟的发展提供全方位的服务"●，能为企业、高校院所等主要创新主体的创新活动提供各种媒介信息以及中介服务，提高系统创新的运行效率。

（四）实现多元主体协同创新的基本条件

协同创新是将一个系统内的不同创新要素进行整合，围绕科技创新成果高品质研发、高效率运用等目标，发挥不同创新要素功能，形成组织合力，进而提升系统创新效能的过程。因此，实现协同创新不仅要有能够整合各创新要素的组织体，要有能够将各创新要素有效整合在组织体内并能发挥其效能的运行机制，还要有相应的保障条件。首先，从构建组织体而言，需要形成有助于整合各创新力量的组织与平台。实践中，一些地方通过建设各种高新技术开发区、工业园区、众创空间、协同创新中心等，为协调各种创新资源提供了组织保障和平台支撑。其次，要完善运行机制，尤其是要有开展协同创新的统筹规划机制，"协同创新的特点在于各创新力量在组织体内是一种紧密型合作，有着共同的发展目标，相互配合的分工体系，较为一致的权责利要求，这就需要政府在支持产学研合作的基础上，根据当地经济社会发

---

❶ 田丽红，陈艳春. 产业联盟中"政产学研金介"系统的构建与角色定位 [J]. 石家庄铁道大学学报（社会科学版），2013（2）：20.

❷ 田丽红，陈艳春. 产业联盟中"政产学研金介"系统的构建与角色定位 [J]. 石家庄铁道大学学报（社会科学版），2013（2）：20.

展状况，制订统筹规划，指导或者引导协同创新体的未来发展"❶。最后，应加强和完善保障条件，特别是要形成有关协同创新组织体内不同创新主体之间的利益分享、资源共享等机制，推动协同创新体具有相对独立的地位，真正发挥出"1+1>2"的效应。"协同创新是国家创新体系中重要的创新模式，也是国家创新体系理论的新进展，其合作绩效很大程度上取决于上述机制的建立与完善。"❷

二、从产学研结合创新到"政产学研用金介"协同创新转变的内在动因

从产学研到"政产学研用金介"的转换是更好整合社会创新资源的需要。"政产学研用金介"把各方力量凝聚在一起，就是要挖掘、整合并再造政府、企业、高等院校、科研院所和目标用户等力量中的优质创新要素，打造一个"自主创新、重点跨越、支撑发展、引领未来"的有效模式。传统产学研创新模式虽然整合了企业、高校、科研院所的创新资源，相对于企业仅凭自身创新力量而言是个进步，但面对新时期科技与经济融合发展的现实而言仍有很多差距。因为，新时期的科技与经济融合发展，科技成果的生产与转化不再是一个简单的静态知识生产行为，而是涉及包括价值评估、融资、信息服务、政策制度环境等多重因素相互作用的综合复杂系统，是一个多重因素互动的动态过程，所以必须整合包括政府、市场目标用户在内的多元创新资源。或者说，与产学研结合创新中创新主体分散式结合不同，"政产学研

❶ 陈波. 政产学研用金介协同创新的内涵、构成要素及其功能定位 [J]. 科技创新与生产力, 2014（1）：2.

❷ 张丽娜，谭章禄. 协同创新与知识产权的冲突分析 [J]. 科技管理研究, 2013（6）：163.

用金介"协同创新是将不同创新主体整合为一个"虚拟"主体。在这一"虚拟"主体中，"政产学研用金介"协同创新不仅聚集各种科技创新力量，更为重要的是，要从系统论的视角出发，将各种创新力量予以整合，在创新目标、创新价值、创新机制等方面基本取得共识，将各种创新力量拧成一股绳，形成一个各种创新资源相互契合发展的"创新链"。

从产学研到"政产学研用金介"的转换更有利于满足促进科技创新成果转化的需要。传统产学研结合创新模式是以生产出更多的创新性科技成果为核心，是以产定销的思维模式。这种思维模式最大的特征是将创新性科技成果的生产放在第一位，而将创新性科技成果的转化放在第二位，将创新性科技成果的静态拥有视为核心竞争力的关键因素。实际上，核心竞争力的体现不仅是拥有大量的创新性科技成果，更为重要的是，要将现有创新性科技成果转化为满足市场需求的知识产品，从而使创新性科技成果的价值得以实现。"政产学研用金介"协同创新就是在传统产学研结合创新基础上，不仅重视整合各种创新力量以生产出更多的创新性科技成果，更重视对科技成果的现实转化，即强调科技成果价值的实现，从而将系统创新的社会目标落到实处，落到科技与经济融合发展的实践中来。

总之，"政产学研用金介"协同创新的提出是现代科技创新发展的必然要求，是完善整合创新资源机制的有效路径，也是进一步推进创新型国家建设的新举措。

三、"政产学研用金介"协同创新与产学研结合创新的联系与区别

产学研结合创新是企业与高校、科研机构之间合作开展研发科技创新成果或者攻克技术难题的活动。"结合"与"协同"均

有"联合、协作"的内涵，但相较而言，协同更有目标基本一致、利益基本趋同、行动相互配合、机制相互衔接的深层含义，更接近于在目标、利益、行动、机制等方面形成的创新共同体。在协同创新中，"协同的预期结果是相对明确的，未来回报的分配可以事先协商，而合作各方则是以自身利益为基础开展活动"[1]，与结合相比，"协同"更强调"在风险共担、利益共享基础上为实现同一个目标而通力协作，以及公平诚信的合作环境"[2]。

本书认为，从人类社会创新的组织过程来看，"政产学研用金介"协同创新是产学研结合创新发展的更高级阶段，是人们对创新规律更深认识基础上作出的选择，是对产学研结合创新的改善。"政产学研用金介"协同创新是从产学研结合创新中孕育而出的，是为克服产学研结合创新缺陷而提出的，因此二者既具有十分密切的联系，但又存在显著区别。但在总体上看来，二者并非是对立关系而是包容关系。

1. 二者的联系

首先，二者产生的社会背景和发展目标一致。无论是产学研相结合还是"政产学研用金介"协同创新都是在科技与经济的融合过程中为了更好地发挥科技的引领作用和实现科研成果转化的需要，其目的都是整合创新资源，发挥更大的创新合力。

其次，二者的核心内容一致。产学研结合创新仍是"政产学研用金介"协同创新的核心内容。"政产学研用金介"并非是对产学研的完全否定，而是在产学研相结合的基础上为了整合更

---

❶　卢晓中，李晶. 协同创新：一种新高等教育质量观 ［J］. 中国高等教育评论，2012（12）：31-34.
❷　毕颖，杨连生. 大学跨学科研究组织协同创新的本质及其政策建议 ［J］. 教育发展研究，2014（9）：34-39.

多的创新资源所形成的新的创新组织模式。

最后，二者的法律协调机制一致。二者都是以知识产权机制作为协调各方关系的枢纽。无论产学研还是"政产学研用金介"都是以形成创新科技成果为主要结合目的，所以创新科技成果既是各方形成创新动力的结合点，也是各方共同努力的结果，这就存在如何有效分配各方对创新科技成果的利益问题。由于创新科技成果属于知识产品范畴，因此相关的法律规范主要是知识产权法律制度。因而，产学研结合与"政产学研用金介"协同创新的发生、发展全过程都离不开知识产权的协调与保障。

2. 二者的区别

一是整合科技创新资源的范围不同。与产学研结合创新不同的是，"政产学研用金介"明确将"政"与"用"作为创新的内生要素而不仅仅是外部条件，即将政府与用户作为科技创新的重要力量和组成部分，将政府政策制定与目标用户需求视为科技创新活动的变量。其中的差异在于，产学研结合创新虽然也会考虑"政"与"用"的影响，但是这种考虑是被动与服从式的，而在"政产学研用金介"协同创新中则是将"政"与"用"视为创新的重要环节，从而发挥二者对科技创新的积极性与主动性。因此，"政产学研用金介"协同创新比产学研结合创新整合的科技创新资源范围更广泛。

二是关注科技创新的视角不同。产学研结合创新是以科技创新成果的研发为中心，强调科技创新成果的生产和拥有量，而忽视了科技创新成果的转化，或者说没有将科技创新成果的市场价值作为协作创新的首要任务。"政产学研用金介"则以立足于科技创新成果的市场转化为中心，以销定产，并以此作为协同创新的核心价值理念。

三是知识产权机制发挥作用的重心不同。在产学研结合创新中由于重视的是创新成果的生产和拥有量，所以知识产权机制的主要功能在于界定产权的边界，即各创新主体对创新成果的价值分割。在"政产学研用金介"中，则强调了对科技创新成果的转化和流转，因此，知识产权机制的功能就不仅在于产权界定，更重要的是为了促进科技创新成果的转化和价值实现。换句话说，在产学研中，知识产权客体是知识产品，而后者则是知识商品。

第二节　知识产权促进"政产学研用金介"
协同创新的基本路径

促进"政产学研用金介"协同创新需要资金、人才、技术等多种资源的配置，但其中更重要的是知识产权治理机制的保障作用。知识产权是实施创新驱动发展战略的基本制度，也是促进多元主体间协同创新的重要纽带，"协同创新是中国创新体系的重要组成部分，既要求产学研联盟各主体深度合作和资源共享，也增加了知识产权的权属纠纷和开发风险，其中知识产权利益分配冲突是合作各方关注的焦点，构建科学合理的利益分享法律制度是产学研合作联盟长期稳定发展的基础"❶。目前研究成果也多从微观层面的产学研合作出发，研究知识产权在促进产学研等市场主体之间合作方面的积极作用。若从区域创新的层面来看，"政产学研用金介"协同创新不仅需要包括企业、高校院所、中介服务机构等在内的各种市场主体之间进行协作配合，需要以知识产权为核心界定各自的权益义务关系，更需要从推进区域高质量发展角度进行整体规划，进而使知识产权对协同创新的作用机制体

---

❶ 齐爱民，马春晖. 协同创新下我国知识产权利益分享的法律构建 [J]. 江西社会科学，2017 (9)：171.

现得更为广泛，具体包括战略引领、制度保障、平台支撑等。

一、战略引领

"政产学研用金介"等多元主体协同创新并非是具体的科技项目合作创新，而是通过构建特定区域内协同创新的整体规划，包括创新的重点领域、推进协同创新的制度机制、促进协同创新的良好营商环境等，推动该区域实现以创新驱动为核心的高质量发展。因此推动"政产学研用金介"协同创新离不开整体性的战略谋划，尤其是知识产权战略的制定与实施。

(一) 知识产权战略体系

随着创新驱动在国家发展中战略地位的重要性不断凸显，知识产权已不仅仅被视为一种保护私人产权的法律制度，而是"演变为私权、产业政策、竞争工具的综合体"❶，知识产权所涉及的也不再局限于法律领域的问题，而是与国家的科技、产业、文化等诸多领域相关的公共政策问题。由此，知识产权作为一项战略而进入国家决策领域。

按照《辞海》等工具书的界定，战略是指重大的、带有全局性的谋划或者决定。就知识产权保护创新的根本价值取向而言，知识产权战略可以简单地被理解为为了实现创新驱动发展而对知识产权治理诸环节和各项知识产权工作内容的整体谋划。学界也有研究认为从所包含的内容来看，知识产权战略是指"战略主体为实现自身目标，取得竞争优势，谋求最佳绩效，通过规划、执行和评估一系列战略措施以推进相关的知识产权工作，发挥知识产权管理、创造、保护和运用中的正效应，遏制其负效应的总体

---

❶ 李玲娟，许洪彬. 美、日、韩知识产权战略的调整与走向 [J]. 湖南大学学报（社会科学版），2020（1）：142.

性、根本性和规律性的策略与手段"❶。

战略可以分层，如国家战略与地方战略；总体战略与政治、经济、文化、环境等不同领域的具体战略。按照制定主体的不同，知识产权战略也体现为不同层次，常见的如国家知识产权战略、区域知识产权战略、行业知识产权战略、企业知识产权战略等。在国家或者地方知识产权总体战略之下，还有知识产权保护战略、知识产权人才发展战略、知识产权服务战略等。这些不同层次、不同内容的知识产权战略构成知识产权战略体系，为实施创新驱动发展提供坚实的制度保障。

1. 国家知识产权战略

从世界范围来看，除我国外，明确制定国家知识产权战略的还有日本。其他诸如美国、英国、德国等多数发达国家虽然重视知识产权的作用，也制定了许多知识产权政策，但并没有提出比较系统的知识产权战略，或者说以知识产权战略的名义将这些政策系统化。日本于 2002 年提出"知识产权立国"思想，并于同年制定了《知识产权战略大纲》，明确提出从创造、利用、保护子战略以及人才基础、实施体制等方面抢占市场竞争制高点。与将知识产权视为私权、将知识产权作为联结市场主体纽带因而更多需要私权主体以及市场自发机制发挥作用的传统认识不同，日本非常重视政府在知识产权战略实施中的作用，制定了在内阁设立知识产权本部并由首相任部长的推进机制，并且每年发布一次"知识产权推进计划"，对国家主管部门、教学科研单位、各类企业的相关任务与目标都作出比较明确的规定，更为重要的是，以该战略为蓝本，2003 年日本知识产权战略本部颁布了《有关知识

❶ 张勤，朱雪忠. 知识产权制度战略化问题研究 [M]. 北京：北京大学出版社，2010：28-29.

产权创造、保护及利用的推进计划》，围绕知识产权创造、保护、利用、发展多媒体素材产业、人才教育、提高国民意识等内容规定了 270 多项措施，着力打造一个"官产学研"紧密结合的国家创新体系。❶

2008 年以来，在我国以国家战略名义颁布的知识产权战略有两项，一是 2008 年国务院颁布的《国家知识产权战略纲要》，二是 2021 年由中共中央、国务院颁布的《知识产权强国建设纲要（2021—2035 年）》，这可以视为是狭义上的国家知识产权战略文本。从《国家知识产权战略纲要》到《知识产权强国建设纲要（2021—2035 年）》，体现出中国知识产权发展迈上了"从多到优""从大到强"的新阶段。但无论是《国家知识产权战略纲要》还是《知识产权强国建设纲要（2021—2035 年）》，作为国家战略的定位，它们都是"涵盖全方位、全过程、全领域的总体发展战略"，都是以实现知识产权强国为目标，从知识产权创造、运用、保护、管理等各方面作出的全局性部署，体现出以知识产权推进"政产学研用金介"协同创新的整体谋划。

在上述两份国家知识产权战略的文本之外，国务院办公厅还于 2014 年发布了《深入实施国家知识产权战略行动计划（2014—2020 年）》，2015 年国务院颁布了《关于新形势下加快国家知识产权强国建设的若干意见》，2016 年国务院发布的《"十三五"国家知识产权保护和运用规划》以及 2008—2020 年每年国家知识产权局发布的《国家知识产权战略实施推进计划》，这些内容共同构成了广义上的国家知识产权战略。

2. 区域知识产权战略

区域是指一定的地域空间，区域知识产权战略则是指"由区

---

❶ 马一德. 创新驱动发展与知识产权战略研究 [M]. 北京：北京大学出版社，2014：43.

域行政决策部门为提高本区域的竞争优势而制定的一系列激励知识产权发展的制度与措施"❶。

按照空间范围，尤其是行政区划的性质，区域呈现出一定的层次性。如果将国家视作一个整体，那么目前我国的区域性知识产权战略主要包括各省（自治区、直辖市）、市、县（区）等以行政区划为特色的知识产权战略，如《北京市人民政府关于实施首都知识产权战略的意见》（2009）、《陕西省知识产权战略纲要（2008—2020 年）》、《青岛市知识产权战略纲要》（2009）、《南京市高淳县知识产权战略实施意见》（2011）等。

这些区域性知识产权战略既要具体执行与落实国家知识产权战略，更要结合本地实际情况完善知识产权治理环境以推进地方经济全面、协调、可持续创新发展。如《陕西省知识产权战略纲要（2008—2020 年）》中落实了《国家知识产权战略纲要》的主要内容，提出从知识产权创造、运用、保护、管理等环节全面部署知识产权工作，同时还从地方实际出发，对省内的关中经济区、陕北能源化工基地、陕南绿色产业基地等区域以及装备制造产业、能源化工产业、高新技术产业、特色文化产业、现代农业等不同产业领域提出具体的战略规划安排。

3. 部门（行业）知识产权战略

为推动某些领域知识产权工作发展，一些行业主管部门，特别是作为国务院知识产权战略实施工作部际联席会议成员单位的行政机关往往从其所分管的部门领域出发，制定知识产权战略或者相关行动方案等，如《工业和信息化部贯彻落实〈深入实施国家知识产权战略行动计划（2014—2020 年）〉实施方案》《农业

---

❶　唐恒，朱宇. 区域知识产权战略的实施与评价［M］. 北京：知识产权出版社，2011：9.

知识产权战略纲要（2010—2020 年）》等。

行业知识产权战略制定时会依据国家知识产权战略的总体要求，但也会根据该行业的发展要求而作出具体调整。如在知识产权创造方面，《工业和信息化部贯彻落实〈深入实施国家知识产权战略行动计划（2014—2020 年）〉实施方案》就不仅指出要"在新一代信息技术、高档数控机床和机器人、航空航天装备、海洋工程装备及高技术船舶、先进轨道交通装备、节能环保与新能源汽车、电力装备、农机装备、新材料、生物医药及高性能医疗器械等重点发展领域"加强重大专项关键核心技术的知识产权积累与储备，还围绕如何"形成一批产业化导向的关键核心技术专利组合"以及"获得和拥有一批具有竞争力的关键核心共性技术专利、软件著作权、集成电路布图设计和商业秘密等知识产权"，支持骨干企业、高校、科研院所联合研发。总体而言，行业知识产权战略更加重视"行业内共同遵守的保护知识产权的行为规则，更加重视制订完善鼓励开发可支撑行业发展的共性技术，更加重视符合行业知识产权资源信息传播与价值转化的服务体系"❶。

4. 企业知识产权战略

作为市场主体，知识产权综合实力对于企业发展具有举足轻重的影响。制定知识产权战略，对企业运用知识产权增强核心竞争力、进行整体规划具有非常重要的意义。现实中，"世界大多数的跨国公司，如三星、索尼、英特尔、微软等，以及我国的华为、格力、京东、阿里巴巴等企业，为了更大程度上占有市场比例，提高本企业的竞争优势，都制定了相应的知识产权战略，并

---

❶ 华鹰. 技术创新与知识产权战略 [M]. 北京：科学出版社，2013：13.

进一步将其发展为企业的核心战略"❶。

从具体内容而言，不同性质、不同行业的企业以及在企业发展的不同阶段，对于知识产权战略的规划是不一样的，尤其是"随着企业知识产权战略在企业战略中的地位不断提升，合理选择与企业战略环境相匹配的知识产权战略是保证企业成功实施知识产权战略的重要因素"❷。如就中小微企业而言，由于其经营规模小，产品单一，技术资金实力弱，市场竞争力还不强，其知识产权战略的制定就应当高度重视自身的个性化特色，"以提高市场竞争力为目标，以知识产权创造、制度建设、知识产权文化建设等为重点内容"❸，在细分市场中占有一席之地。

（二）知识产权战略引领协同创新的着力点

1. 明确协同创新基本方向

无论是国家知识产权战略还是区域或者行业的知识产权战略，都会对本领域内的科技创新重点工作作出部署，这实际上划定了协同创新的方向与着力点。如《国家知识产权战略纲要》规定"以国家战略需求为导向，在生物和医药、信息、新材料、先进制造、先进能源、海洋、资源环境、现代农业、现代交通、航空航天等技术领域超前部署，掌握一批核心技术的专利，支撑我

❶ 王伟，蒋永红. 国内外企业知识产权战略研究热点与趋势［J］. 科技与法律，2021（2）：95.

❷ 黄微，王琳娜，孙骞. 我国企业知识产权战略研究述评［J］. 情报科学，2009（8）：1267.

❸ 冯晓青. 小微企业知识产权战略论纲［J］. 湖南大学学报（社会科学版），2017（6）：131.

国高技术产业与新兴产业发展"❶。这些领域是本区域或者行业内需要技术攻关的重要方向，在实践中既为企业、高校、科研院所之间的合作提供了契机，也为协同创新中知识产权布局指明了重点，如陕西省《贯彻国家知识产权战略行动计划　建设创新型省份知识产权工作方案（2015—2017 年）》就规定"每年选择 2—4 个项目，开展产业发展专利导航工作，通过专利信息深度分析，引导航空航天、新能源、新一代信息技术、节能环保等战略性新兴产业发展，形成和布局一批关键核心技术"❷。

2. 为促进协同创新提供各种机制保障

整合域内各种创新资源，强化创新合力是知识产权战略的重要目标。为此，在国家或者区域、行业知识产权战略中就规定了相应的保障机制。如《陕西省知识产权战略纲要（2008—2020 年）》就提出"在加大科技创新的投入、鼓励产学研结合的同时，将专利、商标、版权、植物（生物）新品种、地理标志等知识产权的数量和质量列入政府各类与科技有关项目的立项要求和评估指标，确保科技经费的投入与知识产权的获得相适应"❸，这其中就包括了评估、考核、奖励与资助等机制的保障。

3. 强化协同创新的组织保障

要发挥出"政产学研用金介"等多元主体协同创新的力量，

---

❶ 中华人民共和国中央人民政府. 国务院关于印发国家知识产权战略纲要的通知 [EB/OL]. (2008-06-11) [2022-06-25]. http://www.gov.cn/zhengce/content/2008-06/11/content_5559.htm.

❷ 陕西省人民政府办公厅. 关于印发贯彻国家知识产权战略行动计划　建设创新型省份知识产权工作方案（2015—2017 年）的通知 [EB/OL]. (2015-10-08) [2022-06-25]. http://www.shaanxi.gov.cn/zfxxgk/zfgb/2015/d18q_4059/201510/t20151008_1640236.html.

❸ 陕西省人民政府. 知识产权战略纲要（2008—2020 年）[EB/OL]. (2008-11-14) [2022-06-25]. http://www.shaanxi.gov.cn/zfxxgk/zfgb/2008/d24q_4240/200901/t20090115_1637009.html.

健全的组织保障必不可少，也是各类知识产权战略的一项重要内容。这不仅包括相关政府部门在内的知识产权联席会议，知识产权协调领导小组及其成员单位，也包括高校院所、企业等单位之间或者其内部设立的各类知识产权协调组织，如知识产权管理处、众创空间等。对此，《陕西省知识产权战略纲要（2008—2020年）》就提出"支持企业与高校、科研院所开展产学研合作，不断创新产学研合作中的知识产权管理模式"。

二、制度保障

目前，我国尚未制定知识产权基本法，但是以《宪法》为依据，以《民法典》《刑法》等法律制度为基础，以《专利法》《商标法》《著作权法》《反不正当竞争法》等各种知识产权专门法为主干，以《电子商务法》《促进科技成果转化法》等为补充的中国特色社会主义知识产权法律体系基本形成，为促进"政产学研用金介"协同创新提供了基本制度保障。

1. 维护协同创新主体之间的合作关系

多元主体之间的合作关系究其本质基本上都是一种技术合同关系。按照《民法典》第843条的规定，"技术合同是当事人就技术开发、转让、许可、咨询或者服务订立的确立相互之间权利和义务的合同"。其中，若仅就技术开发而言，包括"委托开发合同和合作开发合同"（《民法典》第851条）。

结合我国《民法典》第470条的规定，无论是委托开发还是合作开发，合同的内容至少包括：项目的名称，标的的内容，范围和要求，履行的计划，地点和方式，技术信息和资料的保密，技术成果的归属和收益的分配办法，验收标准和方法，名词和术语的解释等条款。通过一整套对协同参与主体权利义务的设定，可以将参与主体的合作关系通过合同形式确定下来并受到法律保护。

2. 调整协同创新主体之间的利益平衡

利益是法律保护的最实质对象，调整利益关系是法律最基本的功能。协同创新最难之处在于如何妥善处理各参与主体在合作过程中的利益冲突。但实践中，约束各方主体的有关协同创新的合同"尚未得到应有的重视，且利益分配协议的内容过于简单，操作性不强，最终导致合作的各主体在知识产权归属、利益分配以及知识在合作各方间的转移、运用层面纠纷不断"❶。对此，我国《专利法》《促进科技成果转化法》等法律制度从创新成果权利归属等方面作出规定。

从"政产学研用金介"协同创新形成的科技创新成果而言，如果不涉及国家秘密等情形的，其权利原则上属于单位。《专利法》第6条规定："执行本单位的任务或者主要是利用本单位的物质技术条件所完成的发明创造为职务发明创造。职务发明创造申请专利的权利属于该单位，申请被批准后，该单位为专利权人。该单位可以依法处置其职务发明创造申请专利的权利和专利权，促进相关发明创造的实施和运用。"❷ 但是，作为该职务科技成果的完成人和参加人在不变更职务科技成果权属的前提下，可以根据与本单位的协议进行该项科技成果的转化，并享有协议规定的权益。如果基于协同创新形成的科技创新成果涉及国家利益或者公共利益，则满足《专利法》规定的强制许可制度，"国有企业事业单位的发明专利，对国家利益或者公共利益具有重大意

---

❶ 齐爱民，马春晖. 协同创新下我国知识产权利益分享的法律构建 [J]. 江西社会科学，2017（9）：172.

❷ 国家法律法规数据库. 中华人民共和国专利法 [EB/OL].（2020-10-17）[2022-06-25]. https://flk.npc.gov.cn/detail2.html? ZmY4MDgwODE3NTJiN2Q0 MzAxNzVlN DY1MWNiZDE1NDc%3D.

义的，国务院有关主管部门和省、自治区、直辖市人民政府报经国务院批准，可以决定在批准的范围内推广应用，允许指定的单位实施，由实施单位按照国家规定向专利权人支付使用费。"

三、平台支撑

"政产学研用金介"协同创新离不开平台支撑。所谓"政产学研用金介"协同创新平台是指"在政府相关政策的调控和市场的引导下，将生产、教育、科研按不同社会分工，有效地进行资源整合和创新，以协同创新项目为纽带，利用现代信息技术，使政府、企业、学校、研究院建立密切的合作关系，促进协同创新项目快速发展，从而促进整个社会的经济发展"❶。平台对"政产学研用金介"协同创新的支撑作用体现在：一是为聚集创新资源提供载体，二是为协同创新及时提供政策信息，三是为促进创新成果转化提供交易场所。

第三节 国内外知识产权促进多元主体协同创新的经验

运用知识产权促进"政产学研用金介"等多元主体协同创新是国内外学界、实务界关注的重点问题。许多国家和地区积极探索并形成了一些具有代表性的发展模式，如美国的硅谷、德国的佛朗霍夫联合体等，国内除北京中关村模式、上海张江模式、武汉东湖模式等典型代表，广东省、山东省、江苏省等地做法亦有诸多可资借鉴之处。总结国内外"政产学研用金介"合作经验，分析知识产权在"政产学研用金介"多元主体协同创新中发挥的

---

❶ 陈勇强，张雯，金春华. 工程项目管理领域政产学研协同创新平台的构建 [J]. 科技管理研究，2012（22）：244.

作用，对我国谋求以知识产权促进多元主体协同创新具有重要启示意义。

一、国外知识产权促进协同创新的主要模式

(一) 美国知识产权促进协同创新的主要模式

美国是较早关注产业与高校等创新主体之间互动关系的国家，并在推进产学研合作发展过程中探索出许多不同的模式，丰富了高校研究机构与企业之间的合作关系，极大促进了科技成果市场转化进程。

1. 企业孵化器模式

所谓企业孵化器是指"通过为新生企业提供研发、生产、经营、通信、网络与办公等各方面的硬件设施和系统全面的教育培训、政策咨询、投融资以及法律、人才等各方面的支持来降低新创企业的创业成本和创业风险，提高企业成功率和成活率的经济组织"[❶]。1959 年世界上第一家企业孵化器"巴达维亚工业中心"（Batavia Incubator Center）[❷] 诞生于美国，而企业孵化器也是美国推进政产学研协同创新的一种典型方式。

有资料统计显示，在美国未经孵化器孵化的小企业中大约有一半在创业的前 5 年就会倒闭，而经过孵化器的小企业大约有 80% 会经受起市场竞争的考验存活下来。事实表明，这些企业孵化器"在推动产学研合作、促进科研成果转化、发展高新技术产业、造就企业家队伍、振兴地区经济和国家经济等方面发挥了重

---

❶ 张振刚，薛杰. 中国科技企业孵化器的现状及潜在问题分析 [J]. 中国科技论坛，2004 (2): 54.

❷ 郭征宇. 世界上第一家企业孵化器的诞生与成长 [J]. 中国高新区，2008 (8): 105.

要的作用"❶。

2. 科技产业园区模式

"128公路""硅谷"等科技产业园区都曾是世界高新技术发展模式的典范。"128公路"是美国科技创新园区的先行者,它以MIT为依托,有着深厚的科技研发基础,但其产业化发展却有着特殊背景。这突出体现在由于美国政府对先进电子技术设备等产品的强烈需求,促成了美联邦政府与MIT合作开发,美国政府给予投资并进行采购,不仅激励科技创新而且"衍生出数字设备,雷神等一批高科技公司"❷。

3. 产学合作中心(I/UCRC)模式

20世纪70年代以来,随着新技术浪潮的不断涌现,产业界涉及的技术创新问题与日俱增,"建立一种切实可行、可持续发展的大学与产业之间的新型合作关系迫在眉睫"❸。在此背景下,美国国家科学基金会下属工程部的产业创新与伙伴关系分部(IIP)设立产业/大学合作研究中心(I/UCRC),目的在于构建包括产业界、学界以及政府之间的多成员、持续性伙伴关系,"主要开展科学、工程、技术等领域前沿研究和行业主导的竞争前沿基础研究,重点关注推动对美国创新和经济发展至关重要的产业及其利益攸关的关键技术"❹,以此衔接基础研究与技术创新。

该模式运行机制中值得借鉴之处在于以下方面:一是建立会

❶ 刘民义. 美国:七大法宝推进科技成果转化 [J]. 企业科技与发展, 2010 (9): 27.

❷ 杨尊伟. 美国大学科技园发展的影响因素与成功经验 [J]. 中国高校科技, 2021 (4): 49.

❸ 冉美丽. 美国 I/UCRC 计划推动产学研深度融合的经验与启示 [J]. 全球科技经济瞭望, 2019 (5): 52.

❹ 冉美丽. 美国 I/UCRC 计划推动产学研深度融合的经验与启示 [J]. 全球科技经济瞭望, 2019 (5): 53.

员制合作方式。无论是政府、企业还是其他高校或者研究机构，均须以缴费会员身份参与合作。会员分为一般会员与协助会员，后者是指可以提出明确研发需求的企业，但缴纳的会费更高。一般会员则会按照缴费金额以及获得的投票权限分为全资格会员、半资格会员等。会员通过与 I/UCRC 签订合同明确权利义务关系，其中的权利主要包括：对研究项目的筛选、评估、战略规划等的投票决定权，获得访问中心披露项目成果权等。通过获得最新的研究信息，会员可以把握科技发展前沿动态，推动技术创新，减少无效研发。二是建立产业需求嵌入机制。即该中心的研究主题是由以企业缴费会员为主的产业咨询委员会通过投票决定，以此保证研究中心支持的研究项目能够与产业界最新发展动态保持同步，以此强化研究资助的市场化导向。三是坚持以社会影响力为导向的评估机制。按照美国国家科学基金会的要求，科研项目结项必须符合"将一系列前沿技术孵化并引领一个新的产业" ❶ 的价值导向。因此，I/UCRC 年度评价报告主要考察其"直接客户的经济价值以及科技成果商业化对社会的经济效益，而不是以论文、专利数量为主的量化指标" ❷。而美国国家科学基金会对 I/UCRC 的评价则"主要集中在研究的质量和影响、大学对合作的满意度和产业界参与者的满意度等方面" ❸。由此推进研究项目始终与产业创新发展保持密切联系。

I/UCRC 模式非常重视对知识产权的保护。首先，在成为会员之初，I/UCRC 通常会要求入会会员与中心签订知识产权协议。

---

❶ 冉美丽. 美国 I/UCRC 计划推动产学研深度融合的经验与启示 [J]. 全球科技经济瞭望，2019（5）：56.

❷ 冉美丽. 美国 I/UCRC 计划推动产学研深度融合的经验与启示 [J]. 全球科技经济瞭望，2019（5）：56.

❸ 李培楠，赵兰香，万劲波. 产学研合作过程管理与评价研究——美国工业/大学合作研究中心计划管理启示 [J]. 科学学与科学技术管理，2013（2）：21.

对于全资格会员而言，一般可以与研发单位共同拥有研究成果的知识产权，而对于不在协议规定可以披露范围之内的研究成果则需要企业通过购买等方式获得。其次，为了保护会员在知识产权方面的优先权，中心规定只有会员主动放弃购买的研究成果才可以向会员之外的其他主体进行转让。最后，在运行过程中设定了严格的知识产权保护规则，如产业咨询委员会会议在对研究项目进行筛选、评估等活动时一般不对外开放，以保护项目的知识产权。

（二）英国多元主体协同创新的实践

重视协同创新日益成为世界上越来越多国家的共识，而英国则是这方面的典范。与其他国家相较而言，英国更加重视政府在协同创新中的引导和保障作用，"推进以联合为核心的政策理念，制定和实施专项合作计划，加强管理、技术、信息之间的交流与共享"❶，具体包括技术预测计划、联系合作研究计划、法拉第合作伙伴倡议等。

1. 技术预测计划

就技术预测计划而言，主要内容是在英国工贸部隶属的科技办公室领导下，组织 16 个领域的专家组成专家组，"分别对各自领域的行业市场、现实需求、创新潜力等进行预测和分析，对各自领域申报的研究创新项目进行评估，分析其可实施性，并制定出更有利于产学研协同研究开发工作的长期政策，从而推动英国科技进步和经济发展"❷。

---

❶ 郑军，陈美丽. 英国产学研协同创新的主要模式、特点及启示 [J]. 华北水利水电大学学报（社会科学版），2018（5）：102.

❷ 谈毅，仝允桓. 政府科技计划绩效评价理论基础与模式比较 [J]. 科学研究，2004（4）：150.

2. 联系合作研究计划

联系合作研究计划则是指由英国政府与企业共同出资推动成立科技与产品开发研究合作平台。这一计划的要旨在于促进核心关键技术的研发，加快科技成果转化。但政府与企业出资的侧重点各有不同，"政府出资倾向于科研成果产品化，企业更侧重产品开发研究。这一计划的实行，集聚了研究所和企业的力量，推动了创新产品进入市场，同时，各主体投资重点的差异性也提高了资金的效益，减少了政府的财政压力"❶。

3. 法拉第合作伙伴倡议

与技术预测计划、联系合作研究计划不同，"法拉第合作伙伴倡议"主要是由民间推动的。该倡议成立于 1997 年，其宗旨是"将各个企业、科研机构的技术、人才资源联合起来促进科研机构与企业间、企业与企业间的交流与合作，以提高英国工业的竞争力和科研的水平"❷。虽然该倡议是由民间推动的，但也得到了英国政府的大力支持。

(三) 日本政产学研的合作实践

以产学研结合为代表的协同创新组织模式对日本在"二战"后迅速崛起起着至关重要的作用。从 20 世纪 60 年代开始，日本就计划环绕日本列岛兴建一批高新技术研究与生产制造密集的"技术城"。20 世纪 90 年代以来，尽管日本经济发展开始持续低迷和不景气，但其创新能力始终保持在世界前列。尤其是在 2002 年发布的《知识产权战略大纲》中，日本明确提出"知识产权立

---

❶ 郑军, 陈美丽. 英国产学研协同创新的主要模式、特点及启示 [J]. 华北水利水电大学学报 (社会科学版), 2018 (5): 103.

❷ 程桂枝, 程轶平, 唐五湘. 英国促进产学研合作的政策措施及其启示 [J]. 科技管理研究, 2005 (12): 47.

国”的战略目标，为推动政产学研协同创新提供了制度保障，
"在知识产权创造、保护、应用、管理等方面建立了一套科学合
理的机制，实现了从'贸易立国'到'技术立国'，再到'知识
产权立国'的战略升级，推动了日本经济的发展"❶。合作模式多
样化是日本政产学研协同创新的重要特色，具体包括"共同研究
模式""委托研究模式""共同研究中心模式""企业捐赠模式"
"委托研究员模型""学术振兴会模式""科学园区模式"等，其
中"共同研究和委托研究是日本产学研合作的主要形式"❷。同
时，日本的政产学研协同创新具有"政府主导，行政协调"的典
型特征，"在政府的激励下不断优化，同时辅以各种规范、政策、
制度和法律，为这些模式的实施提供强有力的支持，稳步推进了
产学研实施的质量"❸。

1. 共同研究模式

日本"政产学研"协同创新中的共同研究是指"日本国立大
学从产业界接受研究人员和研究经费，大学研究人员和产业界的
研究人员就共同研究课题，以对等立场进行的合作研究开发活
动"❹。按照合作中的职责不同，共同研究一般分为普通型与分担
型。前者主要是指以企业为主导并提供经费，高校及科研机构参
与研发的模式；后者是指由企业与大学及科研单位围绕某一特定
技术分别研究，各自负责自身的人才与资金。实践中，共同研究

❶ 葛天慧. 日本"知识产权立国"战略及其启示［J］. 中国发明与专利，2010
（3）：44.
❷ 刘彦. 日本以企业为创新主体的产学研制度研究［J］. 科学学与科学技术管理，
2007（2）：36.
❸ 葛天慧. 日本"知识产权立国"战略及其启示［J］. 中国发明与专利，2010
（3）：44.
❹ 刘彦. 日本以企业为创新主体的产学研制度研究［J］. 科学学与科学技术管理，
2007（2）：37.

中以企业为主体的研究占大多数。日本政府大力支持校企之间的合作创新，"建立政府搭台、校企唱戏的合作关系被认为是落实基本国策的有效途径"●，包括创建科学技术转让机构、建立产学研合作信息服务系统、制定《大学等技术转让促进法》等一系列举措。

2. 委托研究模式

委托研究是由政府部门或者公益性机构以及国际组织等将科研项目委托给大学或者科研单位并提供费用，大学或者科研单位根据要求向委托方提供科研成果的协同创新模式。在这种模式下，研究成果一般属于委托方，大学和科研机构则获得研究经费。这种模式在日本也获得广泛运用，它与共同研究相同之处在于，政府也主要是从政策环境等方面给予支持；不同之处在于，委托研究中有许多项目直接来自政府部门的委托。

3. 共同研究中心模式

共同研究中心，也称为"地域共同研究中心"，是由日本文部省于 1987 年在各个国立大学开始设立的协同创新模式。围绕一个项目需要协调各个研究领域的力量，对此大学由于学科体系健全因此具有较为丰富的研究资源，这一方面对于解决企业等市场主体的技术创新难题具有很大的吸引力，是促成产业与科研协同创新的重要因素。另一方面，大学的各个专业之间所属领域不同，平时并不能形成有效的协同创新机制，因此通过项目的联动作用，可以将大学与科研机构乃至企业的科研力量很好地联合在一起。建立共同研究中心事实上就起到了一个跨部门协调机构的作用，为校企之间、校校之间、校研之间的协同创新承担起桥梁作用。

● 张玉琴. 日本产学研合作新体系评述［J］. 河北师范大学学报（教育科学版），2012（4）：54.

二、国内知识产权促进多元主体协同创新的主要模式

1. 广东省的典型做法

广东省是我国科技创新的先行省份。早在 2005 年广东省与教育部、科技部就在全国率先启动"两部一省"产学研合作创新工作。2008 年 9 月，广东省人民政府与教育部、科学技术部联合发布《关于深化省部产学研结合工作的若干意见》，提出要加快落实《中共广东省委广东省人民政府关于加快建设科技强省的决定》（粤发〔2004〕12 号）、《广东省人民政府教育部关于加强产学研合作提高广东自主创新能力的意见》（粤府〔2006〕88 号）和《广东省促进自主创新若干政策的通知》（粤府〔2006〕123 号）等三份文件提出的政策措施，有效提升广东自主创新能力和产业核心竞争力。❶ 为了推动省部产学研合作，广东省明确了 11 项工作重点，主要包括：加强省部产学研创新联盟建设；组织实施省部产学研合作重大科技专项；设立相关专项计划，引导和支持广大科技人员为企业服务；大力支持校地、校企共建研发平台；加强示范基地建设；组织实施"产学研合作综合示范企业"行动计划；加快培养和集聚高素质创新型人才；优先推荐省部产学研合作重大项目申报国家重大科技计划；积极引导全国重点建设高校加强对广东省属高校的对口支援；完善省部产学研结合专家决策咨询机制；加强产学研合作各方的沟通和交流等。同时，提出了加大财政投入力度、加快建立多元化投入体系，进一步加大各级政府财政投入，推动企业成为产学研结合投入的主体，完善产学研结合中介服务体系，完善科技成果登记和评奖制度以及

---

❶ 广东省人民政府，教育部，科学技术部. 关于深化省部产学研结合工作的若干意见 [EB/OL]. （2008–09–24）[2022–09–12]. http://www.gd.gov.cn/gkmlpt/content/0/135/mpost_135984.html#5.

完善产学研结合成果的知识产权归属和利益分配机制等政策性保障措施。由此推动了省部产学研合作工作持续深入开展。

2. 山东省的做法

山东是我国传统经济大省，既具有比较齐全的工业门类，也是全国粮食、经济作物的重点产区，同时还拥有较强的创新资源禀赋，"山东拥有 198 家国家企业技术中心，数量全国第一；国家发改委公布的第一批 66 个国家级战略性新兴产业集群名单中，山东有 7 个新兴产业集群入选，位居全国第一；工信部公布的全国六批次制造业单项冠军名单中，山东制造业单项冠军企业达 109 家，位居全国第一；2018 年以来山东实施投资 500 万元以上技改项目 3.8 万个，投资规模居全国首位"❶。

为进一步聚集全省创新资源，发挥科创实力强的优势，山东通过构建一批融合创新平台，以带动全省"政产学研金服用"各要素加速流动，融合发展，"形成市场有效、政府有为、企业有利、协同高效的创新环境，激发创新创业的活力"。为此，山东省人民政府印发了《关于打造"政产学研金服用"创新创业共同体的实施意见》（2019），不仅以政府文件的形式界定了"政产学研金服用"7 个创新要素的基本内涵，而且明确提出从 2019 年起用 5 年左右时间培育"30 个以上省级创新创业共同体"的发展目标，并且从重大科研项目、人才队伍建设、科技金融支撑、科技服务力量等方面提出支持"政产学研金服用"融合创新平台建设的保障条件。为了进一步细化工作措施，山东省科技厅印发了《山东省"政产学研金服用"创新创业共同体管理办法》（2021），山东省科技厅、省财政厅制定了《山东省"政产学研金服用"创新创

---

❶ 徐锦庚，侯琳良. 山东努力塑造高质量发展新优势［N］. 人民日报，2022-05-30（1）.

业共同体补助资金管理办法》（2020）、《山东省"政产学研金服用"创新创业共同体绩效评价办法》、（2020）等配套文件，为山东"政产学研金服用"融合创新平台建设的顺利实施奠定了较为坚实的制度基础。

从上述文件以及山东开展的实践来看，其中运用知识产权促进政产学研用协同创新的做法体现在：一是重视知识产权服务业在推进协同创新尤其是科技成果转化中的重要作用，提出实施培育知识产权服务百强品牌工程；二是强调协同创新共同体应加强知识产权保护与运用，提出建设专利成果池供共同体成员单位之间共享共有；三是重视对协同创新共同体内职务科技成果的权属保护，要求科研人员从事共同体创新创业取得的职务发明成果、发表的论文成果等均应标注共同体名称；四是将知识产权取得情况作为协同创新共同体绩效考核的重要指标。

3. 江苏省的做法

江苏省是国内经济发达省份，也是科技创新大省，历来重视对政产学研用等多元主体协同创新组织机制的探索。从改革开放之初的"星期日工程师"到 20 世纪 90 年代的"科技项目合作""共建研发平台"，再到现阶段"全面战略合作"和共建重大联合创新载体❶，江苏政产学研用深度融合机制不断发展，"截至2021 年，江苏科技型中小企业数量超过 7.2 万家，成为全国首个突破 7 万家的地区；国家级孵化器数量、面积及在孵企业数持续保持全国第一；国家高新区与国家创新型城市均在全国率先实现设区市全覆盖；率先与以色列、芬兰、挪威、新加坡、奥地利、斯洛伐克等 10 个国家或地区建立政府间产业创新合作

---

❶ 江苏省科技厅. 对江苏省政协十二届一次会议关于加强政产学研合作促进企业创新发展建议提案的答复 [EB/OL]. （2018-06-21）[2022-09-13]. http://www.jiangsu.gov.cn/art/2018/6/21/art_59167_7946218.html.

联合支持机制，实现与国内所有"985"高校合作全覆盖，2021年与中科院合作项目销售收入超过1400亿元，连续15年位居全国第一"。❶

从加强政产学研用协同创新而言，江苏省的主要做法体现在：一是重视制度建设，强化顶层设计。2016年江苏省人民政府就颁发了《关于加快推进产业科技创新中心和创新型省份建设的若干政策措施》，从建立鼓励企业创新的普惠机制、扩大高校院所科研管理自主权、改革科研项目经费管理机制、打通科技成果转移转化通道、造就适应创新发展要求的人才队伍等方面提出改革举措，为促进产学研结合提供制度保障。《江苏省国民经济和社会发展第十四个五年规划和二〇三五年远景目标纲要》（2021）进一步提出"强化目标导向和需求导向，深化产学研协同攻关，综合运用定向择优、联合招标、'揭榜挂帅'、股份合作等方式，进一步提高产业科技创新的组织水平"❷。二是注重市场导向，拓展产学研协同创新成果的转化，包括持续打造"中国·江苏产学研合作成果展示洽谈会""中国·江苏国际产学研合作论坛暨跨国技术转移大会"等产学研品牌活动；继续深化与"两院三校"等国内外著名高校和科研机构的合作；大力支持省内高校院所与所在市（县）加快融合发展，促进科技成果项目、新型研发机构就近落地、就近转化。三是加快人才培养，建设有助于推动产学研技术转移的专业人才队伍，包括：鼓励有条件的高校设立技术转移相关学科或专业、设置从事技术转移的专职岗位；推动科研人员与实务界人才双向流动，如鼓励科研人员到园区、企业、农村等

❶ 蔡姝雯. 勇当科技和产业创新开路先锋［N］. 新华日报，2022-05-31（3）.

❷ 江苏省人民政府关于印发江苏省国民经济和社会发展第十四个五年规划和二〇三五年远景目标纲要的通知［EB/OL］.（2021-02-19）［2022-09-13］. http://www.jiangsu.gov.cn/art/2021/3/2/art_46143_9684719.html.

基层一线开展科技成果转移转化活动，鼓励省内外高校院所高层次人才到企业任职或兼职，继续选聘优秀科技企业家到高校担任"产业教授"，全面推行产学研联合培养研究生的"双导师制"等；培养专业化队伍，将高层次技术转移人才培育纳入省、市各类人才计划，设立技术经纪人专业职称序列，培育壮大高水平、专业化、职业化的政产学研活动人才队伍。

三、国内外知识产权促进多元主体协同创新实践的启示

1. 多元主体协同创新是提升产业核心竞争力的有效手段和必由之路

从以上国家和地区经济和产业发展的历程来看，多元主体合作是提高区域自主创新能力、突破关键技术、打破技术市场壁垒进而促进高技术产业跨越式发展的必然选择。通过政产学研合作，可以有效整合科技资源，提升企业核心竞争力，使企业持续健康快速发展。

2. 多元主体协同创新中政府主导是关键

从美国、英国和日本等国家的具体实践来看，多元主体合作中政府都发挥着积极的主导作用。美国的企业孵化器模式、科技产业园区模式以及产学合作中心（I/UCRC）等模式，英国的技术预测计划、联系合作研究计划、法拉第合作伙伴倡议模式以及日本提出的"知识产权立国"战略目标等，都体现出政府主导型的浓厚色彩，而国内先行省份的经验也大致相近。具体表现在：

一是政府要搞好"政产学研用金介"等多元主体协同创新的顶层设计。科学的顶层设计是推进多元主体合作的"蓝图"。既要制定出台相关专题文件，更要明确推进其合作的基本思路、目标定位、工作重点、专项资金等政策措施。

二是政府要为推进"政产学研用金介"等多元主体协同创新提供良好的法治化服务环境。从国内该项工作领先省份的实践经验看，各地政府都非常重视优化营商环境建设，在帮助企业争取项目资金、引进高层次人才、搭建创新创业平台、提高行政效能、优化公共服务等方面都采取了许多有效措施。

3. 科技园区是推进"政产学研用金介"等多元主体协同创新的重要载体

以上国家和地区的实践表明，科技园区是整合"政产学研用金介"等多元主体各种创新资源的重要平台。美国的"硅谷"、日本的环岛科学城等，都是由政府规划和创建的。这些科技园区在推进多元主体合作、促进地方经济发展方面，都取得了令人瞩目的成就。

4. 科研体制机制创新是促进"政产学研用金介"等多元主体协同创新的根本保证

为了破除高等院校、研究机构与经济发展相脱离的"两张皮"现状，无论是美国、英国还是日本都对传统的体制进行了改革，支持大专院校、科研院所建立研究中心。如日本的委托研究、共同研究、共建技术中心，美国的产学合作中心、科技产业园区等模式，都积极推动大专院校、科研机构的研究工作与企业的实际需求紧密结合，将技术成果迅速而有效地转化为现实生产力。

5. 知识产权保护和运用是形成"政产学研用金介"协同创新长效机制的重要内容

知识产权是促进科技协同创新和科技成果转化运用的重要保障机制。珠海市《关于全面促进产学研结合工作的若干意见》(2007) 明确提出：要建立和完善知识产权保护体系，依法保护科技人员在从事知识、技术创新活动中应当享有的权利，依法协调单位与个人之间在职务技术发明和成果转化中所产生的权利与义务的关系，依法界定产学研结合中各合作方的知识产权权属。同时要建立和完善知识产权管理流程和激励措施，健全知识产权参与分配的机制，最大限度地调动企业和科技人员发明创造的积极性，保护参与产学研合作的高校教师的合法权益。❶ 这样的做法无疑值得推广。

6. 不断推进"政产学研用金介"合作的组织模式创新

要根据和立足本省、本地区产业发展实际需要，鼓励企业、高校、研发机构等紧密结合，推进企业和高校、科研院所结合模式的创新。如无锡的"7+1""政产学研用金介联盟模式"等进行了很好的探索与实践。广东省围绕"数字电视、装备制造、新一代信息技术"等本省行业和产业，支持和推动国内大专院校、科研机构和企业紧密结合，相继组建了数十个产学研创新联盟，共同打造广东创新高地，不仅提高了企业的技术创新能力，而且提高了广东在全国制造业中的层次和地位。

第四节　陕西运用知识产权促进多元主体协同创新的做法、成效与问题

作为科教大省，陕西科技创新资源丰富，科技创新实力逐步提升。但同时也存在高校院所研发的大量科技成果没有向市场转化而许多企业等市场主体的研发能力缺乏高校院所科技创新的支撑、创新链与产业链的脱节导致陕西科技创新对区域经济的支撑

---

❶ 珠海市人民政府. 关于全面促进产学研结合工作的若干意见［EB/OL］.（2007-11-28）［2022-09-14］. https://code.fabao365.com/law_189565.html.

度始终不强，进而形成多年以来的科技创新与经济增长"两张皮"的现象。究其原因，知识产权作为联结科技创新与经济发展的桥梁与纽带作用发挥不明显，造成科技成果知识产权化率与知识产权类成果转化率等指标均不符合预期。

一、陕西运用知识产权促进多元主体协同创新的主要做法与成效

1. 知识产权成果拥有量不断增加，为"政产学研用金介"等多元主体协同创新奠定基础

《陕西省知识产权战略纲要（2008—2020年）》颁布实施以来，全社会创新创造热情受到极大激励，核心专利、知名商标、优质地理标志等各类高价值知识产权数量显著增多，知识产权综合实力显著增强，推动知识产权事业迈入"从大到强"的新阶段，踏上"从多到优"的高质量发展快车道，为推进陕西创新发展奠定了坚实基础。截至2020年年底，全省专利授权量60 524件❶，较2008年增长了5倍❷；全省有效发明专利总量达到5.5万件，是十年前的5倍；每万人口发明专利拥有量14.1件，是十年前的7倍；PCT专利年申请量提高到476件，较2009年增长了4.4倍❸；商标注册申请17.26万件，增长了17倍；近五年来，商标有效注册量49.03万件，增长了近3倍。截至2020年，马德

---

❶ 陕西省人民政府办公厅. 2020年陕西省国民经济和社会发展统计公报［EB/OL］.（2021-03-11）［2022-05-15］. http://www.shaanxi.gov.cn/zfxxgk/fdzdgknr/tjxx/tjgb_240/stjgb/202103/t20210311_2155995.html.

❷ 陕西省知识产权工作协调领导小组办公室. 2008年陕西省知识产权保护状况［EB/OL］.（2009-04-27）［2022-05-15］. http://www.scio.gov.cn/xwfbh/gssxwfbh/xwfbh/shan_xi/Document/317296/317296.htm.

❸ 陕西省知识产权工作协调领导小组办公室. 2009年陕西省知识产权保护状况［EB/OL］.（2013-10-14）［2022-05-15］. https://www.doc88.com/p-7804753953810.html?r=1.

里商标国际注册有效量提高到 228 件；有效地理标志商标 139 件，累计获批地理标志保护产品 86 个，地理标志专用标志使用企业 246 家；著作权登记数 20 128 件，获得中国专利奖金奖 5 项。**❶**各类知识产权数量增幅不断创新高，知识产权创新创造活力更加强劲，动能更加持久，尤其是一批创新成果通过取得自主知识产权，实现了与企业、产业和区域经济发展的有机融合，激活了经济发展。

2. 知识产权示范众创空间等平台建设快速发展，为"政产学研用金介"多元主体协同创新提供了新支撑

众创空间等新型企业孵化器是实现"政产学研用金介"多元主体协同创新的重要方式，而知识产权则是众创空间取得成效的核心要素，建设知识产权示范众创空间无疑是知识产权促进协同创新的关键抓手。自 2015 年《关于发展众创空间推进大众创新创业的指导意见》（国办发〔2015〕9 号）、《国务院关于大力推进大众创业万众创新若干政策措施的意见》（国发〔2015〕32 号）等文件颁发以来，陕西积极开展众创空间建设工作，截至 2020 年年底先后有 8 批次 245 家单位成为陕西省众创空间孵化基地，其中有 18 家众创空间被纳入国家备案名单。在此基础上，为进一步支撑众创空间开展专利布局、挖掘高价值知识产权、高效转化知识产权成果，陕西省知识产权局从 2016 年开始启动知识产权示范众创空间建设工程，截至 2019 年先后分三批次确立了 33 家知识产权示范众创空间，通过多元化、多层次知识产权服务，提高了科技型企业的创业成功率，培育出一批优质企业。

❶ 陕西省知识产权局. 陕西省知识产权工作"十三五"回顾和"十四五"展望[N]. 陕西日报，2021-04-26（5）.

3. 知识产权保护不断强化，为"政产学研用金介"多元主体协同创新提供更优良法治环境

"政产学研用金介"等多元主体间的协同创新离不开知识产权法治环境的保障作用。长期以来，陕西始终高度重视知识产权保护工作，贯彻《知识产权强国建设纲要（2021—2035年）》(2021)、《中共中央办公厅、国务院办公厅关于强化知识产权保护的意见》（2019)，加快构建"严、大、快、同"保护体制机制，推进全省知识产权保护能力和水平得到持续提升。一是构建完备的法规政策体系，及时修订《陕西省专利条例》(2012)，先后颁发《陕西省查处假冒专利行为办案规程》(2013)、《陕西省专利纠纷处理办法》(2013)、《陕西省知识产权专项资金管理办法》(2020)、《陕西省专利创造救济指导意见（试行）》(2020)、《陕西省知识产权举报投诉奖励办法》(2021)、《陕西省关于强化知识产权保护的若干措施》(2020)等多项法规政策，有效发挥出政策法规在强化知识产权保护整体工作中的制度保障作用。二是强化知识产权行政执法，先后组织开展"铁拳""剑网""龙腾"等执法专项行动，严厉打击知识产权侵权假冒行为，维护良好市场秩序。三是持续强化协同保护，与省法院、省检察院、西安海关、省贸促会、省律协建立战略协作关系。落实知识产权"三合一"审判等改革举措，推进高端装备制造等产业知识产权快速协同保护，建立中国（西安）知识产权保护中心，成立12个市级知识产权维权援助分中心，形成了覆盖全省的知识产权维权援助体系，知识产权保护社会满意度逐步提高，营商环境不断改善。通过强化知识产权法治建设，不仅有力打击了违法犯罪行为，也为加快"政产学研用金介"多元主体协同创新提供了良好的制度支撑与机制保障。

二、陕西在运用知识产权促进多元主体协同创新方面存在的问题

促进创新链与产业链紧密融合是多元主体协同创新的根本目标，实现创新成果市场转化则是多元主体协同创新的价值导向。由此而言，陕西"政产学研用金介"等多元主体协同创新还有很大提升空间。这突出体现以下方面：

首先，科技创新在陕西经济体量中占比较小。2019 年陕西科技活动产出指数增长到 75.42%，位居全国第 4；陕西每万人口发明专利拥有量为 12.043 件，位居全国第 7，中西部首位，显示出较强的科技创新实力，但同年陕西 GDP 仅位居全国第 14，也低于四川省等中西部省份。这表明陕西有较强的科技创新能力，但科技创新能力与经济发展实力并不匹配，科技创新在陕西区域经济发展中还未占据主流地位。

其次，科技创新主体与科技成果市场转化主体不统一，作为科技创新主体的高校院所并非是市场转化主体，作为市场转化主体的企业创新能力始终不强。从创新来看，2019 年度获得专利授权最多的前 100 家陕西省机构中，大学的数量有 31 家，排在前 10 名的单位均是高校，排在前 20 名的单位中有 14 家高校，5 家国有科研院所，1 家企业（中国西电电气股份有限公司，排在第 20 位），并且陕西新兴领域的专利也主要以高校为主导。近五年陕西企业与高校院所在专利授权量等数据之间的差距仍处于不断扩大的状态。从转化来看，2018 年陕西技术输出合同成交额为 1125.28 亿元，其中企业为 862.14 亿元，占比为 76.61%，科研机构为 232.68 亿元，占比为 20.67%，高校科技合同成交额仅为 30.46 亿元，仅占当年技术输出合同成交额的 2.7%，与企业差距甚大。以上数据说明陕西科技创新与科技成果转化依然是"两张

皮"状态。

最后，科技创新主体生产的大量创新成果并没有通过市场进行转化。就高校院所而言，职务专利是其科技创新实力的代表，但事实上该类知识产权成果转化很少。2018 年陕西知识产权类技术输出合同成交额为 225.03 亿元，占总技术输出合同总成交额的 19.97%，这其中技术秘密合同成交额 173.98 亿元，专利合同成交额 37.74 亿元，仅占技术输出合同成交额的 3.35%。这说明陕西知识产权类科技成果转化率本身不高，而高校院所拥有的职务专利等科技成果更是远未转化。

以上分析表明陕西科技创新与科技成果转化呈现背离状态，从创新能力来看，高校强，企业弱；从科技成果转化能力来看，企业强，高校弱；从转化的科技成果类型来看，企业技术服务类成果转化较多，而代表陕西科技创新实力的知识产权类成果，尤其是高校院所拥有的职务专利等职务科技成果转化率极低。因此，需要切实发挥知识产权融合创新链与产业链的纽带作用，强化产学研协同创新，使知识产权创造在一开始就更加紧密地面向市场需求。

三、问题的成因分析

导致上述问题的因素有很多，但结合陕西运用知识产权促进"政产学研用金介"协同创新的具体实践而言，其内在的主要原因体现在以下三个方面。

1. 知识产权管理分散导致知识产权促进多元主体合作机制尚未形成合力

从政府管理层面上讲，知识产权工作纷繁复杂，涉及专利、商标、地理标志、版权、植物新品种等多个领域，实践中与知识产权局（市场监管局）、发改委、工信、农业、林业以及党委下属的宣传部门等多个管理机构职能相关，涉及面广，条块分割较为严重，管理难度较大。从企业微观层面上看，多数企业知识产权管理工作严重缺失，与之配套的相关机制不够健全，也制约了知识产权工作的开展。这些因素导致陕西"政产学研用金介"等多元主体间脱节的现象依然存在。一方面，陕西企业吸纳、转化专利能力弱，实施的专利95%以上自行研发，造成高校和科研院所创新成果大量外流。另一方面，由于考核导向、激励机制和管理体制的原因，一些高校科研院所创新取向与企业需求错位，相当大比例的专利不能进入市场。

在政府支持下，多元主体协同创新有所推进，但仍有相当大一部分单位在合作过程中双方没有约定知识产权归属，导致知识产权归属不清，貌似清晰实则模糊的现象比较突出。一些项目经济收益分配时，经常导致纠纷，严重影响了合作效果以及科研成果的转化实施。同时，还应看到，陕西"政产学研用金介"等多元主体协同创新的组织体系建设还落后于广东、江苏等沿海发达地区，大专院校、科研机构的研发活动与企业需求脱节现象依然存在；知识产权试点城市、试点园区的示范引领作用有待进一步发挥，统筹"政产学研用金介"等各种资源，推进具有自主知识产权技术创新成果的转化基地建设力度不足，这些问题需要下功夫解决。

2. 知识产权商品化和产业化水平还不能满足"政产学研用金介"多元主体合作的基本要求

推进"政产学研用金介"合作的核心是促进知识产权商品化、产业化、规模化。但是，知识产权商品化、产业化、规模化水平低下，是陕西推进"政产学研用金介"合作、发展新兴产业的严重短板。虽然每年国内、省内科技计划项目在高校和科研院所催生了一批自主知识产权成果，但大多数停留在实验阶段；一些有条件产业化的技术成果，推向社会后因市内乃至省内没有企业接盘而流向省外。

3. 知识产权意识尚未引起社会足够重视

近些年陕西知识产权事业蓬勃发展，但是从社会整体而言，关注程度与重视程度仍然不足，有些政府管理部门工作人员知识产权意识淡薄，制订知识产权发展规划不及时；部分新兴产业企业处于知识产权"盲区"，虽然能认识到知识产权的重要性，但多数还没有将其上升到战略层面；不少企业负责人对知识产权工作不够重视，加上专利申报材料复杂、申报程序等手续较为烦琐、发明专利授权时间较长、专利维护成本较高等原因，致使企业申报专利积极性不高。具体来说，一是专利信息分析和布局工作比较薄弱，科研项目存在重复立项、重复研究现象，通过知识产权促进"政产学研用金介"协同创新产生的具有自主知识产权的成果无论在数量还是质量上都不够理想，如陕西省太阳能光伏产业已有一定规模，但产品的关键生产设备和工艺流程主要通过引进，缺少自主研发的关键技术和知识产权，"政产学研用金介"协同创新缺乏强有力的知识产权创新支持；二是创新成果的知识产权转化率还不足，这不仅表现在陕西省新兴产业领域的商标注册量不多，更表现在企业拥有自主知识产权的发明专利仍偏少，尤其是在创新链与产业链融合中，知识产权作用机制仍须强化，这不仅要着力推进创新成果的知识产权化，更要着力推动知识产权成果的市场化、产业化。

第五节　运用知识产权促进陕西多元主体协同创新的建议

多元主体协同创新是一项系统工程，发挥知识产权在其中的激励、整合作用应当坚持系统思维。这需要从强化知识产权布局、组建知识产权合作联盟、加快知识产权试点示范区建设、加大知识产权保护力度、完善知识产权各项管理制度等方面，为提升多元主体协同创新的聚合力提供平台支撑和机制保障。

一、做好专利信息分析与布局，为推进多元主体协同创新提供源头性支持

围绕陕西重点发展的新兴产业、优势产业的创新性核心技术和关键技术，组织相关项目专利分析团队，依托产业专利信息数据库和全球前沿专利技术发布系统，实时跟踪国内外核心、关键、前沿专利技术，尤其是对重点国家、重点跨国公司、本省企业重点竞争对手掌握的这类专利技术进行分析和预警，进而从国际、国内和陕西三个层面全面解析该产业专利技术的发展历史、现状、趋势、重点和空白点，准确研判陕西该产业发展在产业链和技术链上的地位，明确陕西企业在相关产业国内外专利市场上的优势与劣势，锁定专利技术创新的方向、突破口和着力点，科学进行全省专利创新布局。从陕西实际情况看，应该在航空航天、新材料、新能源、新一代信息技术、生物技术和节能环保等战略性新兴产业超前布局，着力掌握激光、创新药物、信息通信、太阳能光伏和半导体照明等领域的核心、关键专利技术，进行知识产权布局，抢占新兴产业发展的制高点。

二、组建合作联盟，为推进多元主体协同创新提供组织支持

目前，推动"政产学研用金介"等多元主体合作大体有三种模式可供选择。第一种是政府主导、产学研参与；第二种是政府引导、企业为主体、学研参与；第三种是政府倡导、企业为主体、学研参与。第一种合作模式中，政府在协同创新中起主导作用，创新内容、创新目标、创新时间和创新合作方式都由政府确定，参与合作的单位由政府筛选。第二种合作模式中，企业在协同创新中起主体作用，创新活动的内容、目标、合作方式主要由企业决定，大学与研究机构等主体参与。政府通过产业、财政、税收等政策来引导和推动产学研协同创新。第三种合作模式中，政府既不参与，也没有投资，只在舆论上倡导。企业是协同创新活动的发起者、组织者，创新内容、创新目标、创新时间和创新合作方式都由企业通过自由谈判确定。从陕西实际情况看，第二种合作模式是陕西推进"政产学研用金介"合作的理想模式。这就要求坚持以市场为导向，以陕西新兴产业和支柱产业中的优势企业为主体，以重大项目和技术专利及其他知识产权为纽带，高等院校、科研院所为支撑，在政府的支持推动下，组建产权明晰、利益共享、风险共担的"政产学研用金介"合作联盟。通过联盟成员之间的知识产权交叉许可、技术互换、资源共享等方式进行产学研合作，推进高校及科研院所人才、技术和知识产权向企业转移，加速全省新兴产业、支柱产业领域核心技术或关键技术的自主知识产权创造和运用，为做大做强知识产权优势企业提供强有力的技术支持，进一步推进科技成果产业化、产业发展规模化。

三、强化知识产权试点示范区建设，为多元主体协同创新提供中试平台支持

多元主体协同创新的最终目的在于引导支持创新要素向企业集聚，促进高等学校、科研院所的创新成果向企业转移，推动具有自主知识产权核心技术的应用和转化，不断提高科学技术对经济发展的贡献。目前，西安为国家知识产权强市创建市，宝鸡、咸阳为国家知识产权试点城市，西安高新区、宝鸡高新区和杨凌示范区为国家知识产权示范园区。此外，西安不仅是国家商标战略实施示范城市，而且还设立了全国第一家电视剧版权交易中

心。这些都为整合"政产学研用金介"等各种资源，建设技术成果转化基地，加快科技成果的商品化、产业化创造了良好条件。早在 2012 年，西安经开区通过实施科技成果转化促进计划，选择有条件、有基础、已入区的科研院所，中央企业和有关高校，签订战略合作协议，建立科技成果转化基地，对其科研、中试和成果转化进行专项扶持，对产业化转化项目优先给予土地、财税等优惠政策。同时，还充分发挥科技成果转化基地的示范、引领效应，带动各类科技资源向区内有序聚集，促进科技成果在区内转化。一是深化与科研院所合作，同中国科学院、西北有色金属研究院建立两大科研院所科技成果转化基地；二是深化与中央企业合作，同中国兵器、中航工业、中国电子、中国北车集团建立"四大"中央企业科技成果转化基地，充分发挥中央企业在经开区的聚集优势，形成央企科研、中试、产业化的纵向产业发展链条和中试基地，提高成果转化率。上述做法是在陕西的一个创新，建议在条件成熟的知识产权试点示范城市、试点园区逐步推广相关经验，发挥西安经开区促进科技成果商品化、产业化的示范引领作用。

四、加强知识产权保护，进一步优化多元主体协同创新的法治环境

就实施知识产权保护提升工程来讲，建议从以下几个方面入手：一是提升知识产权行政执法能力。充分发挥省知识产权协调领导小组及其办公室的职能，建立和实施知识产权诚信档案和重点监控制度，完善专利、版权、商标、技术标准、地理标志、植物新品种等不同行政执法部门之间对重大侵权案件的联合督办和沟通移交机制。以知识产权、版权、林业、农业、海关等管理部门为基础，整合陕西知识产权行政执法力量，主动巡查侵权问

题，积极开展联合行政执法活动。二是强化知识产权司法保护能力。第一，创造条件，在省检察院组建独立建制的知识产权检察庭，在国家级、省级重点产业园区派设知识产权检察联络员，建立对知识产权案件的侦查监督、审查起诉、民事行政检察三职能合一的工作机制；第二，深化司法审判体制改革，探索设立西安知识产权法院，严厉打击较严重的知识产权侵权假冒现象，制裁违法犯罪行为，充分发挥司法保护的主导作用。三是提升企业知识产权自我保护能力。第一，引导和支持企业加强知识产权预警分析，从技术研发到产品开发，再到产业化生产，每个环节都应通过信息检索把握行业知识产权最新动向，在规避侵权风险的同时，及时将自己的创新科技成果转化为专利加以保护；第二，对企业自主知识产权在市场的运行状况进行实时追踪检测，一旦发现被侵权，立即搜集证据，依法举报，通过行政或司法渠道实施有效维权。

五、推进知识产权管理制度改革，为促进多元主体协同创新提供体制机制支持

知识产权管理是知识产权战略的重要内容，贯穿知识产权创造、保护和运用的各个环节之中。推进"政产学研用金介"协同创新的关键因素之一就在于完善知识产权管理体制，畅通政府、企业、高校院所等各主体产业协同创新的渠道。

1. 强化省知识产权协调领导小组职能

通过有效协调与沟通，有机整合与知识产权相关的管理部门资源，一方面，促进不同类型知识产权管理的有机衔接；另一方面，促使知识产权管理与科技研发管理、产业发展管理、产品质量管理、市场营销管理等有机结合，形成管理和资金扶持的强大行政合力，进而推进知识产权工作向企业科研、开发、生产、营

销等各个环节的有机嵌入和渗透，使其与企业运行不断档、不脱节，同步起始，同步相随。

2. 创建"三位一体"的园区知识产权管理体制

为提升知识产权工作的协调层次和力度，逐步形成"高层重视、集中管理、统筹协调、社会参与"的知识产权战略实施工作机制，全面提升知识产权管理工作的效能，可以在科技园区开展体制创新试点工作，打破传统体制不同部门分管知识产权的格局，创建知识产权全链条集中管理体制，进而形成知识产权领导小组决策、知识产权办公室执行、与企业零距离对接的高效管理机制。

3. 深化企业知识产权管理体制改革

在新兴产业知识产权优势企业普遍构建知识产权、科技研发与生产营销"三位一体"的管理体制，在企业增设以知识产权首席执行官为代表的知识产权管理部门，与科技研发、生产营销部门有机结合起来，成为企业经营的最高决策机构和核心团队。在"三位一体"管理体制中，知识产权管理部门须尊重和适应研发和产业发展部门的要求，及时为科技研发、产品开发和市场营销提供知识产权创造、运用、保护、管理方面的服务，确保企业知识产权战略的实施。

4. 完善多元主体协同创新成果的知识产权归属和利益分配机制

充分调动各方积极性、创造性，加强知识产权的保护和利用。"政产学研用金介"等合作各方应以书面合同形式明确合作内容、知识产权权属分配、成果利益分配、风险承担和技术保密等。鼓励企业以红股或股份期权等形式奖励作出重要贡献的高校及科研机构科研人员，鼓励高校及科研机构的科研人员以知识产权作价出资入股，以形成更多以市场为导向的科研成果。在充分调查取证的基础上，对故意违反"政产学研用金介"合作相关协议的企业、高校、科研机构及个人，给予通报批评，并追回资助资金。

第三章　知识产权促进科技成果转化：以专利运用为中心

实施创新驱动发展战略是党的十八大明确提出的加快我国经济发展方式转变的重大战略，也是陕西在新时期实现"弯道超车"、谋求跨越转型、建设创新型省份的重要发展路径。实施创新驱动发展战略的实质在于发挥科技对经济增长的第一驱动力作用，关键之处莫过于把以深化专利为代表的知识产权运用作为主线，将创新性科技成果尽快转化为现实生产力，推动经济高质量发展。这对于主要依靠自主创新与发展特色高新技术产业谋求经济结构转型、着力打造内陆改革开放新高地的陕西省来说尤为关键。在知识产权各领域，专利通过技术创新、方法创新、产品创新等途径对提升现实生产力水平的作用最为直接和突出，本章以陕西专利运用情况为着眼点，分析专利运用现状与问题，从完善知识产权治理体系角度提出促进专利运用的对策建议。

第一节　深化专利运用是实现创新
驱动发展的关键环节

专利是科技创新成果的主要法律形式。专利运用就是取得专利权的科技创新成果在市场上实现价值转化的过程，常常表现为专利转让、许可、质押、入股等方式，它是实现创新驱动发展最直接的体现，也是科技创新资源作用于经济发展的直接体现与关键环节。

一、专利制度是推动创新驱动发展的重要保障

专利是国际上通行的一种利用法律和经济的手段确认发明人对其发明享有专有权，以保护和促进技术发明的制度。该制度自创设伊始就被赋予了创新激励的制度功能。社会发展实践也表明，专利制度的确强有力地推动了科技创新和经济发展，这在工业化时代表现得更为突出。有学者从激励市场主体技术创新的角度指出，"对绝大多数企业而言，最具激励性的因素是专利制度的存在。这一因素在技术创新的任何阶段均居首位"❶。专利制度激励创新驱动发展的着力点在于通过专利运用实现价值转化，满足权利人的利益需求，可以说"现行的专利制度是一种对创新投入给予最佳回报的利益驱动机制"❷。具体而言，有以下几点。

---

❶ 斋藤优. 发明专利经济学 [M]. 谢燮正，等译. 张志平，校. 北京：专利文献出版社，1990：13.

❷ 万志前，郑友德. 论生态技术创新的专利制度安排 [J]. 科技与法律，2008 (5)：13.

1. 通过确认和保护专利权激发创新热情

诺贝尔经济学奖获得者肯尼斯·阿罗认为，创新过程中面临两个最基本难题，一是创新本身是一种冒险性活动，失败的风险非常大；二是创新要素和创新成果具有经济学上的公共物品属性，很容易被"搭便车"，即"创新风险过高和创新成果被剽窃的顾虑严重制约着创新活动开展"❶。专利制度以法律的形式确认和保护创新成果的产权，使创新主体的创新投入有所回报，且趋向收益最大化，从而最大程度上消除或降低创新主体的上述顾虑，进而激发创新主体的创新热情。

2. 通过公开专利文献引导创新方向

专利制度的根本目的是通过对新技术信息的披露而授予发明人对新技术信息的独占使用权。这一方面固然是为了保护发明人的智力成果权益，另一方面也给社会提供了该技术领域的创新进程。因此，专利制度实际上是国家和发明人之间的一种契约，"发明人的对价是披露其发明创造，国家的对价是授予专利权"❷。专利制度要求发明人公开专利文献以披露其发明创造的内容，以便社会公众了解，并在超出法定期限后可以自由使用该发明创造。发明创造的披露与公开，一方面有助于创新主体通过查阅、检索专利文献，了解各技术领域的现有技术和其他创新主体的排他性权利保护范围，以确定各技术领域的剩余创新空间与创新方向；另一方面有助于开阔创新主体的视野和启迪创新主体的思维，启迪创新主体在综合公开披露的技术信息的基础上寻找新的创新方向。

---

❶ 苏强. 知识产权制度激励创新作用何在 [N]. 中国知识产权报，2013-07-03 (4).
❷ 闫文军. 专利权的保护范围 [M]. 北京：法律出版社，2007：14.

3. 通过抑制创新活动的外部负效应确保创新质量

作为经济学上所称的"理性人",创新主体具有"会规避明显的风险,追求确定利益的最大化"❶ 的天然自利倾向。基于此,创新活动中难免会出现追求利润最大化的短期行为或者机会主义行为,以及存在破坏生态环境或违反公序良俗等外部负效应的行为。"制度永远包含着惩罚,其作用就在抑制机会主义。"❷ 专利制度一方面以正面确立专利授权之"实用性"条件,辅之以反面禁止授权之情形,明确排除具有外部负效应的发明创造被授予专利权;另一方面通过专利权的强制许可制度设计,最大程度地抑制专利权人的权利滥用行为和创新活动的外部负效应,以确保创新质量和更好地实现私权与公益的平衡。

二、深化专利运用是提升创新驱动发展能力的最直接体现

专利运用的实质就是科技创新成果价值的市场转化,专利成果市场转化的过程就是创新力量作用于经济发展的过程,是实现创新发展最直接的体现。

目前学界围绕专利运用的内涵有狭义与广义两种观点。狭义的专利运用是指专利权人或者相关主体将专利法所确定的各类型专利应用到企业生产经营的各个环节,以此来获取经济利益的活动,即基本等同于专利实施与转化。广义的专利运用包括专利创造、转化、保护、管理、服务五方面的内容,它贯穿于专利创造、转移、保护、管理、服务等诸环节,主要内容包括"专利研发、专利申请、专利中试、专利实施、专利转让、专利许可、专利融资、专利保险、专利信托、专利保护、专利维持、专利

---

❶ 胡惊雷. "理性人"的困境与出路 [N]. 中国科学报,2013-03-22(14).
❷ 柯武刚,史漫飞. 制度经济学 [M]. 韩朝华,译. 北京:商务印书馆,2002:76.

布局、专利信息应用、专利管理、专利宣传培训、专利战略制
定等"❶。

　　本书认为，以上两种观点都有道理，但又均存在偏颇之处。
狭义的专利运用过分关注专利的技术属性，只是将专利视为一种
技术产品而强调其在生产环节的应用转化，而广义的专利运用又
失之过宽，忽视了专利运用自身质的规定性。专利运用的实现固
然需要从多个方面系统考量，但任何概念都有自身的规定性和具
体指向，不能因为事物之间的联系而忽视了事物自身的本质特
征。要厘清专利运用的内涵，首先要正确认识专利的性质。创新
性技术成果是申请专利的基础，但该创新性技术成果经过申请并
被授权成为专利后，已经与原先的技术成果不是同一个概念。这
时的专利不仅具有技术属性，即技术创新成果依然是其内涵，而
且具有法律属性和资产属性，即可以享有包括专利许可等在内的
诸多类型的权利要求，可以通过法律手段维护权利主体在一定范
围内的垄断性利益，还可以将该专利进行转让、投资、入股、担
保融资，等等。对于市场主体而言，"企业完全可以制定适合于
自己的专利战略，即为获得与保持市场竞争优势，运用专利制度
提供的专利保护手段和专利信息，谋求获取最佳经济效益的总体
性谋划"❷。可见，专利运用的范围可以非常广泛，不限于专利技
术向具体生产环节的转化，但专利运用也有自身规定性，专利价
值的实现是其主要指向。基于此，本书赞成以下观点："专利的
价值不仅仅体现在技术层面的实施转化上，还应该体现在专利的
交叉许可、专利谈判、专利信息传播、专利广告、专利联盟、专
利规则的运用、专利质押融资、专利投资入股、专利标准化等方
面，体现在利用专利占领更大的市场份额，利用专利阻挡竞争对

❶ 李娜. 四川高新技术企业专利制度运用现状研究［D］. 成都：四川大学，2005：8.
❷ 冯晓青. 企业知识产权战略［M］. 北京：知识产权出版社，2005：67.

手、确保自身利益，利用专利获得实际利润。所以专利运用就是从战略战术的角度充分利用专利的各种属性，实现专利向现实生产力的转变，谋求获取最佳经济效益的总称。"❶

从国外发达国家的发展历程和历史经验来看，经济结构调整和产业结构升级都往往与技术创新有直接关系，而专利更是常常表现为产业经济升级发展的先导，具有非常明显的引领效果。这就要求深化专利运用，一方面从量的方面盘活存量专利，增值增量专利，挖掘失效专利，让更多的专利技术成果能够进入经济主战场而发挥其作用；另一方面要从质的方面，不断拓展专利转化价值链、产业链，深挖内在效益。在强化企业技术创新主体地位的基础上，加强产学研结合，吸收更多的科教资源向技术创新转移，从而将巨大的科教资源和创新潜力转化为强大的经济实力。

企业是最重要的市场主体，专利运用主要通过企业生产经营活动展开，因此推进创新驱动发展必须畅通创新资源向企业聚集的渠道与途径。党的十八大以来，党中央对有效发挥市场力量配置创新要素和强化企业作为技术创新主体地位作了明确部署，强调"健全技术创新市场导向机制，发挥市场对技术研发方向、路线选择、要素价格、各类创新要素配置的导向作用"，以及"建立产学研协同创新机制，强化企业在技术创新中的主体地位，发挥大型企业创新骨干作用，激发中小企业创新活力，推进应用型技术研发机构市场化、企业化改革，建设国家创新体系"❷。显然，专利转化、创新驱动发展都应同企业经营活动密切融合。

就陕西而言，实现"追赶超越"的发展目标必须高度重视创

---

❶ 吴红. 专利实施与专利运用 [J]. 电子知识产权, 2008 (5): 48.

❷ 中共中央关于全面深化改革若干重大问题的决定 [EB/OL]. (2013-11-15) [2022-09-14]. http://www.gov.cn/jrzg/2013-11/15/content_2528179.htm.

新驱动发展，这也就意味着必须将大量的代表科技创新能力的专利技术向现实生产力转化，要认识到专利运用水平直接关乎创新驱动发展成效，应加强专利的运用转化。可以说，在未来的市场竞争中，谁拥有专利优势，谁就拥有发展的主动权；谁拥有专利运用的优势，谁就具有对市场的直接控制权，具有不可比拟的竞争优势。

第二节　陕西专利运用现状

党的十八大以来，陕西保持了较快的经济增速，但就发展动力而言，依赖传统能源型产业发展的比重较多，以专利研发、专利运用为核心的战略性高新技术虽然增长较快，但在整体上还未成长为经济发展的核心驱动力。在贯彻落实新发展理念、尤其是大力实施"碳达峰、碳中和"等战略背景下，若要继续保持陕西经济以较高速度发展，进而实现"追赶超越"的目标，必须深化专利等知识产权运用，提升创新驱动发展能力，将陕西科技创新资源的比较优势转化为驱动经济发展的强劲动力。

一、衡量创新驱动发展能力的专利运用指标体系

世界上许多国家和地区的实践经验证明，专利运用情况与该国家或地区的经济增长间呈显著的正相关关系。世界知识产权组织曾对相关国家的专利授权数与国内生产总值进行量化分析后得出二者间呈正比关系的结论。而我国的情况也基本如此，即专利授权数越高，专利创造和运用对我国经济增长的贡献率也就越大。有文献甚至较为精准地指出，"专利授权数每增加一个单位，

则相应地会预计增长 0.82 个单位的国内生产总值"❶。另有文献证明，我国专利授权总数，发明专利、实用新型专利和外观设计专利分类授权数与区域经济增长之间呈现显著的正相关关系，即"增加专利产出能力将对经济增长产生显著的正向作用"❷。因此，在一定意义上一个国家或地区的专利实力尤其是专利运用能力可以视为其创新驱动发展能力的标志。

1. 关于专利运用指标的一般观点

从现有研究成果来看，关于专利指标的研究主要集中在专利研发、专利创造以及专利价值等方面，专门就专利运用的指标进行讨论的文献凤毛麟角。其内在原因也许在于我国专利发展还处于初期阶段，学者们的关注重点还在于如何创造出更多的高价值专利。但专利运用无疑是专利创造的归宿，无法有效转化运用的专利几乎毫无价值，根本无法实现专利制度的立法目的。

实践中，专利运用的指标往往是被纳入对专利能力或者专利实力评价指标体系之内。国家知识产权局连续多年发布的《全国专利实力状况报告》指出：专利实力是指支撑经济社会发展的专利能力的总和，具体包括国内各地区在专利创造、运用、保护、管理、服务等方面的综合实力。❸ 与此同时，该报告将上述专利运行的 5 个环节作为一级指标，在每个一级指标之下又总共设立了 30 个二级指标。具体如表 1 所示。

----

❶ 蒋满元，唐玉斌. 对我国专利制度运行效果的经济分析 [J]. 科技与经济，2006 (3)：52.

❷ 张继红，吴玉鸣，何建坤. 专利创新与区域经济增长关联机制的空间计量经济分析 [J]. 科学学与科学技术管理，2007 (1)：83.

❸ 国家知识产权局. 2012 年全国专利实力状况报告 [EB/OL]. (2013-04-26) [2022-09-14]. http://www.gov.cn/gzdt/2013-04/26/content_2391216.htm.

表 1　专利实力指标体系表

创造	运用	保护	管理	服务
每万人口发明专利拥有量	专利质押数量、金额	各地区法院新收知识产权民事案件数量	地区法规规章与战略规划的制定情况	专利公共服务机构情况
专利信息利用情况	发明专利授权量	专利许可合同数量、金额	受理专利侵权，其他纠纷与法院新收一审专利民事案件数量比	政府对知识产权工作的经费投入与保障情况
专利代理状况	PCT国际专利申请量	专利申请权与专利权转让数量	调处专利侵权与其他纠纷结案数量	与国家知识产权局建立合作会商制度的情况
专利电子申请	专利维持率	专利进入产业化阶段专利比例	查处假冒专利结案量，展会执法案件量	地方承担国家级项目情况
知识产权培训人次	专利视撤、视放指数	高技术产业每件有效发明专利实现新产品销售收入	跨部门跨地区执法协作数量	地方专利行政管理机构情况
知识产权专业人员数量与结构	职务专利申请比例	中国专利获奖指数	专利执法条件	地方国家级知识产权示范优势企业情况

通过上述 5 个一级指标、30 个二级指标的数量计算，基本能衡量出我国普遍情况及各省份专利实力的具体情况，也能从专利运用角度较为全面地反映出各地创新驱动发展能力状况。但上述指标体系对于本书研究来说也有局限之处。一是上述指标是对全国普遍情况的反映，不能完全符合地方经济社会发展中对创新驱

动发展的差异性要求；二是有些指标的数量信息不易获得，可操作性不强。因此，本书以上述指标体系为基础，结合陕西创新驱动发展的现状与要求，选择适合当地情况的专利运用评价指标体系。

2. 本书对专利运用评价指标体系的界定

专利运用是指以专利转化转让等方式实现专利价值的活动。专利运用不是孤立的，专利创造是专利转化的基础与前提，专利保护、管理、服务等则是专利转化的重要保障条件。对专利转化的评估或者评价，除了考察其转移转让等情形，还需要对专利创造、保护、管理、服务一并考察。基于此，本书借鉴上述指标内容，结合陕西创新驱动发展的要求和数据采集的可行性，拟定专利运用评价指标体系如表 2 所示，以衡量陕西专利运用在提升地方创新驱动发展能力方面的总体状况。

表 2　专利运用评价指标体系表

一级指标	二级指标	数据来源
创造	专利申请和授权数量	国家统计局网站
	每亿元 R&D 经费专利申请数	国家统计局网站+计算
	每亿元 R&D 经费专利授权数量	国家统计局网站+计算
	每万人口专利授权数量	国家统计局网站+计算
	三种专利的申请、授权数以及占比	国家统计局网站+计算
运用	专利导航产业试点	网站、政府公报
	知识产权金融服务	网站、政府公报
	企业知识产权工作的推进	网站、政府公报
	优势企业培训	网站、政府公报
保护	专利法治建设	网站、政府公报
	执法能力	网站、政府公报
	知识产权援助能力	网站、政府公报

续表

一级指标	二级指标	数据来源
管理	机构建设	网站、政府公报
	市、县知识产权工作	网站、政府公报
	通报制度	网站、政府公报
	企业知识产权管理标准	网站、政府公报
服务	知识产权服务	网站、政府公报
	融资服务	网站、政府公报
	投资服务	网站、政府公报

二、陕西深化专利运用的主要举措

如何深化专利运用、加快推进科教创新资源与地方经济发展的密切结合是陕西长期以来思考的重大课题，为此陕西也积极谋划并制定了一些富有成效的举措。

1. 加强促进专利运用的制度保障

作为科技创新大省，陕西高度重视科技创新和专利等知识产权对推动陕西经济结构转型的重要作用，基于"专利制度创新""专利运行保障体系建设"和"专利支撑经济社会发展"之间的内在紧密关系，不断推进陕西地方专利立法和相关政策的制定实施。

2006 年，陕西省政府颁发《关于加强知识产权工作的若干意见》就提出要强化"创造、运用、保护、管理、服务"五种能力，将知识产权运用作为其重要内容。2008 年颁布实施《陕西省知识产权战略纲要（2008—2020 年）》指出，要"重点提升知识产权创造、运用能力"，进而"实现自主创新的知识产权化、商品化、产业化，提高知识产权对经济发展的贡献"。为推动关中—天水知识产权示范区建设，编制《关中—天水经济区知识产权工作发展规划》。2017 年颁布的《陕西省人民政府关于建设知识产权强省的实施意见》则进一步提出，通过科技创新城的产权化、知识产权的产业化、知识产权产业的集群化加大知识产权运用力度，推动知识产权"对经济、社会和文化发展的促进作用显著增强"。

陕西深化专利制度运用推进创新发展的政策法规现状有如下三个特点：一是法律效力高。通过地方人大立法制定地方性法规是地方立法的最高法律效力形式。迄今为止，围绕专利制度运用，陕西已经制定了《陕西省专利条例》《陕西省高新技术产业发展条例》《陕西省科学技术进步条例》等多部直接或间接规范专利活动的地方性法规，将专利工作逐步纳入地方法规体系，为深化专利运用提供了有力的制度保障。尤其是《陕西省专利条例》明确将专利运用情况纳入政府考核内容，引起全省各地政府部门的高度重视。这也体现了地方党委政府和人大对知识产权工作的重视。二是内容覆盖广。不仅对专利创造、运用、保护、管理与服务等专利实施的各环节的内容均有规范，而且还涉及专利宣传、表彰奖励、专项资金、职务发明奖励、税收优惠、政府采购等各个方面。三是突出重点。针对不同时期，陕西专利工作发展的不同阶段，均有针对性的政策法规出台。如为了推进专利融资，加快专利价值转化，2010年陕西省知识产权局分别与中国建设银行陕西分行、招商银行西安分行签署了《建立中小企业知识产权融资体系战略合作框架协议》，启动知识产权质押融资。同年11月，陕西省知识产权局、银监局、发改委、财政厅、工商局、版权局、中小企业局等七部门联合出台了《陕西省知识产权质押贷款管理办法（试行）》，这是全国首部将专利、商标以及版权合三为一的管理办法，并规定了贷款贴息、评估补贴、尽职免责等政策，有效降低了企业融资成本，解除了银行开展此项业务的后顾之忧。

2. 提升创造质量夯实专利运用的基础

专利创造是推进其他各项专利工作的前提，也是专利运用的基础，专利创造质量对专利运用效果具有重要影响。为此，陕西采取多项措施推动提升专利创造质量，为深化专利运用奠定了较为扎实的基础。其主要举措包括：一是重视发挥企业专利创造主体的积极性。作为市场主体，企业对专利创造非常重视，但其对专利创造的关注点立足于该专利技术能否最终得到转化运用，因此企业的专利创造从一开始就是从市场需求出发，这为其专利转化奠定了良好基础。近些年，陕西企业专利申请量、授权量稳步提升，在全省专利申请授权量的占比逐年提升。二是积极开展专利导航，为提升专利创造指明方向。通过建立专利信息分析与产业运行方向深度融合、专利创造能力与产业创新高度匹配、专利布局对产业竞争力充分保障的工作机制，专利导航能有效地将专利运用嵌入产业发展、产品研发和市场创新之中，推动产业向高端迈进。三是大力支持专利技术的孵化。早在 2005 年，陕西就设立了专利产业化孵化专项资金，旨在围绕省内优势产业和新兴产业，挖掘支持优秀专利项目，促进专利技术的孵化转化，形成一批具有自主知识产权、富有市场竞争力的企业、产业和品牌，发挥专利对经济社会发展的推动作用。为发挥专利产业化孵化计划的引导作用，参照中央和陕西省产业发展政策最新动态，每年修订《项目申报指南》。经过项目征集、专利检索、材料初审、现场考察、专家评审、局务会讨论及项目公示等环节，与省财政厅联合下达计划，项目实施期两年。在该计划中，注重对四类项目进行支持：第一类是装备制造、电子信息、能源化工等陕西传统优势产业新型工业化项目；第二类是新材料、新能源、新一代信息技术等战略性新兴产业项目；第三类是绿色经济、低碳经济、循环经济相关项目；第四类是特色鲜明、集群性发展、可促进区域经济壮大的项目。2011—2014 年，专利产业化孵化计划共支持项目 142 项，含有效授权专利 416 件。这些专利项目，大部分创新程度高、市场前景好，资源消耗低、综合效益佳，有望形成产业规模。

3. 强化对专利运用的金融支持

积极开展知识产权质押融资工作，基本形成了"政府牵线、银企互动"的良好局面。陕西省知识产权局等七部门制定颁发了国内首个涵盖专利、商标、版权的《陕西省知识产权质押贷款管理办法（试行）》，推动包括专利在内的知识产权质押融资。该办法通过发挥政府在专利信贷中的主动作用，让符合市场前景的专利技术及时获得贷款，并且在专利运用的方向、贷款用途等方面降低门槛，激发了专利权人的贷款积极性。同时，通过设立专项基金补偿专利信贷中的金融风险、加大各级政府对项目资金扶持、专利质押贷款贴息等增强金融机构放贷信心，进而打通了金融支持专利运用的难点、痛点。

4. 改善促进专利运用的市场服务条件

专利转化具有较强的专业性，需要既懂技术又懂市场运营还懂法律政策的复合型人才或机构。因此专利转化的兴盛发达离不开中介服务市场的兴起。对此，陕西连续多年实施专利代理能力倍增计划，加大引进力度，一批国际化、高端化的知识产权服务机构落户陕西。截至 2019 年年底，陕西全省专利代理机构发展到 115 家，执业专利代理师增加到 342 人，促进专利运用的市场服务条件得到较大改善。同时创新服务模式，通过设立知识产权特派员，组建知识产权讲师团等方式，进一步完善服务体系，拓展服务的深度和广度。

此外，还不断提升代理人和代理机构服务质量，通过举办国家专利复审委来陕复审、邀请国家专利机构高水平工作人员来陕授课等方式，促进代理机构和代理人能力提升。举办了全国专利代理人资格考试考前培训班（西安），承办专利代理人资格考试工作（西安考点），积极发展代理新生力量，促进行业规模化、专业化发展。进行专利代理机构年检，通过年检规范和指导代理机构相关工作。就其中的一些特色做法来说：一是通过召开全省专利代理工作年会，邀请审查员开展专业技术调研、组织与企业对接座谈活动等方式提升专利综合服务能力；二是通过制订《陕西省知识产权展示交易平台建设方案》、追踪产业发展动态，实施企事业单位专利信息利用促进工程，开展专利分析预警工作、培养专利信息利用专业人才等方式加强专利信息传播利用与信息化建设；三是探索实施知识产权托管工程。

5. 加快培养标准必要专利

标准是专利运用的高级阶段，是专利技术运用从产品到产业乃至行业的升级。将专利升级为标准，将实现对更大市场的控制。为此，陕西积极采取措施推动标准必要专利的培养。2017年《陕西省人民政府关于建设知识产权强省的实施意见》指出要"开展标准必要专利布局"。还印发《陕西省标准化突出贡献奖管理办法》（以下简称《办法》）；《陕西省标准化条例（草案）》（以下简称《条例》），经省政府常务会议和省人大财经委审议通过。《条例》和《办法》中，对标准中涉及知识产权的保护给予明确规定，对知识产权有效转化为标准并实现产品化、产业化的，提出了具体的奖励扶持办法。

三、陕西专利运用基本状况考察

本研究在文献综述的基础上形成专利运用、创新驱动发展能力的基本评价指标，通过统计年鉴以及政府公报上的相关历史数据，对这一指标体系的结构效度进行验证。数据主要来源于：国

家统计局网站上公布的统计年鉴、陕西省历年统计年鉴以及政府
网站公布的《统计公报》。

(一) 专利运用的基础分析

1. 专利申请与授权数量

表3列出了陕西省有数据统计以来的专利申请数量和专利授
权数量，同时列出了全国平均水平。

表3　陕西省1995—2013年度专利申请与专利授权数量（单位：件）

年份	陕西申请数量	全国平均申请数量	陕西授权数量	全国平均授权数量
1995	1721	2678.87	1085	1453.68
1996	1790	3314.03	968	1412.26
1997	1811	3684.13	946	1644.9
1998	1723	3935.13	1129	2189.97
1999	1685	4330.29	1569	3230.84
2000	2080	5505.87	1462	3398.23
2001	2326	6566.87	1354	3685.52
2002	2530	8149.39	1524	4270.94
2003	3421	9951.19	1609	5878.26
2004	3217	11 413.13	2007	6136.71
2005	4166	15 363.35	1894	6903.32
2006	5717	18 489.61	2473	8645.23
2007	8499	22 384.42	3451	11 347.81
2008	11 898	26 720.26	4392	13 289.74
2009	15 570	31 506.00	6087	18 773.94
2010	22 949	39 428.58	10 034	26 284.68
2011	32 227	52 688.61	11 662	30 984.29

续表

年份	陕西 申请数量	全国平均 申请数量	陕西 授权数量	全国 平均授权数量
2012	43 608	66 149. 97	14 908	40 488. 32
2013	57 287	76 677. 42	20 836	42 354. 83

注：以上数据由本书作者根据历年来《陕西省国民经济和社会发展统计公报》、陕西省知识产权局发布的陕西省知识产权保护状况及其他相关数据自行统计所得。

图 2 较为直观地显示了陕西省专利申请数量与专利授权数量的比较。从分析来看，陕西省专利申请数量和授权数量在 2001 年以前上升幅度不大，并且申请数量与授权数量没有很大的差距；从 2002 年往后，申请数量与授权数量有了缓步增长。2013 年的专利申请数量远远高于前几年，这说明，陕西的专利制度鼓励创新的效应正在逐步显现。

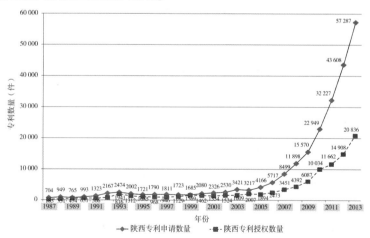

图 2　陕西省 1987—2013 年专利申请与授权数量比较

注：以上数据由本书作者根据历年来《陕西省国民经济和社会发展统计公报》、陕西省知识产权局发布的陕西省知识产权保护状况及其他相关数据自行统计所得。

　　图3较为直观地显示了陕西省专利申请数量与全国平均水平的差距，从分析来看，陕西省专利申请数量与全国平均水平的差距逐年拉大。在2011—2013年，专利申请数量保持了良好的增长势头，但与全国平均水平还有差距。

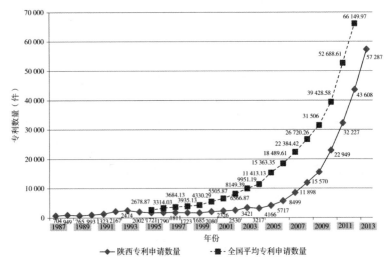

图3　陕西省历年专利申请数量与全国平均水平比较

　　注：以上数据由本书作者根据历年来《陕西省国民经济和社会发展统计公报》、陕西省知识产权保护状况及其他相关数据自行统计所得。

　　图4较为直观地显示了陕西省专利授权数量与全国平均水平的差距，从分析来看，陕西省专利授权数量与全国平均水平的差距逐年拉大，而且这种差距还有进一步增大的趋势。

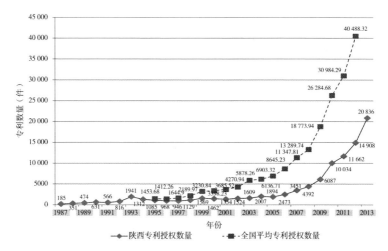

图 4 陕西省历年专利授权数量与全国平均水平比较

注：以上数据由本书作者根据历年来《陕西省国民经济和社会发展统计公报》、陕西省知识产权保护状况及其他相关数据自行统计所得。

2. 专利效率与专利强度

专利效率指的是每亿元 R&D 经费专利产出，专利强度指的是每亿元 R&D 专利授权数量。

图 5 显示了陕西省 2000—2012 年专利效率和专利强度变化的基本趋势：效率逐年提高，而强度变化趋势较为平缓。

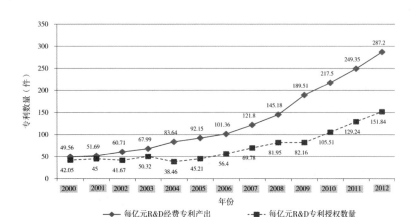

图 5 陕西专利效率和专利强度变化趋势（2000—2012）

注：以上数据由本书作者根据历年来《陕西省国民经济和社会发展统计公报》、陕西省知识产权保护状况及其他相关数据自行统计所得。

3. 专利结构

专利结构主要指的是专利申请和授权中三种专利（发明专利、实用新型和外观设计）所占的比例。其中，发明专利授权数量表征地区年度技术创新优势成果的数量。

（1）陕西省三种类别的专利申请量、授权量的比较

图 6 显示了陕西省 1987—2013 年专利申请的基本结构，从图中可以看出，伴随着发明专利申请总量的大幅提升，陕西专利结构在逐步优化，发明专利申请总量逐年增加。

图 7 显示了陕西省 1987—2013 年专利授权结构变化的基本趋势，从图中可以看出，陕西专利授权结构还有待进一步优化，实用新型专利授权的比例过大，发明专利授权的比例有待进一步增加。

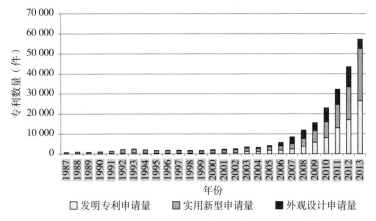

图6　陕西省1987—2013年专利申请结构变化趋势

注：以上数据由本书作者根据历年来《陕西省国民经济和社会发展统计公报》、陕西省知识产权保护状况及其他相关数据自行统计所得。

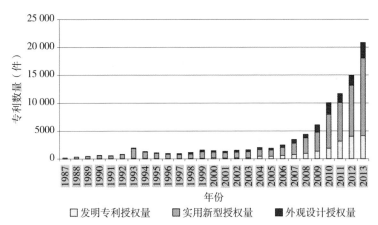

图7　陕西省1987—2013年专利授权结构变化趋势

注：以上数据由本书作者根据国家与陕西省国民经济和社会发展统计公报以及国家知识产权局、陕西省知识产权局等部门网站发表的相关信息自行整理。

（2）陕西发明专利申请量、授权量与全国水平的比较

表4列出了陕西发明专利申请、专利授权占比与全国水平的比较，较为直观地显示了陕西在专利申请、授权等方面的一些特征。从发明专利申请占比来看，2003年以前，陕西的发明专利申请量占比低于全国平均水平，2003年以后，有些年份高出了全国的水平，而2009年以来则一直高于全国平均水平。就发明专利授权量占比来说，也存在大体相同情形，自2009年以来，陕西发明专利授权量占比一直不低于全国平均水平。

表4　陕西发明专利申请、专利授权占比与全国水平的比较（单位:%）

年份	发明专利申请量占比		发明专利授权量占比	
	全国	陕西	全国	陕西
1995	26.00	18.00	8.00	5.00
1996	28.00	18.00	7.00	4.00
1997	29.00	19.00	7.00	4.00
1998	29.00	20.00	7.00	5.00
1999	27.00	22.00	8.00	6.00
2000	30.00	21.00	12.00	13.00
2001	31.00	20.00	14.00	10.00
2002	32.00	27.00	16.00	10.00
2003	34.00	35.00	20.00	11.00
2004	37.00	34.00	26.00	23.00
2005	36.00	41.00	25.00	23.00
2006	37.00	32.00	22.00	24.00
2007	35.00	28.00	19.00	22.00
2008	35.00	32.00	23.00	22.00
2009	32.00	38.00	22.00	22.00

续表

年份	发明专利申请量占比		发明专利授权量占比	
	全国	陕西	全国	陕西
2010	32.00	35.00	17.00	19.00
2011	32.00	40.45	18.00	27.00
2012	32.00	39.00	17.00	27.00

注：以上数据由本书作者根据历年《中华人民共和国国民经济和社会发展统计公报》《陕西省国民经济和社会发展统计公报》及国家知识产权局、陕西省知识产权局等部门网站发表的相关信息自行整理。

上述情况说明陕西近几年专利创造能力有了较为明显的提升。按照国家知识产权局《2013 年全国专利实力状况报告》中的排名，陕西 2013 年专利创造实力指数在全国排名第七位，较2012 年上升 1 位，在西部地区连续排名第一。

(二) 陕西专利转化情况

近几年陕西积极开拓创新，不断发展专利运用的新途径，专利融资数额不断增加。但总体而言，相较于专利创造实力，陕西专利运用实力相对较弱。2013 年陕西专利运用综合实力在全国排第 15 位。一些重要的专利转让评价指标不佳，如专利权申请与专利转让数量在 2013 年为 1134（件），刚好是全国的平均数，在全国排第 15 位。进入产业化专利比例为 16.21%，虽比 2012 年的13.7% 有所提高，但均分别低于全国平均数 26.5%、21.8%，纵向比较与全国平均数差距还有拉大的趋势。至于高技术产业每件有效发明专利实现新产品销售收入指标更是排在全国的 23 位，较 2012 年落后两位。但是，陕西专利奖指数排名靠前，居全国第 9 位。所以，陕西专利运用的最大问题在于产业化程度不高，专利价值转化程度不高。

四、陕西专利运用的外部环境

除专利申请量、授权量、专利结构、专利效率、专利强度等内部因素外，法治环境、管理环境、服务环境等外部因素对陕西专利运用也有重要影响，因此有必要结合相关数据进行具体分析。

（一）法治环境

2013 年陕西专利保护综合指数居全国中游水平，排名在第 15 位，与 2012 年相比没有变化。其中相对比较突出的数值包括：

1. 案件司法审理情况

2013 年法院新收一审知识产权民事案件量在全国排名没有变化，仍居第 28 位，但收案数量有所下降。从 2012 年的 138 件，下降为 51 件。受理专利侵权，其他纠纷与法院新收一审专利民事案件数量比（296%）远高于同期全国平均水平（48.21%），连续两年居全国第一。由此说明陕西专利纠纷已进入爆发期。通过对西安市中级人民法院网站公布案例随机抽取 5 个，发现其中有 3 个是关于外观设计纠纷，1 个关于实用新型纠纷，1 个关于发明专利纠纷（原告撤诉，没有进入实质审判）。这 5 个案子的被告均是陕西本地企业，而且多为销售企业，即基于销售专利侵权商品获利行为而受到处罚。从中可以看出，一方面，陕西本地企业法律意识淡薄，以为销售他人制作的专利侵权产品是与自己无关的；另一方面也可以看出，国内其他地方的企业，尤其是专利发达地方的企业的专利保护法律意识比较强。不仅有维权意识，而且有运用专利设置专利壁垒的意识，其专利运用能力显然较高。此种情况应当引起陕西本地企业的高度警惕。

2. 案件行政处理情况

（1）调处专利侵权及其他纠纷结案数量有了大幅提高，由2012年的24件上升为2013年的86件，高于全国平均数61件，居第11位。

（2）查处假冒专利结案量，展会执法案件量也有较大幅度增长，由2012年的109件上升为2013年的318件，高于全国平均数166件，居第11位。

上述（1）（2）数据说明陕西专利行政执法保护能力比较强，有助于化解矛盾。

（3）跨部门、跨地区执法数较低，由2012年的13件下降为2013年的7件。

（4）执法条件有较大改善，执法条件指数从2012年的全国排名第30位提升到2013年的第16位。但地方局执法条件还低于全国平均水平，需要进一步完善。

（5）维权援助与举报投诉指数由2012年的全国第26位上升为2013年的第22位。

（二）管理环境

2013年陕西知识产权管理实力指数有了较大幅度提升，综合实力排名上升了6位，居全国第10位，除了承担国家级项目指数，知识产权工作专项经费指数、机构建设指数、法规建设指数、战略规划指数，国家级示范优势企业指数、当年获专利权企业拥有知识产权管理机构比例等各项管理指标监测值均有不同幅度的上升。特别是法规建设指数，从2012年的全国排名第21位，上升至2013年的第8位。仔细分析可以发现，陕西承担国家级项目指数已经较高，2013年居全国第10位，2012年居全国第7位，上升空间相对有限。

（三）服务环境

陕西近年来不断改善专利服务，全国专利实力指数虽暂居第十三位，但是 2013 年专利服务综合实力排名上升了 6 位，排名上升幅度居全国第一。专利代理人数量、机构增幅均不大、专利代理率（75.7%）排名有较大上升，居全国第二位，远超出全国专利代理率平均水平（58.9%）。即使纵向比较，在全国专利代理率下降的情况下，陕西专利代理率还是处于上升趋势。这说明，陕西专利代理业务数量有所增加，但代理力量没有相应扩大。此外，专利电子申请率指标稍有上升，由 87.9% 上升为 90.4%，排名没有变化，仍居全国第六位。

第三节　陕西专利运用存在的不足

产学研结合不紧密，重研发、轻转化是我国专利运用中存在的痼疾，也是陕西经济发展中长期存在的问题。从上面的描述可以看出，陕西省专利工作的确取得了很大成效，各项指标突飞猛进，通过专利运用推进陕西创新经济发展有了很大进展。可是，与相对比较突出的专利创造能力而言，陕西在专利运用、保护、管理、服务等方面虽有较大改善，但在全国只是处于中游水平，尤其是专利运用转化是陕西专利运行中的一个短板，直接限制了陕西创新资源、创新成果向现实生产力的转化，制约了陕西创新驱动发展进程和创新驱动发展能力的提升。

一、专利质量不高导致运用效率低

相对于专利创造能力而言，陕西的专利运用效率不高。以代表陕西专利创造水平的高校为例，2002—2021年以来"陕西高校专利转让次数总数为9741次，平均转让率为4.47%，整体处于一个较低的水平"❶，表明陕西产学研结合的组织形式松散、专利交易活动不活跃，特别是大专院校和科研单位的研发方向需要进一步与技术前沿和市场需要相结合。

造成专利转移比重小的原因是多方面的，而专利质量和专利结构有待优化无疑是首要因素之一。发明专利、核心技术专利、有市场前景的优质专利比例还较低。有些指标，如每万人口发明专利拥有量尚未达到全国平均水平。按照国家知识产权局发布的《2013年中国知识产权发展状况》公布的信息，截至2013年年底全国每万人口发明专利拥有量为4.02件，但陕西省2013年每万人口发明专利拥有量仅为3.86件。这一指标虽然高于西部地区平均数1.6件，高于中部地区平均数1.8件，也高于东北地区平均数2.8件，但较东部地区平均数7.7件仍有较大差距，与广东、浙江、江苏等专利强省相比仍相距甚远。

其次，专利储备不足也是导致转移运用效率较低的原因之一。陕西省企业重专利实施，轻技术储备，专利运用方式单一。研发追求眼前利益，不重视具有市场潜力或技术超前的重大技术，长远利益谋划不足，致使专利储备不足，发展潜力不强。

再次，专利维持时间短造成专利产品市场竞争力弱。一般来说，专利权维持有效时间与其市场价值存在正相关关系，即维持时间越长，表明其创造经济效益的时间越长，相应的市场价值就越高。"专利权维持有效的时间越长，表明其创造经济效益的时间越长，市场价值越高。国家知识产权调查数据显示，国内发明专利中，维持时间大多较短，其中达到10年的有44.0%，而达

---

❶ 张钰诚. 基于专利分析视角的陕西高校科研创新能力分析 [J]. 科技传播，2022 (6)：27.

到 20 年的仅有 3.2%。但国外发明专利维持时间达到 10 年高达82.2%，达到 20 年的也达到 22.8%。"● 但相较于全国平均水平，陕西专利维持时间更短。这一方面反映出省内创新主体掌握的专利以"短平快"为主，核心专利少；另一方面也在一定程度上说明创新主体专利权维持上可能有困难。

又次，企业创新动力不足。陕西国有企业规模总量巨大，本应该发挥自身优势推动科技创新，但由于其可以得到国家从资金到政策上的诸多优惠，很容易利用政策性资源来获取较大利润，再加上国有企业追求速度、扩大投资、追求外延式扩张的偏好，以及技术人员因激励制度困境引发的积极性低下等原因，导致国有企业出现虽有创新能力但无创新动力的局面。而民营企业在行业准入、融资等方面较为困难，虽有创新动力，却心有余而力不足。

最后，由政府出资在研究机构、大学搞科研，再在企业进行成果转化的模式还没有根本改变。其结果是科研机构、高校闭门造车，科研成果往往束之高阁，企业技术创新能力不足，相当一部分企业产品缺乏市场竞争力。尽管开发的高新技术产品不少，但具有国际竞争力的产品不多，一些看似有市场前景的产品没有形成规模效益。❷ 这种模式已经不能与当今世界科技经济的发展相适应。高新技术产业带动作用小，传统产业改造提升动力不足，这势必造成科技优势与经济落后的反差。有资料较为深入地分析了其中的原因："统计数据显示，企业有效专利已维持年限主要分布在 3 年至 8 年，高校主要分布在 2 年至 4 年，表明高校

---

❶ 于大伟. 有效发明专利比例提高 但专利维持时间较短 [N]. 中国知识产权报，2009-07-29 (9).

❷ 苏源泉，陈寒凝，孙晓娜. 基于十八大精神的陕西创新驱动发展战略路径研究 [J]. 陕西行政学院学报，2013 (4)：89.

创新与市场联系的紧密程度不如企业。造成这一现象的原因是，高校获得自主知识产权的经济利益诉求不高，进入市场的渠道不畅，高校创新与经济结合的问题仍未得到有效解决。但高校专利中不乏有重大价值和良好市场前景的专利，如在环境技术、生物技术和医学技术领域，高校所占比例分别达到国内职务有效发明专利的41.6%、41.3%和39.9%，占据优势。"❶

二、转化运用不足降低了专利产品的经济贡献率

第一，专利运用收益低。调查发现，陕西企业专利运用的收益水平大体分布在三个区间：不足5万元，10万~30万元和100万~500万元，而收益水平超过500万元的比重不足10%。这说明陕西企业中技术含量高、附加值高的核心专利少，企业通过实施专利创造经济效益、支撑和引领经济社会发展才刚刚起步。尤其是以高新技术为代表的专利产业推动陕西创新经济发展的幅度还有待提升。

第二，专利产品对经济效益的贡献度逐步降低。以2018年为例。该年度陕西技术合同交易额达到1125亿元，位居全国第四。但其中的知识产权类技术输出合同成交额仅为225.03亿元，占该年度总技术输出合同总成交额的19.97%，而专利合同成交额37.74亿元，仅占技术输出合同成交额的3.35%。这充分说明陕西的知识产权类科技成果转化率本身不高，尤其是专利类技术成果的转化率非常低。

三、促进专利运用的平台有待强化

陕西科技资源富集，但属于典型的"二元"结构，分散分布

---

❶ 于大伟. 有效发明专利比例提高　但专利维持时间较短 [N]. 中国知识产权报, 2009-07-29 (9).

于中央和地方、军工与民用、高校院所与企业之间，导致在运用中存在许多障碍，尤其是如何在不同创新主体、市场主体之间建立起有效的转移转化平台成为能否推进专利顺畅转化的关键。一方面，不同主体之间的信息封闭，导致以高校院所为代表的科学技术创新主体不关心、不关注市场对技术的现实需求，许多高校院所的科技创新成果形成之后往往被束之高阁，由"成果"沦为"陈果"。另一方面，作为市场主体，企业固然对市场需求非常敏锐，但陕西企业的创新能力、创新水平、创新资源与高校院所之间还是存在较大差异，重大技术革新和突破"卡脖子"关键技术还存在实力不足的情况。于是就出现许多专利权人在实施专利时找不到实施对象，而有投资意向的人也找不到合适专利项目的现象。专利交易渠道不畅，中介组织服务缺位，严重制约了专利技术的推广实施与产业化，而创新供给与市场需求之间缺乏有效的平台支撑导致陕西始终无法从一个创新创造大省向经济强省转变。

四、专利服务水平亟待提高

一是知识产权服务业法人单位数量少，分布不均衡，行业总体规模小。截至 2020 年，陕西知识产权中介代理机构 115 家，但 90% 以上分布在西安以及西安周边地区。这些中介代理机构从业人员少、规模小，主要经济指标，如年营业收入、主营业务收入、营业利润等重要指标均处在全国"下游"水平，与北京、浙江、广东等发达地区差距较大。

二是知识产权中介机构的服务层次低，商用化和咨询服务能力弱。提供的服务内容主要是代理企业申请专利、商标等低层次业务，专利评估、价值分析、交易、转化、质押、投融资、运营、托管等商用化服务能力弱，特别缺乏为企业提供专利战略分析及产品市场战略、风险评估和预警等高端的咨询服务。专利服务与科技成果的创新转化结合不够，专利产出率和市场化率低。

三是从事专利服务专门人才缺乏也是一个重要因素。专利运用人才既包括企事业单位内部的专利管理人员，也包括中介机构的专利工作者。专利运用的人才数量少、素质不高，特别是促进专利运用的复合型人才匮乏，制约着专利运用水平的提升。

五、促进专利转化的知识产权法治环境尚需健全

一是专利执法体制仍有待理顺。2018 年国家机构改革之前，专利行政管理机构的执法性质并不明确。原《专利法》第 3 条之规定明确了国务院管理专利工作部门的性质为行政机构，但未明确各省、自治区、直辖市及县（区）级人民政府管理专利工作部门的性质，带来了现实中各基层管理机构性质的混乱。《专利法》及其实施细则规定的"管理专利工作的部门"也未涵盖市、县人民政府管理专利工作的部门。2018 年机构改革以后，原知识产权局被整合进市场监管局，成为市场监管局下属的二级局。从执法职能而言，专利、商标、地理标志的执法权就由市场监管局统一行使。但从国家到省一级的实际情况来看，原知识产权局仍独立办公，原有的执法部门依然存在并发挥执法作用。这就与市场监管本身的执法机构存在并列情形。而在市级以及区县层面，许多设区的市、县区等并没有独立的知识产权机构，有的甚至设立在科技局等其他部门内。于是，在目前的知识产权机构内部，上下之间就可能存在执法体制尚未完全理顺的情形，这对于执法职能的发挥造成不利影响。

二是事前保护、事中保护、事后救济之间的协同度较差。就目前来看，对于事后保护与救济关注较多，而对正在进行的专利违法活动查处难度大，对于建立事前预防与保护机制更不完善，

许多企业以及高校院所、服务机构并没有强烈的事前预防意识，也没有采取相应的保护措施，从而造成专利运用中存在重大法律风险。

三是在两法衔接方面，专利行政管理机关参与调解处理的范围还需要扩大，法律效力有待进一步加强。《陕西省专利条例》规定了六类专利纠纷可以通过行政调解予以解决，但其效力有待于当事人的认可，一旦当事人不认可，则其调解就没有效力。这种调解虽极大尊重了当事人意志，但没有与行政管理效率相结合，容易造成行政资源的浪费。要加大行政机关对专利纠纷的处理和干预，并积极与司法部门沟通，加强两法衔接，确认行政调解的可执行范围与法律效力，提高行政行为的效率。

第四节　提升陕西专利运用效能的对策建议

提升专利运用效能是加快创新驱动发展的关键，这既需要提高站位、强化顶层设计，又需要从制度建设、平台搭建、完善评价体系、强化法治环境等方面持续发力，提供有助于加快专利运用的知识产权治理环境。

一、强化宏观引导和顶层设计

深化专利运用，提升陕西创新驱动发展能力是一项系统工程，需要统筹规划，坚持以高质量发展为主题，以建设知识产权强省为统领，深入实施知识产权强省战略，深化专利运用，以提升专利实力助推陕西创新驱动发展为总目标，整合各方资源，协同解决专利运用中存在的现实问题，不断提升专利质量，加快专利价值转化，为确保将陕西建成创新型省份提供有力支撑。为此要：

第一，各级政府既要认识到提升创新驱动发展能力对于推动陕西经济结构调整和经济升级转型的重大意义，也要深刻认识到当前深化专利运用对提升陕西创新驱动发展能力的重要作用和重大意义，从而将深化专利运用、推进创新驱动发展作为当前工作的重要内容。

第二，要从服务"建成创新型陕西"的大局出发，围绕深化专利运用提升陕西创新驱动发展能力这一主题进行顶层设计。一方面，围绕如何深化专利运用提升陕西创新驱动发展能力这一主题尽快制定政策文件等专题文件，为全省推进该工作提供政策依据；另一方面针对陕西专利运用中存在的不适合创新驱动发展要求的问题，对全省专利法规、政策文件等制度进行必要的立改废释，从而形成有助于专利运用的制度体系，为深化专利运用推进创新驱动发展提供良好的制度环境。

第三，在发挥现有的省知识产权工作协调领导小组作用基础上，联合立法机关、司法机关，形成由各级政府主要领导负责，相关行政职能部门积极参与、相互配合的工作局面，为深化专利运用提供必要的人员、机构、资金等保障。

二、健全政策法规体系

按照国家实施创新驱动发展战略总要求，围绕建设创新型陕西总目标，对省内相关法规规章进行清理。其中的主要工作在于：

第一，在立法目的方面，加强专利运用与创新驱动发展的联系，为深化专利运用推进创新驱动发展提供法律保障。

第二，在立法原则方面，通过对专利运用中存在的不利于创新驱动发展的突出问题，修改立法，切实发挥专利法规激励创新的功能。要特别重视立法从激励专利创造数量向激励专利质量提升的转变，从激励专利成果的拥有向激励专利价值实现转变，从激励短期利益到激励专利长期维持转变，从质量、实效、储备三个方面增强陕西专利实力，为推进陕西创新驱动发展奠定基础。

第三，在立法内容方面，加强对实现创新驱动发展急需领域的立法工作。如就加强推进专利转移转化方面的立法而言，应当修改和完善地方法规，促进省内专利成果的商业化应用和产业化活动，充分发挥市场在科技成果转化中的决定性作用，建立科技成果转化市场导向机制和利益分配机制；加大省内科技成果转化的财政性资金投入，引导社会资金投入，推动建立多元化的科技成果转化资金投入体系；加强地方财政、税收、产业、金融、政府采购等政策协同，增强和优化科技成果转化公共服务，为科技成果转化创造良好环境；加强陕西省专利评估办法和相关交易政策，培育省内或引进省外有资质、高水平的专利等无形资产评估机构和专业交易服务机构。

三、完善专利质量评价体系

第一，全面建立以考察专利质量为核心的专利工作评价指标体系。在充分发挥"每万人口高价值发明专利拥有量"指标引领作用的基础上，结合陕西经济与专利工作的发展水平，确定具体评价指标体系，逐步将发明专利申请量占比、发明专利授权率、PCT专利申请量、专利维持率、未缴纳申请费视撤率、视为放弃取得专利权率等指标纳入区域专利工作评价指标体系。党的十八大以来，陕西首次将专利申请量和授权量列入省对市（区）的年度目标责任考核体系，这无疑是一个重大进步，体现了省和各市（区）政府对专利工作的重视。但随着高质量发展和建设知识产权强省目标的提出，简单考察专利申请数和授权数已不能满足实践需要。因此，建议在对省内各级政府的年度目标责任考核体系中建立以考察专利质量为核心的专利工作评价指标体系，并逐步将该体系推广到立法、行政、司法以及企事业单位专利工作的方方面面。

第二，将专利质量评价指标体系标准化，探索制定专利质量评价认证标准制度。这在国内外都属于探索性工程。建议结合国际国内产品认证标准以及专利质量的构成要素，参考企业知识产权管理规范，在省内或者向国家局建议制定专利质量评价认定标准，作为考核企业、科研院所专利质量状况的依据。

第三，落实和细化《陕西专利条例》相关规定，推动专利质量评价与其他相关政策相结合，为提升专利质量提供更广泛的政策支撑。采取试点探索、分类推进的方式，积极推动将专利评价与科技研发、产业化、企事业单位创新能力评价，人才引进及职称评审等涉及专利考核评价的政策和项目相结合，将专利质量以及专利价值实现作为考察重点。

第四，充分利用西安建设国际化大都市这一契机，探索建立与三星等国际跨国公司交流合作计划，提升陕西国际专利申请水平和省内企业的国际竞争力。

第五，探索建立激励专利维持计划。根据企业、高校与科研院所在专利维持方面的不同特点，分类实施。对企业而言，核心是通过提升专利质量延长维持时间；对高校而言，核心是将市场化原则落实在专利创造、专利评价及相关政策中，通过激励专利转化和价值实现提升维持率，同时对有市场前景的专利给予减免维持费用。

四、加快运营平台建设

一是以专利信息深度加工和专利技术价值分析为基础，以

"盘活存量、增值增量"为目标,以"联合共建、汇集资源"为手段,打通专利供求链条,并将专利导航产业、导航项目、导航科研等业务有机融入平台应用。

二是利用市场机制和部门协作、联合共建的方式汇集各类专利运营与服务资源,进行专利挖掘、托管、收储、集成、营销、后续服务,实现专利价值增值和产业创新驱动的协同融合发展。

三是以运营平台为支撑,引导企业之间、行业之间的专利池建设。通过相互授权,加强专利的利用率,同时建立起协同保护体系。

五、强化促进专利运用的法治环境

第一,继续加强省内各市区(县)专利行政管理机关机构设置,充实专利行政执法力量。

第二,与省内司法机关沟通,加强两法衔接,确认行政调处的可执行范围与法律效力。

第三,加强事前、事中和事后专利保护的协调。前移专利保护关口,开展重点行业专利预警,推动战略新兴产业专利布局,引导建立专利联盟,启动重大经济科技活动专利评议工作;专项检查与日常检查相结合,加强执法力度,积极开展专利维权援助,保护企业合法权益;完善事后救济措施,创新救济办法,加大惩处专利违法犯罪行为力度。

第四,发挥行业力量、社会中介机构力量参与专利行政执法,从而形成专利联合保护机制。

六,建设高品质专利服务体系

第一,针对专利服务机构"少、小、弱、偏"的现状,加快发展专利代理服务业。按照市场导向,以新兴产业、支柱产业专利代理为重点，继续实施专利代理人助理计划，加快发展专利代理机构。一方面，引导服务机构数量扩张。在积极培育本省代理机构的同时，大力引进省外甚至海外高水平专利代理机构参与本省市场竞争；另一方面，促进服务质量、水平和国际接轨。

第二，提升专利中介机构的商用化服务能力，积极开展高端咨询服务业务。支持有实力的中介机构积极开展专利评估、价值分析、交易、转化、质押、投融资、运营、托管等商用化服务以及专利战略分析和产品市场战略、风险评估、预警等高端咨询服务。

第三，培育和发展专利质押融资服务业。总结陕西省实现知识产权融资破冰的经验，进一步完善《陕西省知识产权质押贷款管理办法（试行）》，推动建立以金融机构、创业投资公司为主的专利投融资体系，引导各类信用担保机构为其提供担保服务，探索建立质押融资风险多方分担机制；采取政府补贴相关费、息的办法，支持拥有自主知识产权的新兴产业和支柱产业的企业发行企业债券，创造条件打造面向社会的专利证券、保险、基金、信托等多样式专利金融产品，促使更多企业尝试和享受知识产权融资之惠。

第四章 知识产权服务促进科技型
中小微企业创新发展

　　科技型中小微企业"普遍具有科技含量高、知识产权依赖性强的特征"❶，是推动创新驱动发展的重要力量。党的十八大报告提出"要支持小微企业特别是科技型小微企业发展"，党的十八届三中全会指出要"改善科技型中小企业融资条件，完善风险投资机制，创新商业模式，促进科技成果资本化、产业化"❷，习近平总书记在党的十九大报告中进一步指出，建设创新型国家需要"加强对中小企业创新的支持，促进科技成果转化"。专利、商标、技术秘密等知识产权是科技型中小微企业的最重要资产，更是其核心竞争力的体现，发挥知识产权在科技型中小微企业研发创造、市场竞争、维权保护、融资担保等方面的支撑作用，就是要提升知识产权服务能力，进而提升科技型中小微企业的自主创新能力、核心竞争能力、持续发展能力。

---

❶ 李方毅，郑垂勇. 国外知识产权促进科技型小微企业发展的经验与借鉴 [J]. 科学管理研究，2015（5）：117.
❷ 中共中央关于全面深化改革若干重大问题的决定 [EB/OL].（2013-11-15）[2022-09-14]. http://www.gov.cn/jrzg/2013-11/15/content_2528179. htm.

第一节 知识产权服务促进科技型中小微企业 创新发展的理论基础

科技型中小微企业虽然是一个不断发展的概念，在不同历史时期和不同地域对其认定条件不完全一致，但是知识产权资产占比较高无疑是其典型特征。知识产权运用能力是科技型中小微企业实现创新发展的关键，提升科技型中小微企业知识产权运用能力须强化知识产权服务。

一、科技型中小微企业是国家创新发展的重要力量

科技型中小企业主要从事高新技术产品研发、生产和服务，是我国国民经济和社会发展的重要力量，在提升科技创新能力、支撑经济可持续发展、扩大社会就业等方面发挥着重要作用。据统计，国内中小企业完成了 70% 以上的发明专利，提供了 80% 以上的城镇就业岗位。❶ 按生产要素在生产过程中所占比重，科技型中小微企业属于技术密集型、知识密集型、信息密集型的实体。党十九大报告提出："从 2020 年到 2035 年，在全面建成小康社会的基础上，再奋斗十五年，基本实现社会主义现代化。到那时，我国经济实力、科技实力将大幅跃升，跻身创新型国家前列。"❷ 企业是市场的主体，也是国家技术创新的主体，企业的创新活力和创新能力直接关系到经济发展的总体质量。长期以来，在党中央国务院和各部门、各地方的大力支持下，科技型中小企

---

❶ 牛乃喜. 专精特新：就业添动力 民生聚合力 [N]. 陕西日报，2022-09-12 (2).

❷ 习近平. 决胜全面建成小康社会 夺取新时代中国特色社会主义伟大胜利 [EB/OL]. (2017-10-18) [2022-09-14]. https://www.12371.cn/special/19da/bg/.

业取得了长足发展。但我国科技型中小企业仍然普遍面临创新能力有待加强、创业环境有待优化、服务体系有待完善、融资渠道有待拓宽等问题。因此，需要进一步凝聚各方力量，培育壮大科技型中小企业群体，带动科技型中小企业走创新发展道路，为经济社会发展提供重要支撑。

二、科技型中小微企业的概念与认定

(一) 中小微企业的概念渊源：企业、中小企业、小微企业、中小微企业

"企业是一种经济组织，它把生产要素（如资本、劳动、生产资料等）集合在一起并由此生产出产品和劳务，是追求利润最大化的经济组织系统。"❶

按照不同的标准，企业可以分为不同的类型。如按照所有制性质不同，可以分为国有企业、集体企业、私营企业等；按照公司法人治理结构，可以分为独资企业、合伙企业、公司制企业等；按照投资主体的国民性来分，可以分为内资企业、外资企业等；按照产业种类可以分为工业企业、农业企业、商业企业等；按照企业规模，可以分为大型企业、中型企业、小型企业、微型企业等。

为了便于国家宏观经济政策调控，加强对企业管理，新中国自成立之初就对企业规模进行了划分，但在不同时期大中小型企业划分的标准与指标不完全相同。如新中国成立之初，借鉴和参考前苏联有关企业管理经验，按照企业人数将企业分为大型企业、中型企业、小型企业；在 1988 年，又按照产品设计能力或

---

❶ 董学立. 企业与企业法的概念分析 [J]. 山东大学学报（哲学社会科学版），2001 (6)：75.

者固定资产原值等标准将企业分为"特大型、大型一档、大型二档、中型一档、中型二档、小型"等❶。所以，中小企业是一个动态、发展的概念。其中，中小企业是相对于大型企业而言的，指生产经营规模属于中小型的各种所有制和各种形式的企业。

小微企业是小型企业、微型企业、家庭作坊式企业、个体工商户的统称。在国家政策与法律制度层面正式提出微型企业概念的是 2011 年国家工信部、统计局、发改委、财政部联合颁布《中小企业划型标准规定》（以下简称《规定》）。《规定》第 2 条指出，"中小企业划分为中型、小型、微型三种类型，具体标准根据企业从业人员、营业收入、资产总额等指标，结合行业特点制定"❷。该文件对每一种行业的中小微企业标准进行了具体规定。如就农、林、牧、渔业等第一产业而言，"营业收入 20 000 万元以下的为中小微型企业。其中，营业收入 500 万元及以上的为中型企业，营业收入 50 万元及以上的为小型企业，营业收入 50 万元以下的为微型企业。"❸ 可见，人员规模、经营规模是我国划分与认定中小微企业的标准。

由于政策演变，早期相关文件中多使用的是"中小企业"的表述，而自《规定》出台后，出现较多的是"中小微企业"。但是在政策适用对象上，适用小企业的一般也都适用于小微企业，如《国务院关于扶持小型微型企业健康发展的意见》中就指出："充分发挥现有中小企业专项资金的引导作用，鼓励地方中小企

---

❶ 张宝山. 我国中小企业划分的历史沿革 [J]. 时代金融, 2011 (10): 88.

❷ 工业和信息化部, 国家统计局, 国家发展和改革委员会, 财政部. 关于印发中小企业划型标准规定的通知 [EB/OL]. (2013-11-15) [2022-05-15]. http://gxt. shaanxi. gov. cn/xxgkml/48504. jhtml.

❸ 工业和信息化部, 国家统计局, 国家发展和改革委员会, 财政部. 关于印发中小企业划型标准规定的通知 [EB/OL]. (2011-06-18) [2022-05-15]. http://gxt. shaanxi. gov. cn/xxgkml/48504. jhtml.

业扶持资金将小型微型企业纳入支持范围。"❶

2017 年修订的《中华人民共和国中小企业促进法》赋予了微型企业的法律地位，该法第 2 条规定："本法所称中小企业，是指在中华人民共和国境内依法设立的，人员规模、经营规模相对较小的企业，包括中型企业、小型企业和微型企业。"依据上述国内法律制度规定，中小企业与中小微企业是同一概念。中小企业包含了中型企业、小型企业、微型企业。但在我国《企业所得税法》以及《企业所得税法实施条例》中关于小型微利企业与上述小微企业的内涵稍有不同。按照现行税法相关规定，符合以下三个条件才属于小型微利企业：一是资产总额，工业企业不超过3000 万元，其他企业不超过 1000 万元；二是从业人数，工业企业不超过 100 人，其他企业不超过 80 人；三是税收指标，年度应纳税所得额不超过 50 万元。

本书采用《中华人民共和国中小企业促进法》及《中小企业划型标准规定》中对中小微企业概念的界定，并将中小企业、中小微企业以及小微企业视为同一概念而不再进行严格区分。

(二) 科技型中小微企业的概念内涵

1. 理论界对科技型中小微企业的概念界定

目前学界有些研究成果对科技型中小微企业的概念做了研究，但大多都是从字面含义进行界定，如秦瑶等学者认为："科技型小微企业是指从事高新技术研究与开发、高技术产品生产与经营、独立核算或相对独立核算的智力密集型企业，科技企业既具有高新技术的科研开发能力，又具有高新技术产品的生产经营

---

❶ 国务院关于扶持小型微型企业健康发展的意见 ［EB/OL］. （2014-11-20）［2022-09-15］. http://www.gov.cn/zhengce/content/2014-11/20/content_9228.htm.

能力。"❶ 显然，上述概念界定没有揭示科技型中小微企业的本质特征，甚至没有将科技型中小微企业与高新技术企业等概念清晰地区别开来。

2. 现行国家政策中对科技型中小微企业的概念界定

目前国家法律中尚未有对科技型中小微企业的概念界定，但在有些政策文件中对科技型中小微企业的概念进行了说明。如科技部《关于进一步推动科技型中小企业创新发展的若干意见》（国科发高〔2015〕3号）指出，科技型中小企业是指从事高新技术产品研发，生产和服务的中小企业群体。《2017年科技部　财政部　国家税务总局关于印发〈科技型中小企业评价办法〉的通知》对科技型中小企业作出了更为具体的描述与规定。该办法指出，"本办法所称的科技型中小企业是指依托一定数量的科技人员从事科学技术研究开发活动，取得自主知识产权并将其转化为高新技术产品或服务，从而实现可持续发展的中小企业"❷。

现行政策对科技型中小微企业进行了相对规范的描述，揭示了科技型中小微企业的核心特征，同时也有具体条件要求，是当前认定科技型中小微企业的依据。但严格来讲，现行政策只是对科技型中小企业的认定，并没有明确对科技型中小微企业的认定，这就需要依据上文对中小企业与中小微企业关系所做的总结，在借鉴理论与政策规定的基础上，对科技型中小微企业的概念进行规范界定。

---

❶ 秦瑶. 商业银行如何支持科技型小微企业发展［J］. 现代金融，2012（5）：40.

❷ 科技部，财政部，国家税务总局关于印发《科技型中小企业评价办法》的通知［EB/OL］.（2017-5-10）［2022-09-15］. https://www.most.gov.cn/xxgk/xinxifenlei/fdzdgknr/fgzc/gfxwj/gfxwj2017/201705/t20170510_132709.html.

3. 本书对科技型中小微企业的界定

通过查阅文献可以看出，目前政策文件对科技型中小微企业资质要求的条件是多方面的，但其中核心要素是"取得自主知识产权并将其转化为高新技术产品或服务"。所以，科技型中小微企业实质上就是具有一定知识产权比较优势或知识产权潜力的中小微企业，拥有和运用知识产权是科技型中小微企业最基本特征。正因如此，科技型中小微企业对知识产权服务具有天然的需求。

综上，本书认为，所谓科技型中小微企业是指以科技人员与技术骨干为主体，以追求创新为目标，以技术创新成果的产权化、知识产权的资产化、知识资产的效益最大化为途径，通过拥有与运用知识产权从事高新技术领域产品开发、生产、经营和技术（工程）服务，并且在从业人员数量和营业收入数额等指标方面符合国家关于中小微企业划分标准的市场主体。

实践中，科技型中小微企业与高新技术企业容易混淆，很容易将对高新技术企业的政策误认为科技型中小微企业也会享有。为进一步厘清科技型中小微企业概念和实践中对科技型中小微企业的认定，本书将二者的区别稍作总结。

（三）科技型中小微企业的认定

1. 认定依据

科技型中小微企业有两种认定方式，一种是直接认定，一种是企业自主认定。但无论哪种认定方式，都必须符合《科技型中小企业评价办法》（2017）第6条规定的如下基本条件：

（1）在中国境内（不包括港、澳、台地区）注册的居民企业。

（2）职工总数不超过500人，年销售收入不超过2亿元，资产总额不超过 2 亿元。

（3）企业提供的产品和服务不属于国家规定的禁止，限制和淘汰类。

（4）企业在填报上一年及当年内未发生重大安全、重大质量事故和严重环境违法、科研严重失信行为，且企业未列入经营异常名录和严重违法失信企业名单。

所谓直接认定为科技型中小微企业是指，凡符合以上基本条件的企业，若能再满足以下条件之一者可以直接被认定为科技型中小微企业：企业拥有有效期内高新技术企业资格证书；企业近五年内获得过国家级科技奖励，并在获奖单位中排在前三名；企业拥有经认定的省部级以上研发机构；企业近五年内主导制定过国际标准、国家标准或行业标准。

而企业自主申请认定是指，在符合上述四项基本条件的情况下，"根据科技型中小企业评价指标进行综合评价所得分值不低于 60 分且科技人员指标得分不得为 0 分"的企业可以申请自主评价登记为科技型中小微企业。

在直接认定的情况中，有一种情况是"企业拥有有效期内高新技术企业资格证书"可以被直接认定为科技型中小微企业，这就会产生"高新技术企业"认定与"科技型中小微企业"是相同的看法。但事实上并非如此，高新技术企业认定与科技型中小微企业的认定完全不同。一方面，如对高新技术企业而言，要求其高新技术产品（服务）收入占企业同期总收入的比例不低于60%，而科技型中小企业没有此项评价要求，科技型中小微企业只要产品含有科技元素就可以了。也就是说，企业是科技型中小微企业不一定就是高新技术企业。而另一方面，对科技型中小微企业而言，在职工总数、年销售收入、资产总额等方面有条件要求，而高新技术企业没有此项要求。也就是说，高新技术企业不一定是科技型中小微企业。相应的，国家给二者的扶持政策不能相互替代。特别是对高新技术企业的扶持政策是科技型中小微企业并不必然享有的。不能因部分科技型中小微企业属于高新技术企业而享受了相关政策，而忽视对科技型中小微企业扶持政策的特殊性。

2. 拥有和使用知识产权是认定科技型中小微企业的核心要素

从上述《科技型中小企业评价办法》等文件可以看出，拥有自主知识产权是认定科技型中小微企业的关键指标，而且该办法第 7 条明确将科技型中小微企业评价指标具体归为三类：科技人员、研发投入、科技成果，其中的第三类科技成果类评价指标就是指"按企业拥有的在有效期内的与主要产品（或服务）相关的知识产权类别和数量（知识产权应没有争议或纠纷）分档评价"。

上述文件只是国家对科技型中小微企业认定的最基本要求，有些省份则在地方性文件（如表 5 所示）中对科技型中小微企业认定不仅提出拥有一定数量的知识产权，更要求其知识产权运用也要达到一定的标准。而且，一般来说，知识产权综合实力越强的省份，对科技型中小微企业的知识产权运用能力要求越高，这与该省知识产权整体实力和发展要求基本保持一致。

表 5　浙江、四川、河北、陕西关于科技型中小微企业认定对照表

省份	研发人员	研发费用	知识产权拥有	知识产权运用
浙江省	企业从事研发和相关技术活动的科技人员占企业当年职工总数的比例原则上不低于 10%	具有一定的科技创新经费投入并具有持续开展科技创新活动的能力	拥有自主知识产权、专有技术或先进知识	具有基于自主知识产权、专有技术或先进知识获得的产品或服务

续表

省份	研发人员	研发费用	知识产权拥有	知识产权运用
四川省	企业大专以上学历的科技人员占职工总数比例不低于20%	近三个会计年度的研究开发费用总额占主营业务收入总额的比例不低于1%。企业注册成立时间不足三年的按实际经营年限计算	至少拥有1项以上自主知识产权的科技成果、专有技术或先进知识；或者企业近三年承担市（州）级以上科技计划项目1项以上	近三个会计年度的经由知识产权、专有技术或先进知识产生的收入总额占主营业务收入总额的比例不低于20%；注册成立时间不足三年的按实际经营年限计算
河北省	具有大学专科以上学历的人员占企业当年职工总数的20%以上	企业上年度研发投入占销售收入2%以上并具有持续开展科技创新活动的能力	企业具有自主知识产权或专有技术或创新集成能力	企业应将所拥有的自主知识产权或专有技术或创新集成能力形成产品或服务
陕西省	大专以上学历的科技人员占职工总数比例不低于20%	上一会计年度研究开发费用总额占主营业务收入总额的比例不低于2%	至少拥有1项以上自主知识产权的科技成果、专有技术或先进知识	企业开展技术创新形成了自主知识产权、专有技术或先进知识的产品和服务

注：以上内容按照《浙江省科技型中小企业认定管理办法》（2016）、《四川省科技型中小企业调查备案指南》（2012）、《河北省科技型中小企业认定管理办法》（2014）、《陕西省科技型中小企业评价工作指引（试行）》（2018）的相关内容整理。

3. 科技型中小微企业的特点

从以上分析可以看出科技型中小微企业有如下特征：

一是规模小。科技型小微企业人员一般在 10 人到 100 人之间，人员规模较小。此外，许多科技型中小微企业是初创型企业，资产规模小，甚至是一些处于成长期的中小微企业，大多数是轻资产企业，企业资产规模也不大。

二是面临的经营风险大，管理不完善。很多科技型中小微企业"虽然具有独立自主的财务体系，能以自己的经费和财产独立地从事民事活动，承担民事责任，具有法人资格，但一些企业财务制度不完善，缺乏财会信息资料，承受风险的能力差，信用等级低"❶。

三是人员素质相对较高，年龄构成年轻化。在科技型小微企业中，高素质的技术型人才占绝大多数，他们学历高、年纪轻、平均年龄不超过 30 岁，尤其是在电子、通信等行业中，人才年龄结构优势更为明显。较高的人才队伍素质也为科技型企业发展积累了后劲。

四是知识产权资产占比较高。科技型中小微企业基本属于小资产、轻资产企业，很多企业往往就是依靠一项或几项专利技术等知识产权资产谋求发展。因此，科技型中小微企业具有运用知识产权谋求创新发展的巨大潜能，而且对知识产权服务的需求也较大。

三、知识产权运用能力是科技型中小微企业实现创新发展的关键

知识产权运用是知识产权制度的重要组成部分，是企业实施知识产权战略的重要环节之一。对于什么是知识产权运用，大多数研究成果只是依从其字面含义直接使用而很少进行规范性界定。本书认为知识产权运用有广义与狭义之分。从狭义上讲，是指在企业生产、营销中直接实现知识产权价值的过程，如通过专

---

❶ 秦瑶. 商业银行如何支持科技型小微企业发展［J］. 现代金融，2012（5）：40.

利技术实施而提升产品附加值、专利质押融资等；而广义则是从企业知识产权战略角度而言，指企业运用知识产权提升企业市场竞争力的过程，包括知识产权布局、管理、实施等各环节。

本书从广义角度使用知识产权运用的概念，认为科技型中小微企业知识产权运用能力应当从其尊重知识产权意识、知识产权布局、知识产权管理、知识产权实施等多个方面展开，而不能仅仅局限于知识产权在产品或服务中的直接运用。相应的，知识产权运用能力就是科技型中小微企业在生产、营销中运用知识产权实现价值增值，增强市场竞争力的水平。

创新发展是科技型中小微企业区别于一般非科技型中小微企业的关键。科技型中小微企业的创新发展是包括了制度创新、技术创新、文化观念创新等多层次的内容，但最为核心的要素是具有自主知识产权的创新性技术。知识产权是人们的创造性智力成果，是创新技术的法律表达，它不仅关乎企业的发展方向，更关系到企业在市场竞争中的成败。但是，企业要实现创新发展不仅在于拥有一定数量与种类的知识产权，更重要的在于"是否学会合理运用知识产权，切实将知识产权从'概念、技术、理念'的理论知识，转化为能够为企业带来实际经济效益的财产"[1]，转化为企业所具有的市场竞争力。因此，强化知识产权在企业发展中运用的效率，已经成为当前科技型中小微企业面临的重点问题。

四、提升科技型中小微企业知识产权运用能力必须强化知识产权服务

(一) 知识产权服务的概念

知识产权服务是现代服务业的重要内容和关键环节，也是高

---

[1]　刘丽霞. 科技型中小企业知识产权运用研究 [J]. 企业管理，2018 (29)：21-22.

技术服务业发展的重点领域，对科技创新、产业升级、对外贸易和文化发展的支撑作用日益凸显，对形成结构优化、附加值高、吸纳就业能力强的新兴服务业态意义重大。有学者认为："知识产权服务业把创新、研发、制造与营销结合起来，既可以引领新兴产业加快发展，又能推动传统产业转型升级，对国家经济社会发展的促进作用十分巨大。"❶ 但对于什么是知识产权服务的理解，学界有较大差异。其主要原因一方面在于有些研究没有严格区分知识产权服务与知识产权服务业、知识产权服务体系、知识产权服务支撑体系等概念，而是将知识产权服务与后者相等同；另一方面在于知识产权服务乃至服务本身所涉及的主体、范围、功能等都非常广泛，而有些研究成果对知识产权服务做了狭窄的限定，从而使得概念不周延。

1. 关于知识产权服务的不同观点概述

谢顺星等人认为知识产权服务就是知识产权代理与咨询："知识产权服务就是为客户提供知识产权事务相关服务的行业。从总体来说，其无外乎属于知识产权代理和知识产权咨询两大门类。"❷ 张鹍进一步指出，知识产权服务就是一种信息咨询服务："知识产权服务业可以为国民经济中各产业的技术研发提供信息咨询、专利代理、专业商业化等服务，其中，信息咨询和专业商业化尤为重要。"❸

郭罗生则认为知识产权服务是包括服务机构与社会组织在内的服务业形态，即"以知识产权法律为基础，为知识产权产出

---

❶ 邓社民. 知识产权服务业发展支撑体系研究 [M]. 北京：中国社会科学出版社，2014：4.

❷ 谢顺星，瞿卫军，穆宏平. 知识产权服务业浅析 [N]. 中国知识产权报，2011-07-22 (8).

❸ 张鹍. 中国发展知识产权服务业的战略意义 [J]. 改革与战略，2005 (8)：49.

主体提供专利、商标、版权、著作权、植物新品种、软件、集成电路布图设计、奥林匹克标志、地理标志、商业秘密以及知识产权密切相关的遗传资源、传统知识、民间艺术等的代理、转让、登记、鉴定、评估、认证、咨询、检索服务等为核心内容，以各类知识产权服务机构、社会组织（包括知识产权协会）为组织形态的知识密集型服务业，是知识产权体系的重要组成部分"❶。另有观点认为知识产权服务就是提供以知识产权为基础的中间产品或服务的新型业态。❷

陈宇萍等人认为知识产权服务不仅包括中介代理服务还包括国家机构对知识产权的管理和服务，以及企业内部管理等内容，即"是指为知识产权创造、使用、传播、交易等经济活动提供全方位服务的高智力型、高附加值的现代服务产业，而知识产权中介服务组织是介于政府与企业、商品生产者与经营者之间，为市场主体提供信息咨询、知识保护、代理认证、评估投资、权利保护等各类服务活动的社会组织和机构。知识产权服务业并不等于知识产权中介服务业，它包含知识产权中介服务，除此之外还包括国家政府机构对于知识产权的管理和服务，以及企业知识产权内部管理等内容"❸。

2. 对以上观点评价及本书的观点

通过以上文献梳理可以看出，虽然学者们对知识产权服务界定还不尽相同，尤其是在具体表述上还有较大差异，但对于知识产权服务本质的理解还是存在很多一致性，如"基本都认同知识

---

❶ 郭罗生. 对评估知识产权的思考［J］. 无形资产评估，2009（9）：37.

❷ 吴绍波，顾新. 知识链组织之间合作的知识协同研究［J］. 科学学与科学技术管理，2008（8）：83.

❸ 陈宇萍，魏庆华，袁攀. 广东知识产权服务业发展现状及对策研究［J］. 广东科技，2011（22）：1.

产权服务业是现代服务业的一种新兴业态；服务主体是各类知识产权服务机构或社会组织；服务对象是进行知识产权创造、使用、管理和保护的企事业单位；服务范围是提供知识产权代理、转让、诉讼、许可、评估、登记、鉴定、认证、咨询、培训、战略策划、信息分析和检索、风险投资、预警、展示交易、质押融资以及其他相关服务等"❶。

知识产权在本质上属于私权，但同时也具有公共政策属性。相应的，知识产权服务既具有市场属性，需要各种中介代理服务，但也有非市场的公共属性，需要政府、行业协会等公共机构提供包括政策、管理、认证、保护、培训等公共服务。同时，知识产权还是一种法律制度，应当从权利义务角度考虑其法律属性，如国家知识产权局等九部门联合制定的《关于加快培育和发展知识产权服务业的指导意见》中指出，知识产权服务业主要是"提供专利、商标、版权、商业秘密、植物新品种、特定领域知识产权等各类知识产权'获权—用权—维权'相关服务及衍生服务，促进智力成果权利化、商用化、产业化的新型服务业"❷。显然，以"获权—用权—维权"等重点环节开展维护与保障私权主体权益活动是知识产权服务业的重要内容，由此所具有的法律属性是其区别于其他一般服务业的典型特征。

综上所述认为，知识产权服务是各种服务主体向包括科技型中小微企业在内的企事业单位提供的以知识产权为内容的服务活动。具体来说，是指包括政府部门、中介机构、大学和研究机

---

❶ 邓社民. 知识产权服务业发展支撑体系研究［M］. 北京：中国社会科学出版社，2014：26.

❷ 国家知识产权局，国家发展改革委员会，科技部，农业部，商务部，国家工商总局，国家质检总局，国家版权局，国家林业局. 关于加快培养和发展知识产权服务业的指导意见［EB/OL］. (2012-11-13)［2022-09-15］. https://www.cnipa.gov.cn/art/2015/7/27/art_381_138245.html.

构、知识产权事务服务中心，行业协会等各类组织在内的服务机构，依据知识产权政策法律法规，向高新技术企业、高校院所等各类创新主体的知识产权权利人提供知识产权代理、评估、质押、风险投资、预警、展示交易、许可、培训、诉讼、维权、信息等为内容的知识产权市场中介服务活动与知识产权社会公共服务活动的总称。

（二）提升科技型中小微企业知识产权运用能力需加强知识产权服务

1. 知识产权服务是提升科技型中小微企业知识产权运用能力的桥梁

知识产权制度的实质是既要保护发明人和创新投资者的利益，又要促进技术的合理及有偿扩散。[1] 通过激励、保护、引领等机制，知识产权发挥"一头连着创新，一头连着市场"的枢纽作用，促进科技创新成果向经济效益转化，进而提升科技型中小微企业知识产权运用能力。需要注意的是，科技型中小微企业知识产权运用能力是包括知识产权创造、实施、许可等各个方面在内的链条，这其中的每个环节都离不开知识产权服务的支撑与支持。

2. 科技型中小微企业自身特点决定了其创新发展更依赖于知识产权服务的支撑作用

从以上分析可以看出，科技型中小微企业是典型的知识产权企业，科技型中小微企业的创新发展依赖于其拥有的知识产权资产价值的实现程度，可以说，在市场环境和法治背景下科技型中

---

[1] 唐恒. 知识产权中介服务体系的构建与发展［M］. 镇江：江苏大学出版社，2011：13-14.

小微企业以技术研发形成核心竞争力的过程就是企业在知识产权法治轨道上创造和运用其技术创新成果的过程，具体表现为对企业技术创新成果的确权、赋权、用权、维权的过程。因此其自始至终都对知识产权服务有着强烈的现实需求，包括知识产权布局、导航、代理、咨询、培训、融资、转让、托管、维权救济，等等。国家知识产权局、工业和信息化部联合发布的《中小企业知识产权战略推进工程实施方案》（2009）指出，中小企业亟须走创新发展之路，亟须提升知识产权创造、运用、保护和管理能力，亟须实现发展路径的战略转型。

但绝大多数科技型中小微企业自身力量有限，对知识产权的现实需求很难自给自足，需要政府提供的知识产权公共服务与来自市场的商业化知识产权服务力量的供给。实践中由于企业规模小、资金缺乏、专业人员不足、知识产权意识不强等原因，绝大多数科技型中小微企业并没有成立专门的知识产权部门，无力或者是不情愿将更多的人力、财力、物力等资源投入到知识产权服务的购买中，往往是在涉及严重知识产权侵权时不得已才求助相关知识产权服务机构。因此，为促进科技型中小微企业更好发展，需要为其创造一个多元的知识产权服务体系，特别是面对数量较多并且处于初创期的科技型中小微企业需要加强知识产权公共服务的支撑，为其提供更多更好的无偿知识产权服务，助力科技型中小微企业创新发展。

正因如此，《中共中央　国务院关于深化体制机制改革加快实施创新驱动发展战略的若干意见》（2015）提出要"完善中小企业创新服务体系，加快推进创业孵化、知识产权服务、第三方检验检测认证等机构的专业化、市场化改革，壮大技术交易市场"❶，党的十九大报告也再次强调"倡导创新文化，强化知识产权创造、保护、运用。"因此，能否有效发挥知识产权服务对科技型中小微企业发展的推动作用，不仅关系到科技型中小微企业的发展命运，还关系到国家和区域创新能力以及核心竞争力的高低，关系到全国及各省份经济社会能否持续、快速、健康的发展。

最后需要强调的是，服务科技型中小微企业也是建设知识产权强国、知识产权强省的必然要求，是"十四五"时期知识产权工作的重要内容。企业是市场创新主体，是知识产权创造和运用的主要力量，因此建设知识产权强国首先在于建设一批知识产权强企，只有强企才能强国。作为最具创新活力的市场主体，服务科技型中小微企业、提升科技型中小微企业的知识产权综合能力无疑是建设知识产权强国、强企和做好知识产权工作的重要内容。

第二节　陕西知识产权服务科技型中小微企业的主要举措

2021 年陕西全省入库科技型中小企业 11 189 家，数量位居全国第 10 位，是推动陕西创新发展的重要力量。❷ 近年来，随着省委省政府积极实施"抓大放小"战略，本着"放中求活"的原

❶ 中共中央　国务院关于深化体制机制改革加快实施创新驱动发展战略的若干意见 [EB/OL].（2015-3-23）[2022-09-15]. http://www.gov.cn/gongbao/content/2015/content_2843767.htm.

❷ 省人民政府新闻办公室. 加速科技型企业培育，为陕西高质量发展增添动能和活力有关情况 [EB/OL].（2022-05-06）[2022-05-15]. http://www.shaanxi.gov.cn/szf/xwf-bh/202205/t20220506_2219907.html.

则，加大了对中小微企业放开搞活的力度，有效促进了全省中小微企业发展和运行质量的提高。但与东南沿海等发达省份相比，陕西科技型中小微企业发展仍然存在总量少、规模小、增速慢[❶]等问题。对科技型中小微企业而言，挖掘出有市场潜力的知识产权，是关系到企业可持续发展的关键因素。特别是随着国家"一带一路"倡议的深入推进，陕西创新型省份建设和中国（陕西）自由贸易试验区的逐步建成，陕西科技型中小微企业既迎来难得的发展机遇，也面临在"走出去"过程中可能遇到的风险和更多的挑战。加强知识产权服务，加快培育具有独角兽潜质的科技型中小微企业无疑是加快知识产权强省建设、实现陕西由科技强省向经济强省转变的重要路径。陕西始终高度重视知识产权在推动科技型中小微企业创新发展中的重要支撑作用，以建设创新型省份和知识产权强省为目标，以深入实施知识产权"一一八"工程为抓手，全面推进十项子工程，特别是通过信息服务、贯标服务、法律服务、投融资服务、保险服务等个性化服务，培育企业知识产权优势，帮助企业打造高附加值产品，抢占和开拓市场，促进省内科技型中小微企业不断提升知识产权创造质量、运用效益、保护效果、管理能力和服务水平。近几年，陕西在通过完善制度建设、做好知识产权工作顶层设计基础上，不断提高依法行政水平，从政策、资金、服务等方面加强对科技型中小微企业的知识产权扶持力度，并取得了积极成效。

基于此，本书以加快陕西科技型中小微企业创新发展为研究对象，围绕知识产权申请、管理、转移转让、质押融资以及侵权保护等领域，深入调研知识产权服务科技型中小微企业创新发展的现状及存在问题，以提升科技型中小微企业知识产权综合运

---

❶ 张卫平. 陕西中小企业与非公经济发展面临的现状问题及政策建 [J]. 经济界，2018（5）：16.

用能力以及促进科技型企业知识产权资产市场价值实现为着力点，从强化知识产权意识、加强专利信息运用与布局、完善知识产权管理、拓展知识产权市场服务、加快知识产权运用、严格知识产权保护等方面提出对策建议。

一、完善支持科技型中小微企业发展的知识产权制度体系

2008 年《国家知识产权战略纲要》颁发以后，如何运用知识产权服务中小微企业就成为从中央到地方知识产权制度建设的重点领域之一。2012 年由国家知识产权局等十部门制定的《关于加强战略性新兴产业知识产权工作的若干意见》经国务院同意后由国务院办公厅向全国印发，该文件明确提出"鼓励开展与知识产权有关的金融产品创新，探索建立知识产权融资机构，支持中小企业快速成长……支持专业服务机构开发知识产权管理系统和工具，为创新型中小企业和小微企业提供全程服务"。2012 年《国家知识产权战略实施推进计划》提出"进一步完善知识产权评估准则体系，加强资产评估机构知识产权相关业务质量检查，健全中小企业知识产权评估服务机制以及推广中小企业知识产权金融服务，建立专家支持系统和专利质押融资公共服务平台，培育一定数量的国家知识产权质押融资示范单位"❶ 等举措。2015 年国务院颁布的《关于大力推进大众创业万众创新若干政策措施的意见》强调要"完善知识产权估值、质押和流转体系，依法合规推动知识产权质押融资、专利许可费收益权证券化、专利保险等服务常态化、规模化发展，支持知识产权金融发展"❷。近些年来，

---

❶ 2012 年国家知识产权战略实施推进计划 [EB/OL]. (2013-04-25) [2022-09-15]. http://www.scio.gov.cn/m/ztk/xwfb/2013/11/9/Document/1316927/1316927.htm.

❷ 国务院关于大力推进大众创业万众创新若干政策措施的意见 [EB/OL]. (2015-06-16) [2022-09-15]. http://www.gov.cn/zhengce/content/2015-06/16/content_9855.htm.

国家层面关于中小企业知识产权政策支持力度逐步加大，措施更加具体，如财政部办公厅联合国家知识产权局办公室印发《关于实施专利转化专项计划助力中小企业创新发展的通知》指出，"进一步深化知识产权运营服务体系建设，促进创新成果更多惠及中小企业，提升高校院所等创新主体知识产权转化率和实施效益"❶，通过政府牵头支持，大力推动高校院所与中小企业对接，促进产学研相结合，既化解高校院所科技创新成果转化难的问题，也为破解中小企业自身创新资源不足的困境提供思路。2021年中共中央、国务院印发《知识产权强国建设纲要（2021—2035年）》进一步提出，"深化实施中小企业知识产权战略推进工程""健全中小企业和初创企业知识产权公共服务机制"❷，可以预见，未来中小企业知识产权服务依然是我国知识产权强国战略的重要环节，相关国家制度的制定值得期待。

为落实国家政策要求以及满足陕西中小微企业创新发展的现实需要，陕西省积极跟进，制定了一系列支持中小微企业创新发展的知识产权政策。《陕西知识产权战略推进计划（2011—2012）》提出要"加快实施中小企业知识产权战略推进工程""引导熟悉知识产权申办流程、精通知识产权法律、具有知识产权运营能力的知识产权中介服务机构开展中小企业知识产权托管"❸。之后，在每一年的全省知识产权工作推进计划以及其他相关重要文件中都制定有关于中小企业知识产权服务的措施。2018

---

❶ 关于实施专利转化专项计划助力中小企业创新发展的通知［EB/OL］.（2021-03-19）［2022-09-15］. http://www.gov.cn/zhengce/zhengceku/2021-03/27/content_5596164.htm.

❷ 知识产权强国建设纲要（2021—2035年）［EB/OL］.（2021-09-22）［2022-09-15］. http://www.gov.cn/zhengce/2021-09/22/content_5638714.htm.

❸ 陕西知识产权战略推进计划（2011—2012）［EB/OL］.（2011-04-01）［2022-09-15］. http://www.shaanxi.gov.cn/zfxxgk/fdzdgknr/zcwj/szfbgtwj/szbf/201104/t20110401_1664494.html.

年《陕西省人民政府关于建设知识产权强省的实施意见》提出"面向全省中小微企业开展知识产权信息加工及推送服务"。《陕西省"十四五"知识产权发展规划》更是进一步加强对中小微企业的知识产权全面服务，包括："推动落实中小企业知识产权转让许可减征免征所得税政策，促进市场主体增加创新活动投入，加快知识产权转化""实施专利转化专项计划，加快高等院校、科研院所专利有序向中小企业转移转化，助力中小企业创新发展""完善企业创新服务体系，重点服务创新型领军企业、'专精特新'中小企业和高技术企业提升知识产权综合运用能力""实施专利转化专项计划：主动对接中小企业技术需求，建设畅通的技术要素流转渠道，解决高等院校、科研院所专利转化难、中小企业创新难的'两难问题'，引导支持高等院校、科研院所、国有企业将未充分运用的专利技术以转让、许可、作价入股等多种方式向省内中小企业转移转化，助力中小企业创新发展""加大知识产权维权援助工作力度，深化中小微企业维权援助工作，加强海外知识产权纠纷预警防范和应对指导"。❶ 迄今为止，已基本形成陕西知识产权服务科技型中小微企业的制度体系，从减免申请专利费用、拓宽融资渠道、推进知识产权运用、加强知识产权保护等方面，为知识产权服务科技型小微企业提供了充分的政策保障。

二、提升科技型中小微企业知识产权创造水平

一是从加强专利导航和专利评议等多个环节着手，引导中小微企业不断重视产业核心技术与关键环节的专利布局，推进全省科技型中小微企业专利创造的"提质挖潜"工作，从根本上提升

---

❶ 陕西省"十四五"知识产权发展规划 [EB/OL]. (2021-09-29) [2022-09-15]. https://snipa. shaanxi. gov. cn/newstyle/pub_newsshow. asp?id=1046458&chid=100405.

科技型中小微企业的知识产创造水平；二是按照"专利为王、综合施策、形成合力、加快发展"的工作思路，推进陕西全省示范众创空间的知识产权发展，带动全省众创空间等中小微企业创业创新基地的健康科学发展，加强对科技型中小微企业创新成果孵化，增强其创新动能；三是加强与高校院所的对接，促进产学研相结合，化解科技型中小微企业在资源、人才、设备等方面的不足，补强科技型中小微企业的创新能力；四是严格落实国家关于减免科技型中小微企业的专利申请费、专利维持费等扶持政策，建设科技型中小微企业创新创造中的制度性交易成本，激发企业创造创新活力。

三、拓展科技型中小微企业知识产权运用能力

陕西高度重企业知识产权运用，2015—2017 年连续三年将推进知识产权质押融资工作列入陕西省政府工作报告，并积极探索知识产权质押融资新举措，具体来说：一是配套制度及时跟进，在全国率先制定《陕西省知识产权质押贷款管理办法》；二是发挥知识产权资产作用，明确规定创办科技型小微企业者可将知识产权按照 50%~70% 的比例折算为企业股份；三是在西安等地建立了较为完备的知识产权质押融资工作体系和风险分担机制，试点知识产权直接贷款，建立知识产权质物处置机制，对以专利权质押获得贷款并按期偿还本息的创业企业，按同期银行贷款基准利率的 30%~50%（总额最高不超过 50 万元）予以贴息；四是金融机构联动密切，推出"科易贷""442 科技贷款""创意类企业结构化集合贷款"等适合科技型小微企业发展的特色金融产品。

四、改善科技型中小微企业知识产权管理状况

完善贯标工作机制，制定《陕西省企业知识产权管理规范贯

标验收工作指南》。目前已形成"政府推动、企业（高等学校、科研组织）实施、中介支持、验收与认证结合"的具有陕西特色的贯标工作格局，在全国较早形成了较为完整的贯标工作体系。仅 2016 年全年共有 176 家企业完成贯标工作，126 家通过验收或专业认证，其中大多数为科技型中小微企业。

五、探索具有陕西特色的科技型中小微企业知识产权保护模式

结合科技型中小微企业特点以及"互联网+"发展趋势，陕西着重从以下方面加强对科技型中小微企业的知识产权保护，一是与省商务厅等部门加强电商领域执法协作，加大网络以及重点领域知识产权执法力度；二是组织省、市、县执法部门联合在"丝博会、西洽会"等重大会展活动中开展执法；三是完善众创、众包、众扶、众筹领域的知识产权保护，促进在线创意、研发成果及时申请知识产权保护，运用技术手段加强知识产权执法，切实维护创业创新者权益；四是在"创途在 XIAN"等全省首批创客空间中设立知识产权服务工作站，结合典型案例，有针对性地加强知识产权相关法律法规的宣传培训，增强中小微企业知识产权保护意识；五是完善知识产权两法衔接机制，与公检法及海关等部门加强执法协作；六是加强 12315 平台及维权援助与举报投诉体系建设，建成覆盖全省、聚焦各市产业特点的 12 个市级知识产权维权援助分中心，形成全省知识产权维权援助网络。

第三节　知识产权服务支撑科技型中小微企业创新发展的切入点

一般来说，科技型中小微企业规模小，资金实力弱，大都处

于企业初创阶段，对知识产权战略缺乏系统布局。为此，要结合企业对知识产权服务的需求层次提供有针对性的服务策略。

一、科技型中小微企业知识产权运用中存在的问题

1. 企业知识产权意识普遍不强

通过调研发现，企业基本认同知识产权对企业发展具有非常重要的作用这一观点，也有知识产权保护的意愿。但由于经费缺乏、侵权现象还比较普遍、侵权成本低、救济难度大等原因，许多企业对知识产权保护没有信心。

有知识产权代理机构反映一些科技型中小微企业的负责人原先是技术研发人员，因此比较重视企业自身的技术创新，但不重视知识产权与技术创新创造的内在关系，认识不到在信息社会和法治背景下知识产权对技术创新的决定性作用，最终导致企业科技创新与知识产权保护"两张皮"现象比较严重。

此外，申报专利是为了完成项目、争取补贴或为竞标做支撑等现象仍然存在，知识产权还只是这些企业的"面子"，而不是"里子"，甚至不少企业认为知识产权有几件就行了，太多则无必要。

绝大多数被调研的企业认为应当加强培训，让企业进一步理解知识产权对企业发展的重要性，深入全面了解国家知识产权政策，特别是对企业的各种扶持政策，以及在信息检索、专利布局分析等方面的技能，通过显著提高研发成效和专利质量、节省研发成本，让企业实实在在体会到知识产权对企业发展的效果。

2. 企业运用知识产权的制度成本还比较高

其一，目前的专利申请费、维持费等费用减免政策的门槛还较高，往往要求符合特定条件的科技型中小微企业才能申报，不具有普惠性。对于大多数无法享受到优惠政策的中小微企业来

说，现有的专利申请费、维持费、代理费等费用仍是不小的负担。调研中，有的科技型中小微企业反映自身其实有很多技术成果，但因为费用问题却没有申请过一项专利，也没有对那些在生产中比较重要的核心技术进行有效的保护，有的企业则因为年费太高而放弃保护其专利。

其二，专利申报费用减缓手续较烦琐。以前允许个人直接申请，现在要求到相关部门开证明，办理流程比较麻烦，使科技型中小微企业获得资助相对困难。

3. 很多科技型中小微企业缺乏自身运用知识产权的条件与能力

科技型中小微企业的研发人才与知识产权人才普遍短缺，这导致企业在运用知识产权方面存在至少三方面的掣肘：一是造成企业自主创新能力弱，创新水平低，创新技术成果大都局限于实用新型专利和外观设计专利，创造型和发明型专利相对较少，导致企业缺乏核心竞争力和发展后劲不足；二是对于已研发的科技创新成果进行专利挖掘的能力以及专利申请书撰写能力都比较差，在申报专利时无法有效描述权利要求和体现技术的创新点，导致很多技术创新成果无法转化为专利；三是很多科技型中小微企业没有专利导航意识和进行专利检索的能力与物质条件，其利用专利文献信息指导企业技术研发与科技成果转化的能力非常缺乏。

以上不足直接导致企业的技术研发处于低水平重复状态，缺乏知识产权布局，创新效率低下且成本高昂，甚至出现有的企业在对新技术申报专利时才发现与已授权专利"撞车"现象，所以即使有的企业拥有研发创新产品的能力，也无法享有创新带来的高溢价。

4. 公共服务平台建设还有待进一步加强

一是信息公共服务平台建设还不能为中小微企业研发提供有力支撑。很多科技型中小微企业没有实力购买专业的数据库支持其研发前的专利检索，有些存在"拍脑袋"想当然的盲目研发。

二是需要加强科技型中小微企业知识产权成果转化的平台建设。由于科技型小微企业的先天弱点，使其难以具备足够的资本和条件来应对高昂的转化成本，再加上"重专利申请、轻成果转化"的观念影响，如果再缺少高质量和专业化的服务支撑平台，就会造成很多科技型小微企业虽然已申请到了专利权，但对知识产权的综合运用能力不高，科技成果无法顺利与市场需求对接，专利技术往往不能实现产业化和市场化利用，导致科技成果转化无果，专利技术只能以一纸空文的形式存在，实用性不强，甚至失去价值。在调研中，很多企业反映希望政府主管部门加强能有效促进其知识产权转化的公共交易平台建设，尤其希望能为其提供免费展位，减少企业知识产权转化的交易成本。

5. 知识产权质押融资机制不利于中小微企业利用知识产权融资

对科技型中小微企业而言，缺少有形抵押品，银行往往因贷款缺少保障，风险太高而不愿意向这些企业提供信贷服务。因此，科技型中小微企业的融资信用担保往往缺乏可操作性。❶ 一是有关知识产权质押的规定原则性太强，在知识产权评估、银行、政府、中介机构的协调、各方的权利和责任的确定方面，均缺少一套规范化的操作流程。二是保障知识产权交易的法律法规

---

❶ 范胜申. 科技型中小企业基于知识产权的融资租赁模式研究 [J]. 经济论坛，2017 (3)：68.

不完善❶，知识产权这种无形产品如何定价、如何交易、如何转让与实施等问题亟待解决，从而限制了知识产权价格形成的市场机制。三是科技型中小微企业自身也缺乏将知识产权资本化的法律意识。由于中小微企业本身的融资能力不强，无法进行企业规模的扩张，抗风险能力较低，又进一步导致了其融资能力的下降。四是融资方式仍以有形资产抵押担保为主，直接以知识产权质押进行融资的方式还未全面展开，无法从整体上缓解科技型中小微企业融资困难局面。五是知识产权价值评估难。一方面，唯一、独特、无形性决定知识产权的价值须在产业化过程中、特定条件和领域下才能被体现，增加了知识产权价值评估的难度，导致知识产权质押融资难以实现。虽然出台了许多知识产权价值评估的规定，但可操作性差，缺乏统一的技术、管理规范。另一方面，知识产权价值评估须采用先进的评估技术，由专业人员进行评估。而我国权威的评估机构短缺，评估工作人员专业素养和能力参差不齐，评估方法多样导致评估结果很难一致。这些使得知识产权评估结果的采信度低，致使银行不愿意投资高风险的科技型中小微企业。

6. 企业内部知识产权管理制度不健全

绝大多数科技型中小微企业内部既没有设立专门的知识产权机构，也没有建立规范有效健全的知识产权管理制度，甚至连专门的知识产权管理人员也往往没有配置。调研中了解到：

一是很多科技型中小微企业知识产权管理粗放，缺乏专门管理机构和人员，也没有建立规范有效的知识产权管理制度，造成内部知识产权管理秩序混乱；有的企业出现过因专利年费未按时缴纳而导致专利失效的情况；有的企业与工作人员签订的合同中

---

❶ 马彧崧，齐天凤. 科技型中小企业知识产权融资服务体系探究 [J]. 学术交流，2018 (8)：93-97.

缺乏必要的知识产权条款约定；有的企业对知识产权获取、保护和运用没有概念，致使其研发成果未能及时采取有效保护措施而导致知识产权被侵犯或者流失的状况，最终给企业带来重大损失；与外部单位合作时，忽视知识产权保护谈判，企业知识产权流失现象时有发生；在与海外企业合作过程中，经常发生我国企业忽视对自主研发技术进行价值评估而造成企业无形资产的流失，或者是对引进技术进行二次创新后未及时申请知识产权保护而被合作方企业索取高额知识产权保护费的现象。

二是不重视企业内部知识产权战略的制定与实施，缺乏知识产权布局的观念和能力，知识产权管理层次较低，影响了企业可持续发展。❶ 一些科技型中小微企业只重视专利申请，不重视专利布局和专利战略，在专利布局和专利战略制定方面投入不够。调研中发现，众创空间中的一些中小微企业往往只有一个专利，既谈不上专利布局，也没有后续开发跟进的战略意识。多数科技型中小微企业的知识产权管理局限于以专利、商标等知识产权的申请和日常维护为主，缺少从企业整体战略的高度来重视和加强知识产权管理，管理层次较低，较少涉及知识产权布局、专利情报分析、知识产权维权等深层次管理。

三是不重视专利检索和专利分析，存在盲目研发新技术的行为。很多企业不重视专利情报的检索，研发前未分析该技术当前的发展趋势，对目前整体的发展水平、该技术的专利分布情况以及是否有进一步研发的空间不够了解，导致企业花费巨额资金研发的项目，实际上早就被别人申请了专利而功亏一篑。

7. 科技型中小微企业识产权保护与维权机制不完善

一是企业自力救济力量弱。知识产权纠纷涉及的法律问题专

---

❶ 薛柳柳，丁祥高. 科技型中小企业知识产权综合能力评价模型研究 [J]. 科技和产业，2018（6）：84-88.

业性强，法律程序复杂，需要耗费大量的人力、物力和财力，但科技型中小微企业大多是刚刚起步的小微型企业，财力不足，能力有限且普遍缺少知识产权专业人才，保护知识产权的能力和经验欠缺，在面对侵权行为时缺乏有效的知识产权风险防控机制。有时即使发现知识产权被侵权，但迫于无力应付而选择放弃追诉，因此实践中很多科技型中小微企业对知识产权保护既无有效手段，也无多余精力，客观条件限制导致其主观保护意识缺乏。而有些科技型中小微企业则无视国外知识产权保护壁垒，在成品销往国外遭到国外知识产权管理部门查处时才后悔莫及。❶

二是司法行政等公力救济成本大。知识产权诉讼程序复杂、时间长，诉讼过程中产生的代理费、诉讼费、鉴定费等成本较高，诉讼风险难以把控，许多科技型中小微企业一般不会主动采取诉讼方式处理纠纷，而更愿意通过非诉调解或私了方式解决。

三是行政执法的程序相对比较便捷，处理时间也较短，但是执法力量有限，省市县三级知识产权行政执法体系还未健全，执法人员数量不足，还无法有效满足处理知识产权纠纷的需要。况且对于大量的知识产权民事纠纷而言，行政机关一般不宜主动介入调解，而且调解结果在经过司法确认前的效力也属待定。

总体上看，中小微企业知识产权保护意识淡薄，既不懂得保护自己的知识产权，也不懂得尊重别人的知识产权。受利益的驱动，科技型中小微企业侵犯知识产权的案件时有发生。但由于司法救济的时间成本、经济成本都比较高，诉讼风险难以把控，所以当发生侵权纠纷时，科技型中小微企业往往面临很大压力，更希望借助于行政执法查处、行政调解或组建包括调解组织、行业协会等社会力量在内的非诉解决机制。但实践中，这些非诉解决

---

❶ 张武军，魏欣亚，任燕. 科技型小微企业知识产权保护研究 [J]. 科技进步与对策，2014（2）：122.

机制还有待进一步加强。

此外,知识产权转化运用能力较弱、科技成果与市场需求尚无法有效对接;知识产权扶持政策力度不够,科技型中小微企业享受扶持政策的普惠性不足等问题也制约了科技型中小微企业的进一步发展。

二、科技型中小微企业对知识产权服务现实需求的具体表现

从以上分析可以看出,科技型中小微企业规模小、实力弱,大都处于起步和积累阶段,不但内源性资金拥有量有限,而且外部融资渠道狭窄,融资成本相对较高,很多企业难以筹集到充足的资金用于研发投入,加上整体技术水平不高、研发人才短缺,因此造成企业缺少足够的知识产权创新意愿,不注重建立完善的自主创新和品牌建设体系,研发投入少,创新能力弱,创新层次低,知识产权大都局限于实用新型专利和外观设计专利,创造型和发明型专利相对较少,导致缺乏核心竞争力和发展后劲。

在调研过程中发现,绝大多数科技型中小微企业能认识到知识产权的重要性,并逐步建立从技术到品牌的综合性保护意识,但不同规模的企业以及企业在不同的发展阶段对知识产权服务的需求层次也不尽相同。如从企业规模来看,中型以上企业由于资金压力相对较小,其对知识产权服务要求层次较高,已不仅仅局限于专利、商标申请的基础业务,还要求提供专利布局、绘制专利地图等知识产权战略性需求服务,而资金相对紧张的小微企业还是以单项的专利、商标申请服务居多,有时即使存在知识产权层面的需求,也往往由于资金不足等原因而放弃。再如,从企业发展阶段来看,处于初创期、成长期、成熟期的企业对知识产权服务需求也有不同的要求。对初创期企业而言,大多关注知识产权数量,即考虑的是有没有知识产权的问题;对成长期企业而

言，多关注知识产权质量，考虑的是其所拥有的知识产权好不好及对企业当下效益提升的问题；而处于成熟期的企业更关注知识产权能力，考虑的是知识产权对其未来发展的影响问题，即知识产权作为企业发展工具强不强的问题，也就是上升到建设知识产权强企的问题。所以，对初创期企业而言，其对知识产权服务的需求主要在能否成功申请申报专利等知识产权方面；对成长期企业而言，需要的具体服务体现在对其现有创新技术知识产权挖掘、保护、管理；而对成熟期企业而言，需要的是搜索提供国内外最新知识产权信息，建立规范系统的知识产权管理体系，寻求和建立知识产权联盟，将所拥有的专利等知识产权变为标准等。

总体来说，当前大部分科技型中小微企业知识产权管理能力较为欠缺，知识产权对科技型中小微企业服务链条需覆盖企业研发生产整个过程，为其提供涵盖项目立项、研发、小试、中试、定型、管理、创造、运用、运营、保护等方面需要的全方位"一条龙"知识产权服务，全面保护企业知识产权。

第四节　完善知识产权服务科技型中小微企业的对策建议

作为最具活力的市场创新主体，科技型小微企业已成为支撑国家创新驱动发展的重要力量。推动科技型小微企业创新发展，需要同时发挥市场与政府两方面的积极性，既要不断完善市场机制，强化企业的市场主体地位，也要不断转变政府服务职能，提供有助于科技型小微企业创新发展的政策、平台与制度保障。从提升知识产权服务角度而言，应从以下几方面着手。

一、不断加强科技型中小微企业的知识产权文化建设

内因是决定矛盾的主要方面。只有科技型中小微企业普遍形

成认识知识产权、尊重知识产权、运用知识产权的意识，才能真正发挥知识产权机制对企业创新发展的支撑作用。

一是持续深化知识产权培训年活动，做好针对科技型中小微企业领导层等重点群体的知识产权培训工作，保持培训工作常态化、专题化、系统化、规范化。

二是发挥知识产权行政主管部门对科技型中小微企业培训的主导作用，除联合工业和信息化部中小企业局、国资委、科技厅等相关部门围绕各地知识产权重点工作开展综合培训外，建议各省市进一步减免科技型中小微企业专利维持费用，简化减免手续流程，切实降低企业运用知识产权的成本和门槛，增强企业自觉、主动运用知识产权的信心。

三是以"政产学研用金介"结合为切入点，建立包括企业与高校院所、金融机构、律师事务所、会计师事务所等单位在内的交流培训机制，切实解决科技型中小微企业在知识产权创造、运用、保护、融资等方面的实际问题。

四是发挥中央与地方知识产权培训机构与培训基地的力量，面向科技型中小微企业开展知识产权实务技能拓展和基础知识培训，提升企业及其专业人才的知识产权整体意识水平。

五是加强国家知识产权培训基地建设，加强知识产权高层次人才队伍建设。推进高校知识产权专业学位教育，探索建立知识产权管理职业水平评价制度，为广大中小企业提供广泛的知识产权人力资源基础。

二、支持科技型中小微企业提高知识产权创造能力

建议进一步加大对科技型中小微企业的扶持力度，加强对企业知识产权"挖潜提质"，拓展众创空间对小微企业创新的孵化功能，着力提升科技型中小微企业的创造能力。

一是推动建立专利导航产业发展工作机制。实施产业规划类专利导航项目，为中小企业定期推送高水平、高质量、低成本的产业知识产权信息。通过专利导航和专利评议等，加强对区域、行业和企业预警信息的收集发布，帮助中小企业加强产业核心技术与关键环节的专利布局，提升企业知识产权创造质量和应对竞争的主动权。

二是支持众创空间等小微企业孵化培育新业态，始终把知识产权保护作为支持创客创业的重要手段，把专利运营作为众创空间建设的主要内容，使众创空间在提升品牌影响力中获取实实在在的经济利益。

三、持续提升科技型中小微企业的知识产权管理能力

为进一步增强科技型中小微企业知识产权管理能力，需要加大科技型中小微企业贯标等工作力度，协助企业构建知识产权管理体系。

一是结合知识产权培训工作，向企业介绍宣传《企业知识产权管理规范》，解读贯标流程、文件编写、审核实施、管理评审与体系改进以及认证准备与认证流程等内容，提高对企业知识产权贯标重要性的认识和积极开展贯标工作的意识。

二是加大对通过贯标企业的资助与扶持力度，形成示范带动效应。

三是加强政策联动，落实对通过知识产权贯标企业的各项政策优惠，扩大企业贯标的覆盖面。通过贯标的企业可以享受优先申报国家高新企业、税收优惠、对开展企业内管人员（知识产权管理规范管控师）培训资助贯标工作经费、优先推荐申报"国家级知识产权优势企业"、作为中小企业创新研发中心认定的评价指标、优先支持设立"工程技术研究中心"、作为"标准化良好

行为企业"活动和名牌产品的评价指标等优惠。

四、引导中介服务机构为科技型中小微企业提供系统，多元，优质服务

一是大力扶持和发展专业化、规范化知识产权服务机构，鼓励知识产权代理服务机构延伸服务链条，拓展知识产权全链条服务。向前延伸服务参与创新研发环节，提高知识产权质量，向后延伸促进知识产权保护和运用，打通知识产权创造、运用、保护、管理、服务全链条，针对企业具体问题提供知识产权战略制定、知识产权布局、专利情报分析、知识产权维权等全面服务。

二是建立和完善知识产权服务示范企业制度。对在推动科技型中小微企业发展方面作出突出贡献的知识产权代理机构给予奖励；将给科技型中小微企业长期提供免费中介服务并成功推动企业创新发展的知识产权代理机构的部分免费服务项目纳入政府采购项目；联合优秀服务企业，探索建立区域知识产权服务业标准制度，不断提升区域知识产权代理机构的整体服务水平。

三是构建中小企业知识产权托管体系。政府引导和支持行业组织、高水平知识产权服务机构、中小企业共同参与构建知识产权托管工作体系，引导和支持知识产权服务机构为中小微企业提供较低成本的专业化知识产权管理服务。

五、推进科技型中小微企业知识产权运用水平

一是深化"互联网+"工程，打造陕西科技型中小微企业知识产权公共服务"云平台"，无偿为本省境内科技型中小微企业提供各类知识产权信息服务。

二是引导社会资本参与建设各类知识产权运营服务平台，以专业和市场化的眼光全面挖掘知识产权信息，为企业提供定制

性的知识产权代理、评估、担保、运营、处置、流转、孵化投资等业务。

三是加快知识产权军民融合平台建设，深化科技型中小微企业与军工产业知识产权融合发展。

六、建立多元化科技型中小微企业知识产权纠纷解决机制

除了不断完善知识产权法律体系，制定更加严格的知识产权保护制度外，还要根据科技型中小微企业特点建立多元化知识产权纠纷解决机制。

一是根据科技型中小微企业产业分布特点，积极开展电子商务领域、展会、重点行业和市场执法维权工作，打击各类知识产权违法犯罪行为，维护小微企业产品开发、生产、销售等各环节的合法权益。

二是结合中小微企业技术创新周期短、实用新型和外观设计专利较多、涉案金额相对较低等特点，在高新技术产业开发区、工业园区等科技型中小微企业聚集区建立知识产权侵权纠纷快速调解组织，由包括法院、执法机关、仲裁组织、行业协会、业内专家、专业律师等在内的各种社会力量参与调解中小微企业知识产权纠纷。在双方自愿调解情况下，对形成的调解协议申请由法院确认其效力。

三是加快省市县三级知识产权行政执法体系的建制，增强执法力量，整合执法资源，发挥行政执法机关在处理知识产权纠纷中程序简便、时间快、费用低的优势，加强行政调处力度和调解结果的强制执行力。

四是鼓励各知识产权维权援助中心在中小微企业聚集区设立分中心、工作站等，积极主动提供维权服务，帮助被侵权的中小微企业制定完善的维权方案，提高确权效率，降低维权成本。对

于中小微企业符合立案条件的举报投诉线索，及时移送行政执法部门。知识产权行政主管部门应与司法部门、律师协会、行业协会等建立科技型中小微企业法律维权救济制度，加强对经济困难科技型中小微企业的维权援助力度。

五是总结北京、上海、广州等地知识产权法院有关知识产权纠纷适用简易程序的经验，探索扩大科技型中小微企业在专利代理、专利融资及专利侵权适用简易程序的范围，缩短审理时间，减少小微企业知识产权诉讼成本。同时与法院失信系统相关联，建立知识产权严重侵权人的黑名单制度，通过信誉处罚使侵权人付出代价。

七、发挥知识产权资产价值对科技型中小微企业运营的重要作用

一是改革完善现行银行知识产权质押融资体制。一方面，逐步放宽将知识产权质押融资与有形资产捆绑的做法，支持纯知识产权质押融资业务，不断凸显知识产权资产价值；另一方面，将知识产权质押融资与高新技术企业认定、企业的知识产权贯标评定等工作相结合，加大知识产权资产在银行贷款考核体系中的权重。推行专利保险，完善知识产权（专利）质押融资风险分担补偿机制。

二是建立权威客观的第三方知识产权鉴价机制。可由知识产权局、中小企业局、银监部门、保监部门、证监部门等机构选择多家业内声誉好的评估机构并制定知识产权评估机构名册，供科技型中小微企业、商业银行和融资担保机构选择。制定科学的知识产权鉴价方案，合理评估企业知识产权资产价值，减少知识产权质押融资风险。

三是加大对科技型中小微企业知识产权质押融资的扶持和财

政资助力度。既需要银监部门对知识产权质押贷款的利率给予最高限定，也需要财政部门引导评估机构、中介服务机构适度降低评估费、代理费标准，更需要政府部门对创新潜力大、市场前景好、暂时经济困难的科技型中小微企业在知识产权质押融资中产生的费用给予适当减免或财政补助。

四是积极推进科技型中小微企业上市过程中的知识产权服务。将知识产权评议纳入企业上市前的辅导服务内容，防范上市过程中因企业知识产权瑕疵引起的不确定性风险，为科技型中小微企业顺利进入资本市场提供支持。

第五章　健全激励创新发展的知识产权
　　　　法治环境

　　"产权制度是社会主义市场经济的基石。在科技驱动产业，创新引领发展的新发展阶段，产权保护的重要领域是知识产权保护。"❶ 推动创新驱动发展必须强化知识产权法治建设，既要巩固"严、大、快、同"的知识产权保护新格局，又要始终善于运用法治思维与法治方式处理推动创新驱动发展中的难题，形成激励创新的知识产权治理环境。但随着新技术新业态蓬勃发展，知识产权保护法治化水平与保护能力仍然无法有效满足实践需要："行政执法机关和司法机关的协调有待加强；知识产权领域仍存在侵权易发多发和侵权易、维权难的现象，知识产权侵权违法行为呈现新型化、复杂化、高技术化等特点；有的企业利用制度漏洞，滥用知识产权保护；市场主体应对海外知识产权纠纷能力明显不足，我国企业在海外的知识产权保护不到位，等等"❷，全社会对知识产权保护的重要性认识还有待进一步提高，知识

---

❶ 《习近平法治思想概论》编写组. 习近平法治思想概论 [M]. 北京：高等教育出版社，2021：184.

❷ 习近平. 全面加强知识产权保护工作　激发创新活力推动构建新发展格局 [J]. 求是，2021（3）：6.

产权法治化水平还有待全面提升。

第一节　加快知识产权法治建设的理论背景

加快知识产权法治建设是全面依法治国方略在知识产权领域的具体体现，但从知识产权支撑创新驱动发展以及探索知识产权国内外发展规律而言，强化知识产权法治建设无疑是实现创新驱动发展的内在要求，是建设知识产权强国的现实需要，是国际知识产权保护的发展趋势。

一、加快知识产权法治建设是实现创新驱动发展的内在要求

2015 年中共中央、国务院印发《关于深化体制机制改革加快实施创新驱动发展战略的若干意见》指出："加快实施创新驱动发展战略，就是要使市场在资源配置中起决定性作用和更好发挥政府作用，破除一切制约创新的思想障碍和制度藩篱，激发全社会创新活力和创造潜能。"❶

市场经济的本质是法治经济。市场经济是以市场机制为基础的资源配置形式，即运用价格、供求、竞争等市场要素之间的相互联系和相互制约的关系来调节资源的配置。相较于计划经济而言，市场经济更强调资源配置按照市场规律进行自由流动，运用价格杠杆和竞争机制的功能，把资源配置到能更好发挥其效益的社会大生产环节中去。但在以市场机制配置资源过程中，无论是市场主体权利的平等保护、市场主体间利益纠纷的解决、市

---

❶ 中共中央，国务院. 关于深化体制机制改革加快实施创新驱动发展战略的若干意见 [EB/OL]. （2015-03-23）[2022-09-15]. http://www.gov.cn/gongbao/content/2015/content_2843767.htm.

场资源权属的确定、对市场侵权行为的惩治还是维护公平竞争的市场秩序都离不开法治保障作用，并且市场化程度越高，对法治保障作用的需求就越强烈。因此，加快创新驱动发展，使市场在资源配置中起决定性作用，就必须加强法治建设，"就是倡导用法治思维和法律手段解决市场经济发展中的问题，通过立法、执法和司法以及法律服务调整经济关系、规范经济行为、指导经济运行、维护经济秩序，推动经济发展，使市场经济在法治的轨道上健康有序发展"❶。随着国际贸易的扩大，以知识产权为代表的国际规则体系成为维护国际市场秩序的重要工具，运用知识产权规制调整国与国贸易关系已成为国际治理的重要发展趋势。

加快创新驱动发展需要更好地发挥政府作用。实施创新驱动发展，必须坚持市场在创新资源配置中起决定性作用，但同时也必须深刻认识到市场机制本身也存在缺陷，发挥市场机制的单一作用可能出现"市场失灵"，其根源在于：一是市场资本趋利活动具有个体性、短期性等特征，会忽视社会长远利益和社会整体利益，在每个个体资本都关注其自身利益最大化时，社会总体福利水平未必是最高的，即社会资源整体效率可能是下降的；二是市场资本往往只注重其内在的自身利益，可能会忽视对社会整体利益的影响，尤其是负面影响，如企业在生产时可能会产生污染等负外部性的情形；三是市场资本之间的竞争最终趋势必然会导致垄断，不仅会限制自由竞争而出现"市场的异化"，也会引起贫富差距的逐步扩大甚至出现社会"两极分化"等现象，会带来诸多的社会问题。为克服单纯市场机制内在固有的缺陷，必须更好地发挥政府作用，"这就需要用法治来规范政府和市场的边界。要依法全面履行政府职能，着力厘清政府和市场、政府和社会的

---

❶ 刘武俊. 深刻理解市场经济是法治经济 [N]. 人民日报，2012-07-02 (7).

关系，用法律和制度遏制一些政府部门不当干预经济的行为，解决好政府职能边界不清以及可能存在的越位、缺位、错位等问题"❶。更好发挥政府在推进创新驱动发展中的作用，核心在于坚持依法行政，规范行政权力运行，既要主动作为，严格公平执法，全面履行政府职能，深化简政放权，放管结合，优化服务改革，又要防止行政权力对市场主体、市场活动、市场秩序的不正当干预。发挥市场配置资源的基础性作用在于保障市场主体地位平等基础上尊重其合法的自由选择，对知识产权保护而言，关键是知识产权行政管理部门及其工作人员应具有尊重创新主体权利、尊重知识产权法律权威的内在意识，严格按照法律程序规范依法履行其职能，为市场创新资源要素自由流动提供安全稳定的交易秩序。显然，无论是维护市场交易秩序还是规范行政权力的行使都离不开法治的作用，需要强化知识产权法治建设以推动有效政府与有为市场更好结合。

推进创新驱动发展更需要发挥全社会力量，既要营造有助于激励创新的社会环境氛围，更需要提升全社会的法治意识，夯实有助于创新驱动发展的法治社会基础。激发全社会创新热情的关键在于发挥法治的引导作用，只有充分保障创新者的合法权益，才有助于消除社会公众对创新活动中各种侵权风险的顾虑，激发其创新创造热情并积极参与到创新创造活动中来。推动创新驱动发展也离不开坚实的法治社会基础，唯有绝大多数人形成尊法、学法、用法、守法的自觉性，将守法行为视为内在的道德自律，法律权威才会在全社会普遍形成，侵犯知识产权的侵权违法犯罪行为才会下降，才会形成有助于创新驱动发展的法治环境。

---

❶ 《习近平法治思想概论》编写组. 习近平法治思想概论 [M]. 北京：高等教育出版社，2021：184.

二、加快知识产权法治建设是建设知识产权强国的现实需要

知识产权既是创新者的合法权利，又是一套国家法律制度，建设知识产权强国首先要完善知识产权法律规体系，为各领域发展提供制度保障和制度遵循。因此，知识产权强国必定是知识产权法治强国，知识产权强国建设必须沿着法治轨道持续推进，这也是改革开放以来中国知识产权事业发展的一条重要经验。

基于历史原因，改革开放之初我国知识产权事业发展的基础非常薄弱，专利等知识产权数量极其稀少，甚至对于是否保护知识产权这一问题在当时还存在着不同看法。我国商标法、专利法等知识产权法律制度的逐步建立和实施，不仅为积极吸引国外先进技术提供了有效制度保障，也有效激发了国人对创新创造的热情，进而推动知识产权事业走上腾飞之路。我国专利申请量、授权量、商标注册量等指标连续多年位居世界第一，若单以知识产权数量等指标来衡量，我国已成为名副其实的知识产权大国。"总的看，我国知识产权事业不断发展，走出了一条中国特色知识产权发展之路，知识产权保护工作取得了历史性成就，知识产权法规制度体系和保护体系不断健全、保护力度不断加强，全社会尊重和保护知识产权意识明显提升，对激励创新、打造品牌、规范市场秩序、扩大对外开放发挥了重要作用。"❶ 显然，在推动中国知识产权事业从无到有、从少到多、从小到大的过程中，知识产权法治建设发挥了重要作用。

在快速发展的同时，我国知识产权事业也存在一些问题，如知识产权创造方面数量虽多，质量仍有待提升，高价值知识产权

---

❶ 习近平. 全面加强知识产权保护工作 激发创新活力推动构建新发展格局 [J]. 求是，2021（3）：6.

数量占比仍较低；知识产权转化率有待进一步提升，知识产权运用对经济发展的支撑度还不够高，等等。尤其是随着创新驱动发展战略的不断深化，知识产权法治建设还有很大提升空间，如面对不断涌现的新技术新业态，知识产权法律制度与法律体系仍需要及时修订和完善；面对侵权易发多发和层出不穷的新型违法犯罪活动，知识产权集中执法体制、知识产权司法审判的专业性还需要不断深化，知识产权行政执法与刑事司法衔接机制、多元主体参与的知识产权纠纷处理机制等还需要不断完善。在建设知识产权强国的进程中，知识产权法治建设还需要进一步全面升级，为此，习近平总书记提出六项要求，为未来一段时期内中国知识产权保护擘画出发展蓝图："加强知识产权保护工作顶层设计；提高知识产权保护工作法治化水平；强化知识产权全链条保护；深化知识产权保护工作体制机制改革；统筹推进知识产权领域国际合作和竞争；维护知识产权领域国家安全。"❶

三、加快知识产权法治建设是国际知识产权保护的发展趋势

随着全球经济一体化进程加快，尤其是国际贸易的迅猛增长，知识产权及相关商品和服务的交流的范围日益扩大，以各种国际条约、多边及双边条约为内容的国际知识产权保护规则体系不断发展与丰富，对国际贸易乃至国与国之间的关系发展产生极其重要影响，也对一国国内知识产权规则体系及其法治建设进程产生重要影响，毕竟，国际知识产权制度体系本质是国际法，具有"对缔约方发生约束力的法律效果"❷。自从 1883 年相关缔约方在巴黎签署《保护工业产权巴黎公约》以来，国际知识产权保

---

❶ 习近平. 全面加强知识产权保护工作　激发创新活力推动构建新发展格局 [J]. 求是，2021（3）：6-8.

❷ 王铁崖. 国际法 [M]. 北京：法律出版社，1995：422.

护制度已经过 100 多年的发展，"知识产权保护条约已经形成相对独立和稳定的体系"❶。改革开放以来，中国加入世界知识产权组织、世界贸易组织等国际组织，并先后成为《成立世界知识产权组织公约》（1980 年）、《保护工业产权巴黎公约》（1985 年）、《商标国际注册马德里协定》（1989 年）、《保护文学和艺术作品伯尔尼公约》（1992 年）、《世界版权公约》（1992 年）、《保护唱片制作者防止唱片被擅自复制公约》（1993 年）、《专利合作条约》（1994 年）、《与贸易有关的知识产权协定》（2001）等知识产权国际条约的缔约方❷，为履行成员国的义务，我国先后对专利法、商标法、著作权法等法律法规进行了多次修改。在一定意义上可以说，中国知识产权法律制度的发展就是一个逐步与国际条约接轨的过程，或者说国际知识产权制度对中国知识产权法制建设和法治进步产生了重要影响。近些年，由于国际贸易形式的变化，加强知识产权保护、不断提升知识产权保护水平已成为越来越多国家的共识。2020 年中国正式加入《区域全面经济伙伴关系协定》（*Regional Comprehensive Economic Partnership*，RCEP）。RCEP 对知识产权保护作了全面规定，总体来看，既尊重了发展中国家的诉求，也在一定程度上反映了发达国家在知识产权保护方面"TRIPS—Plus"的意愿，对知识产权保护提出了较高的要求，如"其所要求的打击恶意商标、数字环境下的执法与中国当前实践存有冲突，将给中国企业带来挑战"❸。"加强知识产权保护是中国适应

---

❶ 周长玲. 知识产权国际条约研究 [M]. 北京：中国政法大学出版社，2013：序言.

❷ 吴汉东. 国际化、现代化与法典化：中国知识产权制度的发展道路 [J]. 法商研究，2004（3）：74.

❸ 马忠法，王悦玥. 论 RCEP 知识产权条款与中国企业的应对 [J]. 知识产权，2021（12）：88.

全球知识产权领域治理体系以及规则重构的需要。"❶

随着我国国力持续增强和国际地位日益提高，对外交流和国际贸易快速增长，可以预见，中国作为国际贸易大国未来不仅会加入更多的国际知识产权规则体系，而且要"深度参与世界知识产权组织框架下的全球知识产权治理，推动完善知识产权及相关国际贸易、国际投资等国际规则和标准，推动全球知识产权治理体制向着更加公正合理方向发展"，中国知识产权法治建设一定会向着更高水平迈进。

第二节　推进知识产权法治建设的基本路径

法治的真谛是在全社会树立法律权威基础上实现法律治理，而运用法治思维与法治方式无疑是推进整个法治建设的逻辑起点。作为一种与人治相对立的治国方略，依法治国不仅要求具备"依法办事"的制度安排及运行机制，而且强调法律面前人人平等、规范权力、保障权利、程序公正、良法之治等精神和价值，尤其需要法治思维能在所有社会成员中间的普遍养成和法治方式在国家各项工作乃至全社会各领域的普遍运用。知识产权治理需要发挥好市场与政府的作用，离不开全社会的共同参与。在推进全面依法治国背景下，必须用法治的方式来规范政府与市场的边界，以法治的方式畅通社会公众参与创新驱动发展的渠道，保护创新者权益，规范好政府职能，在全社会形成以法治思维处理知识产权纠纷的良好氛围。为此，党的十八届四中全会提出"要自觉提高运用法治思维和法治方式深化改革、推动发展、化解矛

---

❶ 兰红丽. 中国加入 RCEP 协定背景下知识产权保护的监管研究［J］. 对外经贸，2021（8）：55.

盾、维护稳定能力"❶，党的十九届四中全会进一步提出"提高运用法治思维和法治方式深化改革、推动发展、化解矛盾、维护稳定、应对风险的能力"❷。推进知识产权法治建设的实践过程最终也必将体现为将法治思维和法治方式运用于知识产权法治建设每一领域、每一环节，将运用法治思维与法治方式作为推进知识产权法治建设实践的落脚点。从知识产权法治实践运行来讲，这至少需要从以下环节发力。

一、树立知识产权法律权威

法律权威是指全社会信仰法律、尊崇法律的文化心态，即"法律在一个社会居于至高无上的地位，得到社会公众普遍的遵守和广泛的认同，在社会关系调控中发挥基础和主导作用，其他行为规范在法律的统帅下发挥作用。"❸ 树立和维护法律权威是现代法治的根本原则，是一切法治工作的基础。只有树立起法律的极大权威，才能使体现人民意志的法律规范成为治国理政和指导人们行为的最终和最权威的依据。没有法律权威，法治就会成为无源之水、无本之木。

树立法律权威既是知识产权工作运用法治思维所要追求的目标，也是服务创新驱动发展的要求。创新必须以人的思想自由为前提，这要以公开、平等、权利本位的规则体系来为人的思想自由划定私有空间；创新必须以公平交易为核心，这需要明晰的产权界定和交易规则体系来推动创新成果流转与价值实现；创新还

---

❶ 中共中央关于全面推进依法治国若干重大问题的决定 [EB/OL]. (2015-03-23) [2022-09-15]. http://www.gov.cn/zhengce/2014-10/28/content_2771946.htm.

❷ 中共中央关于坚持和完善中国特色社会主义制度推进国家治理体系和治理能力现代化若干重大问题的决定 [EB/OL]. (2019-11-05) [2022-09-15]. http://www.gov.cn/xinwen/2019-11/05/content_5449023.htm.

❸ 沈强，卢晓峰. 简论中国法律权威生成的理念基础 [J]. 长白学刊，2009 (5)：79.

要以获取合法利益为保障，这就需要有力的权利保护机制避免成果免受侵犯，以及权利平衡机制协调相关利益关系。这些规则、机制的建立与有效运行都离不开法律权威的形成。只有全社会形成尊法守法的法治信仰，才能使法律法规规章制度发挥出真正的约束力，进而构建出一个理想的市场环境、法治环境，减少创新驱动的发展阻力和制度性交易成本。因此，依法推动知识产权工作，更好服务创新驱动发展，首先要着力培育全社会的法律信仰，严格依法办事，克服人治思想，自觉按照法律规定用权履职，树立起知识产权法律权威。

二、保障创新创造者知识产权合法权益

法律是以国家意志调整权利义务关系的制度规范。在现代法治社会中，一般都坚持以权利为本位的法治观，即法律应当"以保护社会成员权利为根本目的，奉行法无禁止即自由的原则"❶，"权利构成法律体系的核心，法律体系的许多因素是由权利派生出来的，由它决定，受它影响，权利在法律体系中起关键作用。在对法律体系进行广泛解释时，权利处于起始地位置；是法律体系的主要的、中心环节，是规范的基础和基因"❷。党的十八大以来，中国特色社会主义法治建设也始终强调权利保护的重要性，明确指出"必须坚持法治建设为了人民、依靠人民、造福人民、保护人民，推进全面依法治国的根本目的是依法保障人民权益"❸。这里将保障人民利益作为法治建设的出发点和落脚点，正是以保障公民权利为价值指向和根本目标的权利本位观的法治思

---

❶　张文显. 从义务本位发展到权利本位是法发展的一般规律［J］. 社会科学战线，1994（4）：2-6.

❷　马图佐夫. 发展中的社会主义法律体系［J］. 苏维埃国家与法，1983（1）：21.

❸　《习近平法治思想概论》编写组. 习近平法治思想概论［M］. 北京：高等教育出版社，2021：94.

维的体现。从尊重和保护公民权利的角度出发去推动中国社会主义法治建设，必然要求包括知识产权工作在内的国家各项建设都要从思想层面领会权利本位的核心内涵，将一切从权利出发、以维护权利为目的作为开展工作的指导思想。

知识产权是私权，保护知识产权的重要目的就在于尊重和维护权利人对其知识产权应当享有的合法利益，以激励社会创新创造热情，实现以创新为驱动力的高质量发展。因此知识产权法治建设应当以保障权利人的知识产权作为首要任务——无论是法律制度，还是政策规范——都不能忽视知识产权的私权属性。

坚持权利本位，首先要完善相关知识产权法律制度，为维护权利人合法利益提供制度依据，不仅要求"在规范方法上以授权性规范为主，在立法重心上以保护创造者权利为首要"[1]，还应当围绕权利取得、变动、管理、救济、平衡等方面，处理好创新主体与其他主体、创新群体与其他社会群体的利益关系。其次，要将权利本位思维体现到知识产权具体工作中，将尊重和保护创新主体的知识产权作为改革制度、解决问题的起点，从权利类型、权利范围、权利保护出发，维护创新主体的合法权益，激发其创新热情。再次，从行政职能配置而言，要坚持以权力服务权利的思维，坚持权利是权力配置的目的和运作的界限，权力配置和运作只有在有利于权利的情况下才具有合法性与合理性。最后，要将私权属性作为整个知识产权法治运行体系的逻辑基点，将权利本位观念贯穿于知识产权法治运行的各个环节、各个领域中。

三、规范知识产权行政权力运行机制

坚持依法治国，依法执政，依法行政共同推进，坚持法治国

---

[1] 吴汉东. 知识产权的多元属性及研究范式 [J]. 中国社会科学，2011 (5)：40.

家、法治政府、法治社会一体建设，是全面依法治国的总体布局，其中"法治政府建设是全面依法治国的重点任务和主体工程"❶。建设法治政府就是要求各级政府必须依法行政，恪守法定职责必须为：法无授权不可为的原则，"用法治给行政权力定规矩、划界限"❷。也就是说，政府公权力行使的限度在于不能突破法律授权的界限，更不能在没有法律明确规定的情况下侵害私权。在实践中，由于公权力广泛地调整社会关系，直接地作用于人们的日常生活，如果任其无序扩张，就很容易侵犯公民权利，"一旦公权力被确立用以控制人与人之间的暴力，则该项权力本身必须得到控制，否则公权力专横将会替代自然状态下人与人之间的互相侵害，这个并不比自然状态要好"❸。为此，必须坚持依法行政，始终将行政权力运行纳入法治轨道中。当然，公权力存在的意义并非仅在于不对私权造成侵害而已，还需要为私权的实现提供有力保障，包括依法全面履行政府职责、规范行政决策程序、加强对行政权力的监督制约、推进政府公开和建立健全行政纠纷解决体系等。

知识产权推进创新驱动发展既需要发挥市场配置资源的基础性作用，也离不开政府的引导和行政权力的支持。如在国家知识产权战略的制定以及落实过程中，无论知识产权创造、运用，还是保护、管理、服务等都需要依靠政府公权力的推动。此外，作为私权的知识产权其实还具有鲜明的公共利益色彩，相较于一般私权也需要更多的行政权力介入。若行政权力行使不规范则不仅会侵害市场主体的合法权益，也会破坏市场规则的公平性，最终

❶ 中共中央，国务院. 法治政府建设实施纲要（2021—2025 年）［EB/OL］. （2021-08-11）［2022-09-15］. http://www.gov.cn/zhengce/2021-08/11/content_5630802.htm.

❷ 习近平. 坚定不移走中国特色社会主义法治道路　为全面建设社会主义现代化国家提供有力法治保障［J］. 求是，2021（5）：11.

❸ 胡田野. 论法治的含义及其实现的路径［J］. 北京警察学院学报，2015（1）：2.

会伤害到市场主体的创新热情，创新驱动发展的动力就会减弱。因此，规范权力行使，发挥政府在推进创新驱动发展中的重要作用，建设公平公正、公开透明、规范高效的知识产权行政管理和执法体系是知识产权法治建设的重点内容。

规范知识产权行政权力运行机制首先要明确界定知识产权行政管理机关在推进创新驱动发展中的角色定位和职能范围。创新驱动发展应坚持以企业为主体、市场为导向，发挥市场在创新资源配置中的基础性作用，但市场秩序的维护是无法依赖市场自发维护的，行使行政权力的主要目的则在于维护良好的市场秩序，为创新驱动发展提供公平公正的市场环境。可以说，政府在知识产权保护中扮演了重要角色。为发挥行政权力在服务市场中的作用，必须加快转变政府职能，对照知识产权行政管理机关的应有职能，查找职能越位、缺位和错位的地方，核心任务是把该放的权力放掉，把该管的事务管好。为此，2018 年"国务院组建国家市场监督管理局，重新组建国家知识产权局，实现了专利、商标、原产地地理标志等知识产权类别的集中统一管理。通过完善执法力量，加大执法力度，提高侵权代价和违法成本，把法律威慑作用充分发挥出来"❶。

规范知识产权行政权力运行机制其次要依法清晰完整地界定知识产权行政管理机关在推进创新驱动发展中的权力范围和程序规定，推进知识产权行政管理机构、职能、权限、程序、责任法定化，坚持法定职责必须为、法无授权不可为。不断推进各级知识产权行政管理机关事权的规范化、法律化，科学划分和设计不同层级知识产权行政管理机关事权范围，强化国家知识产权行政管理机关的宏观管理，制度设定职责和必要的执法权，强化省级

---

❶ 《习近平法治思想概论》编写组. 习近平法治思想概论［M］. 北京：高等教育出版社，2021：184.

知识产权行政管理机关统筹推进区域内基本公共服务均等化职责，强化市县知识产权行政管理机关的具体执行职责。拟订权力清单制度是界定知识产权行政管理机关在推进创新驱动发展中的权力范围和程序规定的重要措施。

规范知识产权行政权力运行机制最后还要加强执法体制改革，整合行政管理资源，提高知识产权执法效能。知识产权的非物质性导致了同一件商品上可能共存不同的知识产权类型，或者同一侵权行为可能会侵害多种知识产权，但知识产权执法领域历史形成的知识产权各管理部门分设执法队伍，导致力量分散，统一执法的协同成本高、效率低，对侵权行为打击不及时，最终会侵害创新主体的权益，并影响其创新的积极性。深化行政执法体制改革要坚持减少层次、整合队伍、提高效率的原则，所以整合执法资源、提高执法效能是知识产权行政执法的发展趋势。这其中需要注意的是：一是要依法明确界定各级知识产权行政管理部门的执法主体地位，科学设计不同层级知识产权执法主体的权限范围，形成从中央到地方的较为完整的执法体系；二是探索建立包含专利、商标、版权、植物新品种等在内的知识产权综合执法模式；三是加强两法衔接，形成保护知识产权的无缝链接机制。

加快知识产权法治建设，为创新驱动发展提供有效的法治保障，就是要更善于运用法治思维而非政策思维，更多地运用法治方法而非运动式专项治理的方法处理推进创新驱动发展中遇到的问题。"我国知识产权制度建立的时间还不长，历史形成的以开展阶段性专项整治为代表的特有执法体制和习惯做法成为我国经常进行的执法活动。这种措施在短期内和特殊历史条件下具有一定的必要性，但毕竟具有浓厚的政策治理色彩，容易使常规机制的作用受到淡化和削弱，减少社会公众对于常规机制的信任，也可能会助长侵权行为人的侥幸心理，国外权利人对这样的专项整治也显得'喜忧'参半和疑虑重重，长此以往，可能使我国的法治形象大打折扣。因此，对知识产权的这种政策性治理应当逐步弱化和消除。"❶

四、完善知识产权司法程序

正当程序不仅决定了法治与恣意的人治之间的基本区别❷，也是保障权利实现的重要手段，"程序优先于权利"的法治原则便强调只有在这公开、平等的正当程序中权利才可真正得以实现。因此，程序优先原则同现代法治具有内在的、天然的联系。❸程序优先思维意味着对司法权和司法程序的尊重。一方面，司法程序是正当法律程序的起源；另一方面，司法程序也是其他法律程序的适用基础与最终保障，绝大多数情况下，行政裁决往往不是终极的，常常都以必要的行政救济或司法救济作为其正确性与公正性的保证。行政裁决可能在经过司法程序后为司法裁决所撤销，但司法程序中所形成的司法裁决绝不可能为行政裁决所撤销。能否定司法裁决的只能是由经过新的司法程序后所形成的新的司法裁决，也就是说只有司法才具有修正司法的效力，而其他裁决，包括行政裁决在内，都可能为司法程序中的司法裁决所撤销或否定。正因如此，在法律实施过程的诸多环节中，司法具有非常重要的地位，常被称为法律运行机制的"最后一道闸门"。

司法程序是保障权利实现的最终力量，它在协调创新驱动利益关系、保护创新驱动各方主体权益、推动创新市场形成中发挥着关键作用。确立司法在知识产权保护中的主导地位并给予权利

---

❶ 孔祥俊. 全球化、创新驱动发展与知识产权法治的升级 [J]. 法律适用，2014（1）：34.

❷ 付小为. 季卫东：程序决定了法治与人治的基本区别 [N]. 长江日报，2014-10-09（17）.

❸ 尤海东，王清坤. 程序公正的优先性 [N]. 人民法院报，2003-02-10（5）.

人充分的司法保护是一项重要的国际惯例。我国知识产权制度创建之初，由于司法资源和经验的缺乏，基本形成了以行政执法为主、执法与司法并行的知识产权保护体系。经过四十多年的发展，司法保护需求日益增长，专业的知识产权法官队伍初见规模，知识产权司法保护在推进创新驱动发展中的作用日益凸显，发挥司法保护在知识产权保护中的主导作用成为知识产权法治建设的重要内容。

要确立司法在保护知识产权中的主导地位进而推动创新驱动发展，首先应当重视加强知识产权司法程序的完善。一方面，知识产权属于私权，完善司法程序，处理日益增多的知识产权私权纠纷不仅是国际惯例更是作为中立性裁判力量的司法机关介入平等主体纠纷的法理所需；另一方面，由于知识产权客体的非物质性，知识产权民事侵权、行政违法与刑事犯罪行为往往同时出现在同一案件中，知识产权侵权赔偿计算、案件事实认定往往都需要专门的司法程序。因此，完善司法程序设计，特别是加强知识产权司法的专业化和独立性是发挥司法对保障创新主体权利和确立司法在保护知识产权中主导地位的重要因素。

要确立司法在保护知识产权中的主导地位进而推动创新驱动发展，其次应当推进知识产权司法程序的专业化、专门化。一方面，我国知识产权司法审判起步晚，制度不健全，审判力量还比较薄弱，但创新驱动的快速发展使得大量知识产权案件不断涌现，这使得现有审判力量更显薄弱。另一方面，无论是应对国内知识产权案件激增的状况，发挥司法审判力量，更好维护创新主体权利，激发创新热情，还是与国际知识产权保护接轨，都需要继续加强知识产权司法审判的专业化建设，不断完善知识产权司法审判程序。总言之，应按照知识产权服务创新驱动发展的整体要求，重视知识产权的私权本质属性，构建起以权利本位为原点的新型保护机制，着力解决当前相对薄弱的司法保护问题，推动我国知识产权保护体系逐渐由"双轨并行"模式转向司法保护为主，行政保护、社会保护等多种保护形式共同参与的协同保护模式。

第三节　健全知识产权法治环境推进创新驱动发展的重点环节

2020 年 11 月 30 日中央政治局第二十五次集体学习中，习近平总书记指出"当前，我国正在从知识产权引进大国向知识产权创造大国转变，知识产权工作正在从追求数量向提高质量转变。我们必须从国家战略高度和进入新发展阶段要求出发，全面加强知识产权保护工作，促进建设现代化经济体系，激发全社会创新活力，推动构建新发展格局"❶，并提出当前和未来一段时期做好知识产权工作的六项要求——"加强知识产权保护工作顶层设计，提高知识产权保护工作法治化水平，强化知识产权全链条保护，深化知识产权保护工作体制机制改革，统筹推进知识产权领域国际合作和竞争，维护知识产权领域国家安全"❷，这也为进一步加强知识产权法治建设提供了根本遵循。2021 年中共中央、国务院印发了《知识产权强国建设纲要（2021—2035 年）》，从制度建设、保护体系、市场运行机制、公共服务体系、人文社会环境、全球知识产权治理等方面就统筹推进知识产权强国建设、全面提升知识产权创造、运

---

❶ 习近平. 全面加强知识产权保护工作　激发创新活力推动构建新发展格局 [J]. 求是，2021（3）：6.

❷ 习近平. 全面加强知识产权保护工作　激发创新活力推动构建新发展格局 [J]. 求是，2021（3）：6.

用、保护、管理和服务水平设计了蓝图规划，为新发展阶段深化知识产权法治建设提供了制度依据。以上战略部署和任务安排既是加强知识产权法治建设的重要内容，也是为创新驱动发展提供有效法治保障的关键举措。结合新发展阶段创新驱动发展的趋势以及从全面依法治国的关键环节出发，本书拟从"科学立法、严格执法、公正司法、全面守法"的角度对健全知识产权法治环境谈一些看法。

一、推动知识产权法律体系更加严密科学

实践是法律的基础，构建严密科学的知识产权法律体系必须随着新发展阶段科技创新与知识产权工作的实践发展而不断发展，坚持立改废释并举，增强知识产权法律体系的针对性、及时性、系统性，更好发挥知识产权立法对创新驱动发展的引领与推动作用。目前，我国形成了以《宪法》为引领，以《民法典》《刑法》等基本法为基础，以《专利法》《商标法》《著作权法》等为主干，以《对外贸易法》等大量法律制度中的知识产权条款为补充的知识产权法律体系，为推动创新驱动发展提供了较为坚实的制定保障。但是随着科技创新与市场经济深入推进，大量新技术新业态层出不穷，我国知识产权工作正面临着从"从知识产权引进大国向知识产权创造大国转变，知识产权工作正在从追求数量向提高质量转变"的新发展阶段，这为进一步完善我国知识产权法律体系提出更高要求。

一是要加快对新技术新产业新业态新模式的立法，及时回应科技创新、经济发展以及国家重大战略对知识产权立法的新需求。首先要围绕互联网领域的大数据、人工智能、基因技术、开放源代码、商业方法等新技术，既要加快对《商标法》等法律制度的及时修订，保持法律的适应性，又要积极探索，适时制定相关专项法律制度，为促进科技创新提供及时有效的知识产权法律

制度保障。其次要加强对遗传资源、传统知识、民间文艺等中华民族优秀文化和独特资源禀赋的知识产权保护，在为传承与发扬好中华优秀传统文化提供知识产权法制保障的同时，探索知识产权制度创新的路径，彰显中国特色社会主义知识产权法律制度的鲜明特征与独特魅力。最后，要适应国家安全、乡村振兴等国家重大战略发展需要，加快完善相关领域知识产权立法。如就乡村振兴而言，不仅要重视和加强地理标志等涉农产业知识产权的法律制度供给，推动农村产业经济发展，更要关注种业等农业基础方面的知识产权保护，为持续推进农业高质量发展和国家粮食安全发挥知识产权制度的积极作用。

二是加快探索知识产权基础性，综合性立法进程。经过改革开放四十多年的实践，我国知识产权立法取得丰硕成果，专利法、商标法、著作权法等以各部门知识产权立法为基础的知识产权法律制度体系初具规模，但是缺乏知识产权领域的基础性立法，即关于能打通各个知识产权具体部门的知识产权基本原理，基本原则、基本理念的综合性知识产权法律制度，使得现有的知识产权法律体系仅仅是制度层面的汇集，而缺乏知识产权法基本精神在各个领域之间的融会贯通，因此非常有必要"制定一部覆盖知识产权运行全范围，全流程的统一基础性法律，对知识产权制度中根本性、长期性重大问题予以固定，从而为形成系统、整体、协同的知识产权治理格局提供制度基石"。❶ 应当说，在国家层面推进知识产权基础性、综合性立法的确具有一定的难度，因此可以通过地方立法试点的方式探索有益经验。可喜的是，目前国内北京、上海、江苏、山东等多个省市已经或者正在积极开展知识产权综合性地方立法，形成了诸多好的做法，应当予以高度

---

❶ 董涛，马一德. 论统一知识产权基础性法律制定的构想 [J]. 江海学刊，2020（2）：165.

关注，努力提炼出有助于国家知识产权基础性、综合性立法的经验启示。

三是增强知识产权法律的协调性。既要增强专利、商标、著作权、植物新品种、地理标志等现行知识产权法律法规之间的协调性，消除部分法律规定在保护理念、保护方式等方面存在的冲突之处，也要增强知识产权法与科技进步法、促进科技成果转化法以及其他相关法律法规的协调性，形成逻辑一致、内容衔接、结构自洽的知识产权法律制度体系，为更好提升知识产权治理水平奠定坚实制度基础。

二、全面提升知识产权依法行政水平

全面依法治国是一个系统工程，"法治政府是建设法治国家的主体，各级政府要坚持依法行政"❶。就知识产权来讲，更好发挥政府在知识产权保护中的职能，必须坚持依法行政，把法治理念、法治思维贯穿于知识产权执法机制改革的整个过程，坚持法定职责必须为、法无授权不可为的原则，依法全面履行政府职能。

一是严格规范公正文明执法。法律的生命在于实施，如果有法不依，执法不严，违法不究，那么制定再多的法也没有价值，法治建设也就只能止步于一个美好的远景。提升知识产权执法水平一方面要增强执法主体法治意识，转变思想观念，转变工作方法，提高依法履行执法职责的自觉性；另一方面，要建立权力清单等制度，从实体与程序界定权力行使的边界，努力营造公平公正、开放透明的法治和市场环境。严格规范执法既要让违法者有

---

❶ 习近平. 坚持以全面依法治国新理念新思想新战略为指导，坚定不移走中国特色社会主义法治道路 [M] //习近平谈治国理政（第三卷）. 北京：外文出版社，2020：285.

敬畏，还权利人以公道，也要注意让执法既有力度又有温度，规范执法者言行，既坚持履行法律规定，展现法律权威，又能以理释法，运用知识产权法的精义、法的精神、法的原理化解当事人矛盾。

二是进一步完善知识产权集中统一管理的体制机制。经过2018 年新一轮机构改革，知识产权行政管理得到进一步集中，专利、商标、地理标志等领域实现了统一管理，这对于提升知识产权行政管理效能起到积极作用。但实践中，一方面，新组建的知识产权行政管理机构内部职能还需要理顺，专利、商标、地理标志之间要形成统一的管理思路，还需进一步磨合；另一方面，当前机构改革在中省层面推进较为彻底，在设区的市、县区及县级市这一层级还有待深入推进，一些地方之前将知识产权工作作为科技行政管理等部门的职责，机构改革以后划归到市场监管部门，在工作思路、依法行政的方式方法等方面还有一个待转变的过程。总的来说，"未来我国知识产权行政管理体制改革应当重点关注部门内部管理体制协调问题，相关领域各部门之间的分工协作问题以及中央与地方知识产权体制改革的步调协同问题"❶。

三是要加快提升知识产权行政执法人员的专业素养。知识产权执法不仅是行政执法的一部分，要求执法人员熟悉行政执法的一般规律和具体规定，形成依法执法的自觉理念，同时，专利、商标、地理标志等各种具体知识产权都是非常专业的领域，这还要求执法人员应当具有相应的知识产权专业素养，成为既精通法律程序又具有熟练掌握专利、商标、版权等具体专业知识和技能的复合型执法人才。

四是加强知识产权行政执法与司法保护衔接互动。行政执法

---

❶ 何培育，涂萌. 知识产权行政管理体制变迁及其走向 [J]. 改革，2018（3）：62.

与司法保护相衔接是我国知识产权保护体制的重要特色。这一保护体制符合中国国情，在改革开放四十多年来在有效保护知识产权方面取得了很好的治理成效。但实践中也仍然存在由于规范两法衔接的制度不健全、负责两法衔接的管理体制不统一、对违法犯罪认定标准不统一、支撑两法衔接的信息共享平台建设相对滞后等原因，使得知识产权两法衔接的效果大打折扣。建议相关部门提高思想认识，在加快完善知识产权两法衔接制度规定、强化协调组织的力量以及推进支撑两法衔接的信息共享平台等方面持续发力，推动知识产权行政执法与司法保护衔接更加紧密，织严织密知识产权保护法治网。

三、加快知识产权司法审理机制专业化改革步伐

知识产权案件的特殊性决定了知识产权司法保护必须向专业化、专门化方向发展，北京、上海、广州、海南等地知识产权法院以及各地知识产权法庭的设立是我国知识产权审理机制向专业化、专门化方向发展的重要成果，对推进创新驱动发展起到了非常显著作用，"改革所建立的知识产权法院是制度变迁过程中一次典型的制度跃迁，对于企业创新绩效具有显著提升作用。在机制检验中发现，知识产权法院的建立能够缓解企业融资约束，增强企业创新意愿，从而提升企业创新绩效"❶。但是，知识产权法院的设立"机遇与挑战并存，既面临知识产权自身审判制度的挑战，又有法院整体进行司法改革的挑战，还有我国经济科技发展本身带来的挑战。例如，法官职业保障不完善，技术调查官制度不明确，'三审合一'审判模式没有实现，缺少专门的知识产权

---

❶ 李莉，苏子棋，吕晨. 制度跃迁视角下知识产权审判专门化与企业创新 [J]. 科技进步与对策，2022（11）：1.

上诉法院等问题"❶，因此知识产权司法审理机制专业化专门化改革还需要进一步深化。

一是进一步扩大知识产权专门审理机构的范围。从知识产权法院设立来看，目前主要集中在东部沿海一带，对中西部覆盖不足。建议从推动国家"一带一路"倡议等重大战略部署出发，考虑在西安、大连、武汉、成都等城市增设知识产权法院，在平衡全国知识产权专门性审判力量的同时，推动国家战略的深入实施。从知识产权法庭设立来看，应当在知识产权示范城市、示范园区等知识产权集中与发达地区以及具有特色知识产权优势的市、县、区增设知识产权法庭或巡回审判庭，以完善目前的知识产权维权机制，为推动"大众创业、万众创新"提供更有力的法治保障。

二是不断强化知识产权案例指导制度。近些年从最高人民法院到北京等知识产权法院以及一些地方知识产权法院都在公布知识产权典型案例，这一方面对扩大知识产权司法保护的影响力起到积极的宣传效果，另一方面对于推动知识产权公平公正审理、形成"同案同判"的形式司法正义具有重要推动作用。但我国毕竟不是判例法国家，"先例"在我国司法审判中并不具有当然的合法性地位，只能是法官们在司法实践中基于心理认同而形成的心照不宣的默契，这就会招致学界对"法官造法"的正当性及其适用范围的疑虑。因此，建议从指导性案例颁布的主体、目的、效力、程序等方面予以完善，更好发挥知识产权指导性案例制度的作用。

三是进一步完善知识产权审判保障机制。包括：优化知识产权法院内部人员配置，实行主审法官负责制，减少法院内外行政

---

❶ 冯晓青，王丽. 从专门法庭到专门法院：我国知识产权司法的最新进展透析 [J]. 南都学坛，2015（3）：59.

权力对审判的干预；建立符合中国国情的技术调查官制度，为知识产权案件审理专业化提供有效技术支持；在法庭庭审调查辩论前增设法律释明程序，增强当事人尊重司法、敬畏法律、诚信诉讼的意识自觉；创新庭审程序，围绕案件的争议焦点，将法庭调查和法庭辩论程序穿插进行，增强庭审的针对性；不断创新知识产权审判工作机制，发挥专家证人、技术调查官的作用，提高查明知识产权纠纷事实的效率和效果。

四、厚培尊重知识、崇尚创新、诚信守法、公平竞争的知识产权文化氛围

文化是社会发展的精神动力，培育知识产权文化是建设知识产权强国的重要内容。但知识产权在我国是一个"舶来品"，经历了"从'外力强加'到'精神内化'的文化再造的过程"❶，知识产权保护的社会意识还普遍薄弱。但正如卢梭所讲的，各种法律中最重要的一种法律，"既不镌刻在大理石上，也不镌刻在铜表上，而是铭刻在公民们的心里"❷，知识产权治理要取得长治久安的效果必须将知识产权文化理念深植于社会大众内心之中，形成尊重和保护知识产权的浓厚社会文化氛围。为此，建议从以下方面展开：

一是加强观念培育，提升全社会尊重与保护知识产权的心理自觉。"观念就是意识形态，知识产权观念就是知识产权方面的意识形态"❸，就是围绕知识产权保护正当性以及如何保护等方面的主流观点与看法，是一个国家和社会的核心价值观在知识产权领域的直接体现。培育知识产权文化就是促进全社会形成尊重

---

❶ 吴汉东. 中国知识产权法制建设的评价与反思 [J]. 中国法学, 2009 (1)：62.

❷ 让·雅克·卢梭. 社会契约论 [M]. 李平沤，译. 北京：商务印书馆, 2017：61.

❸ 韩秀成. 构建知识产权文化大格局 [J]. 小康, 2017 (33)：27.

知识、崇尚创新、诚信守法、公平竞争的文化心理与文化理念，为持续推进知识产权法治建设提供源源不断的精神动力。加强观念培养，就是要大张旗鼓地向社会大众宣告国家保护知识产权的积极态度，通过宣传国内外知识产权促进创新驱动发展取得的成效，尤其是改革开放以来我国知识产权在推动中国创新发展、推动经济社会诸领域取得的巨大进步，激发全社会尊重、支持、保护知识产权的热情和积极性。

二是加强行为引导，将知识产权保护意识落实到社会公众行动中。我国知识产权法治建设推进时间还不长，人们对知识产权保护意识比较薄弱，关于知识产权侵权违法的概念和判断标准认识并不清晰，往往在无意识中侵犯他人知识产权。这既要加强普法宣传，提高社会公众对知识产权重要的认识和对知识产权基本法律知识的掌握，更要通过典型案例报道、完善奖惩与激励机制等方式引导社会公众将保护知识产权的意识落实到具体行动中。

三是加强平台与机制支撑，夯实知识产权文化培育的物质基础。充分利用广播、电视、手机短信等传统媒体与各种网络新媒体的作用，打造线上线下相结合的知识产权文化传播矩阵，多渠道宣传知识产权文化；立足向全社会宣传的同时，加强对党政机关的领导干部与工作人员、大中小学校的学生、企事业单位职工等重点人群的宣传；建立与完善重点宣传与常态化宣传相结合的机制，创新宣传方式，以社会大众喜闻乐见的方式，提升宣传效果。

第四节　加强知识产权行政执法与刑事司法有效衔接

知识产权保护的对象是知识产权人的合法利益。其中既有权利人的私益，也有社会公共利益。对于侵犯权利人私益的行为可以由权利人向司法机关提起侵权之诉，但是对于危害社会公共利益行为则需要由国家公权力机关给予处罚。鉴于对社会公共利益危害情节严重不同，有违法与犯罪之分。知识产权违法行为是指一切违反国家知识产权法律规定，给社会公共利益造成损害的行为。知识产权犯罪行为不仅如此，还需要同时是触犯刑律和应受刑罚处罚的行为。所以，知识产权犯罪是违反知识产权刑事法律规定，危害社会并需要给予刑事处罚的行为。行为的情节和对社会危害的程度是区分违法和犯罪的界限。正因如此，知识产权犯罪也可以被简单地理解为较严重的知识产权违法行为。

违法与犯罪的界分，决定了知识产权保护可以分为行政执法保护与刑事司法保护。前者是指由知识产权行政管理机关依据行政法律规定的权限和程序对涉嫌违法的行为给予行政处罚的活动。后者是指由国家司法机关，即公安、检察、法院等依据刑事法律规定的职权和程序，通过侦查、审查起诉、提起公诉、审判等刑事诉讼手段对涉嫌知识产权犯罪的行为进行刑事追诉的活动。实施行政保护与司法保护双轨运行制度是我国知识产权保护体制的重要特色。既要织严织密惩治和预防知识产权违法犯罪的法律之网，又需要在知识产权行政执法与刑事司法之间建立有效衔接机制。

一、加强知识产权行政执法与刑事司法有效衔接的重要意义

目前，学界关于"行政执法与刑事司法衔接"（以下简称"两法衔接"）的概念存在争议，有学者认为所谓"两法衔接"是指"以刑事司法机关为中心，将行政机关在行政处罚过程中发现的涉罪行为依法吸纳到刑事司法程序中的办案协作机制"[1]；或者是指"具有行政执法权的国家机关、社会团体、企事业单位，

❶ 刘远，汪雷，赵玮. 行政执法与刑事执法衔接机制立法完善研究［J］. 政法论丛，2006（5）：74.

在依法履行行政执法过程中，发现行政相对人或者第三人的行为可能涉嫌犯罪，将该案移送刑事司法机关处理，因而在行政执法机关和刑事司法机关之间发生的程序性事务"❶。从移送主体来看，以上两种观点将"两法衔接"限定以刑事司法机关为中心，由行政执法机关向刑事司法机关移送涉嫌犯罪的行为或者事务活动。这种观点显然忽视了司法机关对于不需要追究刑事责任但涉嫌需要承担行政责任时应向行政机关移送的情形。因此也有学者指出"所谓行政执法与刑事司法衔接机制，是指具有法定行政管理权限的机关或组织在行政执法过程中，将涉嫌犯罪案件依法纳入刑事司法程序中；同时公安、检察机关或者人民法院将其在办理刑事案件过程中发现的不构成犯罪的案件移送有关行政机关处理的双向、互动的办案协作机制"❷。

本书赞同第二种观点，认为知识产权行政执法与刑事司法衔接（以下简称"知识产权两法衔接"）是指知识产权行政管理机关与司法机关之间就违法犯罪行为在涉嫌构成犯罪需要追究刑事法律责任或虽不构成犯罪但需要依法追究行政法律责任时，由知识产权行政管理机关将涉嫌犯罪行为依法分离出来并依据相关法律规定移交给司法机关，由司法机关对该行为履行追诉程序，或者司法机关对刑事诉讼中不构成犯罪但涉嫌需要给予行政处罚的行为，由司法机关依法向有关知识产权行政管理机关移送并由知识产权行政管理机关对该行为履行行政处罚程序的活动。所以，两法衔接机制是知识产权行政执法机关和司法机关之间就打击知识产权违法犯罪活动的一种办案协作机制。

---

❶ 卓家武，陈儒. 行政执法与刑事司法程序衔接工作存在的问题及对策探讨 [J]. 洛阳师范学院学报，2012（3）：61.

❷ 肖业忠. 完善行政执法与刑事司法衔接机制 [J]. 山东青年政治学院学报，2016（6）：108.

从广义上讲，知识产权行政执法机关与司法机关衔接范围较宽，凡是行政执法机关在工作涉及的犯罪活动都需要向司法机关移送，其中至少包括三种情况：一是知识产权行政执法机关就查处的知识产权违法活动中涉及的犯罪活动，如查处假冒专利行为中所涉及的犯罪活动；二是知识产权行政执法人员涉及的渎职，滥用职权等行为构成犯罪的；三是知识产权执法或者其他管理工作中涉及犯罪的情形，如骗取政府专利资助，奖励构成犯罪情形的。上述三种情形对移送的标准并不一样，从打击知识产权违法犯罪活动角度而言，狭义上的知识产权两法衔接，主要是指其中的第一种，即知识产权行政执法机关就查处的知识产权违法活动中涉及的犯罪活动。加强知识产权两法衔接的重要意义体现在：

1. 有助于打造无缝链接的知识产权保护体系，加强知识产权保护力度

我们国家实行的是"双轨制"并行模式，即知识产权行政执法机关与刑事司法机关依据不同法律规定，按照不同程序，对违法或犯罪行为分别予以行政处罚或给予刑事制裁。双轨制能有效发挥行政执法机关与刑事司法机关各自优势，形成对知识产权违法犯罪行为的高压态势。如行政执法比较富有效率，对知识产权违法行为的处理时间短、处理手段灵活，能够在短期内有效打击知识产权违法行为。但由于缺乏监督，打击违法活动的阵发性与政策性、处罚的自由裁量较大等方面的缺陷使得行政执法工作容易受到诟病。相对而言，知识产权的刑事司法诉讼活动是由多个司法机关分别履行不同的司法权，相互之间制约性、监督性较强，并且对同样案件的处理情况能够相对一致，保证了知识产权刑事制裁具有较大的公平性。同时也应看到，知识产权行政执法与刑事司法分别是针对不同类型违法犯罪行为而言的，所以，它

们的法律职能各异，优势有所不同，但在打击知识产权违法犯罪、保护权利人合法利益、维护知识产权秩序良性运行方面的使命是相同的。

在知识产权两法衔接机制建立健全以前，由于法律规定模糊和配套机制的欠缺，行政执法机关与刑事司法机关对于知识产权保护工作往往是各行其是，各担其责。行政执法机关在处理违法活动时，对于涉嫌犯罪行为缺乏向司法机关移送的主动性，甚至有些行政机关对涉嫌犯罪行为一罚了之，利用行政处罚代替对犯罪行为的刑事制裁，而司法机关在审理工作中也缺乏对不构成犯罪但需要给予行政处罚的行为向行政执法机关移送的积极性。这就客观上造成了对一些违法犯罪行为打击不力，影响了知识产权的保护力度。

知识产权两法衔接就是从公权力角度尽可能实现对所有违法犯罪行为的责任追究与法律处罚，最大限度实现知识产权保护功能。通过行政执法机关将在行政执法中涉嫌犯罪行为及时向司法机关移送，以及司法机关将不构成犯罪但涉嫌需要给予行政处罚的行为向知识产权行政主管机关移送，实现知识产权打击违法犯罪活动的无缝链接，强化知识产权保护功能。

2. 有助于提升知识产权执法司法能力，推动知识产权法治建设进程

党的十八大以来，全面推进依法治国成为党和国家治国理政的基本方略，加强两法衔接是推进中国特色社会主义法治建设的重要内容。建立健全知识产权两法衔接机制，是加强两法衔接思想在知识产权领域的具体落实，是推进我国知识产权法治建设的重要内容。

首先，知识产权两法衔接机制的建立健全，为行政执法与刑事司法之间互相移送案件提供了法律依据，完善了知识产权法律

保护体系。任何公权力都必须依法运行，都必须有法律依据。知识产权行政执法权与刑事司法权是两种不同性质的权力，两种权力本身所依据的法律未必当然地适用于另一方。所以，无论知识产权行政执法机关向刑事司法机关移送涉嫌犯罪的行为，还是刑事司法机关向行政执法机关移送涉嫌需要行政处罚的行为都必须依据明确的法律规定。目前，从国家到地方制定了很多关于建立健全知识产权两法衔接机制的规范性法律文件，这不仅为知识产权两法衔接奠定了坚实的制度基础，也为知识产权行政执法与刑事司法之间互相移送案件提供了法律依据，完善了知识产权法律保护体系。

其次，知识产权两法衔接机制的建立健全，有助于推进依法行政，提升知识产权行政机关的执法能力。促进行政执法机关严格、规范、公正、文明执法，是推进依法行政、建设社会主义法治国家的基本内容和基本要求。所谓依法行政，就是要求行政机关在法律规定的权限范围内，按照法定程序行使行政权力，承担行政责任。知识产权两法衔接机制的建立健全，有助于划清行政机关与刑事司法机关的权限范围，明确各自法律职责，督促行政机关依法办事，减少和杜绝有错不罚、有罪不送或者以罚代刑等不合法行为。同时，两法衔接机制的建立健全，对知识产权行政执法机关提出了比行政执法更高的要求。一方面，行政执法机关不能对所有的违法行为均一罚了之，而是要判断哪些是可以适用行政处罚的一般违法行为，哪些是需要适用刑事制裁的犯罪行为；另一方面，由于要向刑事司法机关移送涉嫌犯罪的行为，这就要求行政执法机关在涉案线索的证据等文书材料准备方面更加严格。这两方面都对知识产权行政执法人员的业务素质提出了更高要求，同时也有助于提升执法机关办案人员的执法能力。

再次，建立和完善知识产权两法衔接机制，有助于实现刑事司法公正，发挥司法机关在协同打击知识产权违法活动中的重要作用。知识产权刑事司法主要是针对严重违反知识产权刑事法律规定并需要接受刑事制裁的违法行为而言。刑事司法公正不仅体现在刑事诉讼程序合法，还体现在罪责刑相适应等实体方面的要求。所以，程序违法、罪责不当是司法不公正的主要表现。就知识产权两法衔接而言，司法机关如何接受行政执法机关移送涉嫌犯罪行为，如何向行政机关移送需要给予行政处罚行为，都不仅涉及司法程序公正，还涉及对违法行为性质、责任判断等实体公正。通过两法衔接机制的建立健全，从程序与实体两个方面为司法机关接受涉嫌犯罪行为以及向行政机关移送需要给予行政处罚行为的活动提供了法律依据。这不仅有助于实现刑事司法公正，也有助于发挥司法机关在协同打击知识产权违法活动中的重要作用。

最后，建立和完善知识产权两法衔接机制，有助于强化法律监督，推动知识产权法治建设进程。知识产权行政执法与刑事司法保护的相互独立性和相对封闭性给二者之间衔接机制的运行带来一定障碍。如执法机关不移送或者"因案发时取证不及时，证据未固定或灭失等原因，造成无法立案、无法追究刑事责任"的现象时有发生；公安机关出于办案警力不足等因素考虑，对行政执法机关移送的涉嫌犯罪案件，往往要求其查清全部案件事实及证据后再移交，导致许多涉嫌犯罪行为最终无法被刑事追诉；而公安机关对于行政执法部门已作处罚的涉嫌经济犯罪案件，按照一事不再罚的原则，往往不予立案查处，这在某种程度上也影响了行政执法机关移送案件的积极性和打击知识产权违法犯罪行为的效果❶。作为知识产权两法衔接机制的重要环节，加强法律监督就十分必要。在目前的知识产权两法衔接机制中，主要是通过检察机关、监察机关来分别履行司法监督与行政监督的职责。

❶ 谢石飞，项勉. 行政执法与刑事司法衔接机制的完善 [J]. 法学，2007（10）：136.

对公安侦查机关的立案监督、对知识产权行政法机关的执法监督、职务犯罪监督，在一定程度上有助于两法衔接机制的实现，并最终推动包括立法、执法、司法与法律监督在内的知识产权法治建设进程。

3. 有助于整合知识产权保护力量，促进创新驱动发展

现代知识产权体系包罗万象，涉及很多不同的领域，如专利、商标、版权、商业秘密、植物新品种等。这些不同领域的知识产权管理工作又分别由不同行政机关来实施。因此，知识产权行政执法保护是由知识产权局、版权局、农业行政管理部门、海关等众多行政机关分别实施的。知识产权刑事司法保护同样需要公安、检察院、法院之间的相互配合与衔接方能实现。如果说知识产权行政执法是一个包含着众多执法部门的横向联合，那么知识产权刑事司法程序就是一个包含公检法在内的纵向追诉锁链。可见，知识产权保护工作是一张由行政执法部门编织的纬线与刑事司法部门编织的经线而形成的网络体系。加强知识产权保护，首先要整合知识产权保护力量，形成知识产权保护合力。建立健全知识产权两法衔接，就是要通过领导小组、联席会议等组织形式，最大限度地将有关行政执法力量与司法力量予以整合，努力发挥知识产权保护网络体系的合力。

建立和完善知识产权两法衔接机制，同样有助于促进知识产权战略的顺利实施，推进创新型国家快速发展。为提升国家核心竞争力，建设创新型国家，党和国家制定了《国家知识产权战略纲要》《知识产权强国建设纲要（2021—2035 年）》等一系列政策，将知识产权战略作为国家发展的重要战略之一，并将创造、运用、保护、管理、服务等作为国家知识产权战略体系的重要内容。其中，知识产权保护无疑居于核心地位。知识产权保护是实施知识产权战略的重要内容与基本前提，离开了保护这一重要内

容，知识产权创造就失去动力之源，知识产权运用、管理更无从谈起，甚至知识产权制度存在的意义与价值也会荡然无存。两法衔接机制的建立健全，不仅会直接推动知识产权保护工作的广泛开展，也会对知识产权创造、运用、管理产生积极影响。一方面，两法衔接机制的建立健全，净化了知识产权运行的社会环境，为知识产权创造、运用、管理提供了良好的外部条件；另一方面，知识产权创造、运用、管理中存在的问题，需要通过知识产权保护工作予以解决，如知识产权创造中的权益划分、知识产权运用中的融资担保、知识产权管理服务中的维权救助等。建立健全两法衔接机制，加强知识产权保护，可以在一定程度上降低知识产权创造、运用、管理中发生问题的风险。

二、知识产权行行政执法与刑事司法衔接机制的运行现状

《中华人民共和国行政处罚法》（1996）首次以法律文件形式提出"违法行为构成犯罪的，行政机关必须将案件移送司法机关，依法追究刑事责任"，之后国务院、国家有关部委、最高人民检察院、最高人民法院等部门以及各级地方政府，知识产权行政管理机关等纷纷制定或者联合发布了一大批关于建立健全知识产权两法衔接的法规、规章、司法解释及其他规范性法律文件，这为我国知识产权两法衔接机制的运行提供了坚实的制度基础。目前，全国绝大多数知识产权行政执法单位都与当地公安、检察机关建立了行政执法与刑事司法衔接工作机制，并确立了联席会议、案情通报、备案审查、线索移送及检察建议等制度，但在实践中多以召开联席会议、走访等为主要活动形式，而报送材料、移送线索、检察建议等实质性内容的执行效果乃至执行与否主要还取决于公安、检察机关与行政执法部门之间的协调力度。

（一）知识产权两法衔接的制度基础

在我国《宪法》中虽然没有关于两法衔接的直接规定，但作为"万法之母"的《宪法》是其他所有法律法规制定的依据，因此也是知识产权两法衔接机制运行最根本的制度基础和指导原则。目前，在全国人大或全国人大常委会制定的法律中，除《行政处罚法》《刑法》《刑事诉讼法》等法律对两法衔接作出零散规定外，其他法律对两法衔接基本没有规定。2001年国务院制定的《行政机关移送涉嫌犯罪案件的规定》❶是首部以行政法规形式对建立两法衔接机制的框架设计。此后，国务院、最高人民检察院、最高人民法院、公安部、国家知识产权局、国家版权局、海关总署、国家工商行政管理总局等都发布了一大批建立健全知识产权两法衔接机制的规范性法律文件，这些法律文件基本构建起我国知识产权两法衔接的法律法规体系。

（二）知识产权两法衔接的内容与程序

1. 移送范围

移送范围包括行政执法机关在执法过程发现的涉嫌犯罪行为以及司法机关在司法过程中发现的虽不构成犯罪但需要追究行政责任的违法行为。

（1）行政执法机关执法过程发现并需要向司法机关移送的涉嫌犯罪行为

就知识产权领域来讲，这主要涉及三种情况。

第一种是知识产权行政执法机关在对某些知识产权违法行为进行查处时发现的涉嫌知识产权犯罪行为，如假冒专利罪，非法

---

❶ 该法条现已被国务院2020年修订的《行政执法机关移送涉嫌犯罪案件的规定》代替而失效，本书在此应用的目的主要是追溯有关两法衔接法律法规制度的历史发展渊源。

使用他人注册商标罪，销售假冒注册商标的商品罪，非法制造注册商标的标识罪，销售伪造、擅自制造的注册商标标识罪，侵犯著作权罪，销售侵权复制品罪，侵犯商业秘密罪等。

第二种是违反知识产权行政管理秩序涉嫌的犯罪行为，如骗取专利资助奖励等涉嫌的犯罪行为。❶

第三种是知识产权行政执法人员涉嫌拒不向司法机关移送案件等职务犯罪。

上述三种情况在现有的知识产权两法衔接制度中都有规定，但最主要的是指第一种。因此在制度设计以及目前的实践中主要是围绕第一种衔接情形进行设计的。本书也将以第一种情况的两法衔接作为主要研究对象。

（2）司法机关对不构成犯罪但应向行政机关移送的需要追究行政责任的行为

公安机关对于侦查活动中发现的违法行为，经审查没有犯罪事实，或者立案侦查后认为犯罪事实显著轻微，不需要追究刑事责任，但依法应当追究行政责任的，应当及时将案件移送同级行政执法机关，有关行政执法机关应当依法作出处理。

在知识产权领域，《关于加强工商行政执法与刑事司法衔接配合工作若干问题的意见》《关于在打击侵犯著作权违法犯罪工作中加强衔接配合的暂行规定》《关于建立协作配合机制共同加强知识产权保护工作的通知》，对商标权、著作权、专利权中司法机关向行政机关移送需要追究行政责任的违法行为都分别有较为明确的规定。

---

❶ 如《陕西省专利条例》第 55 条 ［骗取资助奖励责任］ 违反本条例规定，单位或者个人弄虚作假，骗取政府专利资助，奖励的，三年内不得申报政府专利资助，奖励，专利行政主管部门或者有关行政管理部门应当收回资助资金，撤销奖励，并将其不良行为纳入专利公共信用信息系统；构成犯罪的，依法追究刑事责任。

2. 移送对象

(1) 涉嫌犯罪线索与涉嫌犯罪的案件

所谓涉嫌犯罪线索是指行政机关所发现涉嫌犯罪需要追究刑事责任的材料信息，而涉嫌犯罪案件是指公安机关对行政机关移送的涉嫌犯罪线索决定立案后行政机关需要移送的整个涉嫌犯罪行为的案卷材料。

目前关于知识产权两法衔接中，行政机关到底是移送案件还是案件线索，规定还不是很统一。有些文件中仍然要求行政机关向司法机关移送案件，如《国务院关于进一步做好打击侵犯知识产权和制售假冒伪劣商品工作的意见》（国发〔2011〕37 号）规定："行政执法部门在执法检查时发现侵权和假冒伪劣行为涉嫌犯罪的，要及时向公安机关通报，并按规定移送涉嫌犯罪案件；公安机关接报后应当立即调查，并依法作出立案或者不予立案的决定。"

有些文件则将二者都加以规定。《国务院办公厅关于印发打击侵犯知识产权和制售假冒伪劣商品专项行动方案的通知》（国办发〔2010〕50 号）指出："要加强行政执法和刑事司法的有效衔接，防止有案不送、以罚代刑，坚决追究侵犯知识产权犯罪分子的刑事责任。知识产权、工商、新闻出版（版权）、商务、税务、质检、农林等部门在行政执法过程中，对符合刑事立案追诉标准、涉嫌犯罪的，要及时移送公安机关；对现场查获、行为人可能逃匿或销毁证据的，要立即商请公安机关提前介入调查。公安机关要对行政执法部门移送的涉嫌犯罪案件或线索及时审查，对涉嫌犯罪的抓紧依法立案侦查。"

也有些文件要求先移送案件线索，在公安司法机关决定立案后，再移送涉嫌犯罪的案件。如公安部、国家版权局《关于在打击侵犯著作权违法犯罪工作中加强衔接配合的暂行规定》（2006）就对著作权行政执法所涉及的需要向司法机关移送涉嫌犯罪行为作了如下规定：

第 6 条　著作权管理部门在执法过程中，发现涉嫌侵犯著作权犯罪案件线索，应当及时通报同级公安机关。

第 9 条　公安机关应当自接到著作权管理部门通报之日起 3 个工作日内，依法对所通报的案件线索进行审查，并可商请著作权管理部门提供必要的协助。认为有犯罪事实，应当追究刑事责任的，依法决定立案，书面通知通报线索的著作权管理部门。

第 14 条　在公安机关决定立案通知书送达后 3 个工作日内，著作权管理部门应当向公安机关办理有关侵权复制品和用于违法犯罪行为的材料、工具、设备等的移交手续。公安机关需要到场查验有关涉案物品或者收集必要的侵权复制品样材的，著作权行政执法部门应当予以积极协助。

（2）涉嫌违法线索与涉嫌违法的案件

对于公安司法机关在司法活动中发现并需要向行政机关移送的涉嫌追究行政责任行为的，与上述规定基本一致。也主要涉及对涉嫌违法线索与涉嫌违法案件的移送。同样以上述《关于在打击侵犯著作权违法犯罪工作中加强衔接配合的暂行规定》为例，有如下规定：

第 6 条　公安机关对于在工作中发现的涉嫌侵犯著作权违法案件线索，应当及时通报同级著作权管理部门。

第 9 条　著作权管理部门应当自接受公安机关通报的违法案件线索之日起 3 个工作日内，依法对所通报的案件线索进行审查，认为存在侵犯著作权等行政违法事实的，依法决定立案，书面通知通报线索的公安机关；认为不存在侵犯著作权等行政违法事实的，不予立案并书面通知通报线索的公安机关。

比较遗憾的是，上述规定，对于著作权管理部门决定立案后，公安机关如何移送并没有具体规定。

3. 移送主体

移送主体包括知识产权行政执法机关与刑事司法机关，即公安机关、检察机关以及人民法院。

国务院《行政执法机关移送涉嫌犯罪案件的规定》（2020）第3条第1款规定："行政执法机关在依法查处违法行为过程中，发现违法事实涉及的金额、违法事实的情节、违法事实造成的后果等，根据刑法关于破坏社会主义市场经济秩序罪、妨害社会管理秩序罪等罪的规定和最高人民检察院、最高人民法院关于破坏社会主义市场经济秩序罪，妨害社会管理秩序罪等罪的司法解释以及最高人民检察院、公安部关于经济犯罪案件的追诉标准等规定，涉嫌构成犯罪，依法需要追究刑事责任的，必须依照本规定向公安机关移送。"该条第2款专门就知识产权领域发现的涉嫌犯罪行为应向公安机关移交的情形作了明确规定："知识产权领域的违法案件，行政执法机关根据调查收集的证据和查明的案件事实，认为存在犯罪的合理嫌疑，需要公安机关采取措施进一步获取证据以判断是否达到刑事案件立案追诉标准的，应当向公安机关移送。"需要注意的是，两法衔接中，公安机关往往被排除在行政机关的范围之外。也就是说，在两法衔接中，公安机关一般被视为司法机关。在知识产权领域，上述行政执法机关主要包括对专利、商标、版权、商业秘密等知识产权违法行为具有行政处罚权的行政执法机关，即知识产权局、版权局、海关部门、文化部门以及农业、林业等负责知识产权行政管理的相关部门。

对于刑事司法机关的范围虽然没有统一规定，但有些文件对公安机关、检察机关在刑事司法活动中发现无须追究刑事责任但需要追究行政责任的行为应当向有关行政机关移送作了明确规定。如《关于在行政执法中及时移送涉嫌犯罪案件的意见》（2001）规定："公安机关对发现的违法行为，经审查，没有犯罪事实，或者立案侦查后认为犯罪情节显著轻微，不需要追究刑事责任，但依法应当追究行政责任的，应当及时将案件移送行政执法机关，有关行政执法机关应当依法作出处理，并将处理结果书面告知公安机关和人民检察院。"但这一规定也在《行政执法机关移送涉嫌犯罪案件的规定》（2020）中删除。

4. 移送材料

目前对知识产权行政执法机关移送材料的规定并不统一，择其部分文件对比相关内容见表6。

表6　知识产权行政执法机关向司法机关移送案件材料规定对照表

文件名称	相关规定
《行政执法机关移送涉嫌犯罪案件的规定（2020）》	第6条：（一）涉嫌犯罪案件移送书；（二）涉嫌犯罪案件情况的调查报告；（三）涉案物品清单；（四）有关检验报告或者鉴定结论；（五）其他有关涉嫌犯罪的材料
《公安部、海关总署关于加强知识产权执法协作的暂行规定》（2006）	第6条：海关根据本规定第5条向公安机关通报的案件线索，应当包括以下内容：（一）进出口货物经营单位，收（发）货单位，进出境旅客，邮递物品寄件人或者收件人（以下统称"当事人"）的名称或者姓名，注册地址或者国籍；（二）侵权嫌疑货物或者物品的品名，数量，已知的价值，申报日期或者海关查验日期；（三）涉嫌侵犯的知识产权名称和注册号，知识产权权利人名称或者姓名，联系人和联系方式；（四）其他应当提供的情况
《关于在打击侵犯著作权违法犯罪工作中加强衔接配合的暂行规定》（2006）	第8条规定，公安机关向著作权管理部门通报行政违法案件线索时，应当附有下列材料：（一）案件（线索）通报函；（二）涉嫌行政违法案件情况的认定调查报告；（三）相关证据材料；（四）其他有关材料

注：按照《行政执法机关移送涉嫌犯罪案件的规定》（2020）、《公安部，海关总署关于加强知识产权执法协作的暂行规定》（2006）、《关于在打击侵犯著作权违法犯罪工作中加强衔接配合的暂行规定》（2006）相关规定整理。

此外，在商标等领域，早在 2006 年由公安部与原国家工商行政管理总局联合发布了《关于在打击侵犯商标专用权违法犯罪工作中加强衔接配合的暂行规定》，其中第 7 条规定"工商行政管理机关向公安机关通报案件线索时，应当附有下列材料：（一）案件（线索）通报函；（二）侵权物品的商标，标识等材料；（三）商标注册证等有关证据，文件的复印件；（四）其他有关材料"。2008 年国家知识产权局与公安部也联合印发了《关于建立协作配合机制共同加强知识产权保护工作的通知》，其中第 4 条规定"各地知识产权部门在工作或对外磋商谈判中接收的涉嫌侵犯知识产权犯罪案件线索，应商有关行政执法部门后，及时移送给有管辖权的公安机关，并根据公安机关的要求，协调有关部门，机构和企业提供证据材料"。2018 年新一轮国家机构改革后，上述文件规定的内容已不再适用。2021 年国家知识产权局与公安部印发了《关于加强协作配合强化知识产权保护的意见》，但在这份最新的文件中，并没有关于知识产权行政管理部门向公安机关移送涉案材料的具体规定。

上述规定关于移送材料之所以不一致，一方面是对移送对象没有界定清楚，到底是作为整个案件的证明材料还是仅给司法机关提供案件线索；另一方面是由于不同工作部门，如专利、商标、版权、海关等各自业务范围不同，移送材料要求自然有所差异。

（三）知识产权两法衔接中的法律监督

对于公安司法机关决定不予立案的案件，如果存在错误的，可以通过移送监督程序予以纠正。从监督主体而言，主要有行政监督与检察监督两种。如《行政执法机关移送涉嫌犯罪案件的规定》（2020）第 9 条规定"行政执法机关接到公安机关不予立案的通知书后，认为依法应当由公安机关决定立案的，可以自接到不予立案通知书之日起 3 日内，提请作出不予立案决定的公安机关复议，也可以建议人民检察院依法进行立案监督"。

除行政执法机关提请检察院监督外，检察院在两法衔接中本身就负有履行对公安机关实施立案监督的职责。即使行政执法机关没有向检察院提请监督，检察院也应该对公安机关实施立案。按照《人民检察院办理行政执法机关移送涉嫌犯罪案件的规定》，如果认为公安机关不予立案的决定有错误，应当要求公安机关在收到人民检察院《要求说明不立案理由通知书》后 7 日内将关于不立案理由的说明书面答复人民检察院。若人民检察院认为公安机关不立案理由不能成立，应当通知公安机关在收到《通知立案书》后 15 日内决定立案，并将立案决定书送达人民检察院。

此外，有些文件还规定了社会力量对行政执法机关不移送涉嫌犯罪行为的监督。如《关于在行政执法中及时移送涉嫌犯罪案件的意见》（2006）第 2 条也规定，任何单位和个人发现行政执法机关不按规定向公安机关移送涉嫌犯罪案件，向公安机关、人民检察院、监察机关或者上级行政执法机关举报的，公安机关人民检察院监察机关或者上级行政执法机关应当根据有关规定及时处理，并向举报人反馈处理结果。

从现有规定看出，关于知识产权两法衔接的法律监督体系比较健全，但仍有如下不足：一是缺乏人大监督；二是在国家监察委员会取代原监察局的职能后，如何发挥国家监察委员会对知识产权两法衔接的监督作用，相关规定仍有待完善；三是对行政机关是否移送涉嫌犯罪行为监督较多，但对公安机关是否移送涉嫌需要追究行政责任的监督较少，现有规定的系统性、可操作性仍需完善；四是不同监督之间的配合较少，没有发挥出监督机制的合力；五是对监督机制的保障条件规定不完善，如对社会团体个人检举的信息保密、奖励制度等规定仍有较大改进空间。

（四）知识产权两法衔接中信息共享机制的建立

信息共享机制的建立是推进知识产权两法衔接的重要途径。行政执法机关与刑事司法机关之间信息共享机制不完善，影响了行政执法与刑事司法的有效衔接。建设信息平台，可以为行政执法机关与刑事司法机关搭建便捷、高效的信息沟通渠道，提高执法透明度，促进相关执法、司法信息共享，强化对执法办案的指导和监督，规范案件移送、受理等工作，进一步加强行政执法与刑事司法的衔接，形成打击侵权假冒工作合力。

早在 2001 年《公安部关于贯彻落实国务院〈行政执法机关移送涉嫌犯罪案件的规定〉加强案件受理、立案工作有关事项的通知》就指出："有条件的地方要把案件受理，立案信息与经济犯罪案件信息系统建设有机结合起来。"❶ 这里首次提出信息共享，但主要用于公安机关内部建设。

2004 年最高人民检察院、全国整顿和规范市场经济秩序领导小组办公室、公安部《关于加强行政执法机关、公安机关和人民检察院工作联系的意见》中首次提出建立两法衔接的信息共享机制："加强联系配合，建立信息共享机制。各级行政执法机关、公安机关、人民检察院要在充分发挥各自职能作用的基础上，做到信息共享、密切合作。要建立情况信息通报制度，并在加强保密工作的前提下，逐步实现各行政执法机关信息管理系统与公安

---

❶ 公安部. 关于贯彻落实国务院《行政执法机关移送涉嫌犯罪案件的规定》加强案件受理、立案工作有关事项的通知 [EB/OL]. （2001-08-21）[2022-06-25]. http://ms.isheng.net/index.php?doc-view-4994.

机关、人民检察院的信息联网共享。"❶

但在知识产权行政执法机关与公安机关联合签订的有关文件里，并没有对上述建立信息共享机制进行拓展，而更多的是提出要相互交流信息，如国家工商行政管理总局与公安部联合制定的《关于在打击侵犯商标专用权违法犯罪工作中加强衔接配合的暂行规定》（2006）中对信息共享的规定是："相互通报侵犯商标专用权违法犯罪活动的情报信息，共同开展保护商标专用权领域的宣传和国际交流等事项"，"联席会议的主要内容是总结衔接配合工作情况，制订工作措施和计划，研究重大案件的办理工作，交流打击侵犯商标专用权违法犯罪工作的情报信息。各级联席会议决定的有关事项，应报送双方上级主管机关"，"双方对工作中发现的有关侵犯商标权犯罪活动的重要情报，应随时相互通报"，等等。

这一情况直到 2008 年国家知识产权局与公安部联合发布《关于建立协作配合机制共同加强知识产权保护工作的通知》才有所改变，该通知指出："各地知识产权部门和公安机关要认真贯彻国务院的工作部署，建立健全行政执法、刑事司法顺畅衔接的工作机制，完善行政执法部门与公安机关、司法机关协调配合的工作格局，促进执法资源的合理利用，形成执法合力，提高打击效能。一是探索建立信息共享机制。各地知识产权部门和公安机关要主动会同相关行政执法部门，司法机关建立情况信息通报制度，逐步实现各部门立法、执法信息和业务工作数据的共享，推动建立相互间违法犯罪信息的共享平台和'绿色通道'。"

近几年，建立信息共享机制成为知识产权两法衔接中的重要

---

❶ 最高人民检察院、全国整顿和规范市场经济秩序领导小组办公室、公安部. 关于加强行政执法机关与公安机关，人民检察院工作联系的意见 [EB/OL]. （2001-08-21）[2022-06-25]. https://www.scxsls.com/knowledge/detail?id=30992.

内容，也成为许多文件关注的焦点问题之一。如《关于加强工商行政执法与刑事司法衔接配合工作若干问题的意见》（中办发〔2011〕8号）就将建立工商行政执法与刑事司法衔接中的信息共享机制纳入电子政务建设规划。对于没有建立信息共享平台的地区，则提出多种建立信息共享机制的途径。国务院《关于进一步做好打击侵犯知识产权和制售假冒伪劣商品工作的意见》（国发〔2011〕37号）则将建立信息共享平台作为当时最紧迫的任务，要求2013年年底前在全国分批全面建成："加快建设打击侵权和假冒伪劣领域行政执法与刑事司法衔接工作信息共享平台，2013年年底前分批全面建设完成，实现行政执法部门与司法机关之间执法，司法信息互联互通。"在此基础上，2012年9月27日，国务院办公厅转发全国打击侵权假冒工作领导小组办公室等单位《关于做好打击侵权假冒工作中行政执法与刑事司法衔接的意见》（国办发〔2012〕51号），对信息平台建设和信息录入等提出明确要求，详细规定了建立信息共享平台的意义，目标，措施等。

目前，司法部正积极推进"两法衔接"信息管理平台建设并取得较大进展，包括"明确'两法衔接'信息管理平台建设标准；将'两法衔接'模块纳入全国行政执法综合管理监督信息系统，制定了该系统的行业标准，包括'两法衔接'的线上移送标准；建设全国行政执法综合管理监督信息系统，开发'两法衔接'模块，基本实现了信息维护，信息查询，数据统计分析等功能"❶。其他相关行政执法部门与司法部门也在积极配合。2021年最高人民检察院印发的《关于推进行政执法与刑事司法衔接工作的规定》第16条规定："人民检察院应当配合司法行政机关建

---

❶ 沙雪良. 司法部"行刑衔接"信息平台已实现查询、统计等功能［EB/OL］. （2021-10-11）［2022-09-15］. https://www.bjnews.com.cn/detail/163392721714085.html.

设行政执法与刑事司法衔接信息共享平台。已经接入信息共享平台的人民检察院，应当自作出相关决定之日起 7 日以内，录入相关案件信息。尚未建成信息共享平台的人民检察院，应当及时向有关单位通报相关案件信息。"❶

（五）知识产权两法衔接中的衔接组织与牵头部门

为了保障知识产权两法衔接的顺利开展，一些相关法律文件对衔接组织作出规定，最常见的是部门之间的联席会议。但是相关文件对联席会议牵头部门各有不同规定，本书列出一些文件关于行政执法与刑事司法衔接中牵头部门规定，详见表 7。

表 7　部分文件关于行政执法与刑事司法衔接牵头部门的不同规定

文件颁发单位	文件名称	关于联席会议牵头部门的规定
国务院	《关于进一步做好打击侵犯知识产权和制售假冒伪劣商品工作的意见》（国发〔2011〕37号）	商务部作为打击侵权和假冒伪劣领域行政执法与刑事司法衔接工作牵头部门，要切实负起责任，加强统筹协调
最高人民检察院、全国整顿和规范市场经济秩序领导小组办公室、公安部	《关于加强行政执法机关与公安机关、人民检察院工作联系的意见》（2004）	各地整顿和规范市场经济秩序领导小组办公室要发挥综合协调作用，促进行政执法与刑事执法的有效衔接

---

❶　最高人民检察院. 关于推进行政执法与刑事司法衔接工作的规定［EB/OL］.（2021-10-11）［2022-06-25］. https://m.gmw.cn/baijia/2021/10/11/35222890.html.

续表

文件颁发单位	文件名称	关于联席会议牵头部门的规定
公安部、原国家工商行政管理总局	《关于在打击侵犯商标专用权违法犯罪工作中加强衔接配合的暂行规定》（2006）	公安部经济犯罪侦查局，国家工商行政管理总局商标局，以及各省级、地市级公安机关经济犯罪侦查部门和工商行政管理机关商标管理部门应建立打击侵犯商标专用权违法犯罪联席会议制度。联席会议每年召开一次，由公安机关、工商行政管理机关轮流召集，轮值方负责会议的组织和筹备工作
公安部、原国家知识产权局	《关于建立协作配合机制共同加强知识产权保护工作的通知》（2008）	各地知识产权部门与公安机关要根据当地实际情况，建立相应的协调会商机制，指定专人负责，研究落实相关工作。各地知识产权部门与公安机关在知识产权保护工作方面的协作配合，由国家知识产权局协调管理司和公安部经济犯罪侦查局归口管理
公安部、原国家版权局	《关于在打击侵犯著作权违法犯罪工作中加强衔接配合的暂行规定》（2006）	公安部治安管理局，国家版权局版权管理司以及各省级、地市级公安机关治安管理部门和著作权行政执法部门应当建立打击涉嫌侵犯著作权违法犯罪联席会议制度。联席会议由公安机关、著作权管理部门负责查处涉嫌侵犯著作权违法犯罪案件部门的负责人和其他相关职能部门的负责人组成。 联席会议每年召开一次，由公安机关治安管理部门、著作权行政执法部门轮流召集，轮值方负责会议的筹备和组织工作。如遇重大、紧急情况或者需要联合部署重要工作，可以召开临时联席会议

注：根据文件相关内容整理。

《国务院关于进一步做好打击侵犯知识产权和制售假冒伪劣

商品工作的意见》（国发〔2011〕37号）明确"县级以上地方人民政府要尽快明确打击侵权和假冒伪劣领域行政执法与刑事司法衔接工作的牵头单位，建立健全联席会议、案件咨询等制度，及时会商复杂、疑难案件，研究解决衔接工作中的问题"❶。国内部分省市贯彻该意见时对牵头部门有不同规定，具体情况详见表8。

表8　全国部分省市关于打击侵权和假冒伪劣
领域行政执法与刑事司法衔接工作牵头单位对照表

省市	牵头部门
安徽省	省打击侵犯知识产权和制售假冒伪劣商品工作领导小组办公室（省商务厅）
福建省	省经贸委
河北省	省保护知识产权工作领导小组办公室
黑龙江省	省检察院、商务厅
吉林省	省商务厅
辽宁省	省服务业委员会
宁夏回族自治区	省商务厅
四川省	省检察院、原省法制办
陕西省	省商务厅

注：按照表内省份关于知识产权行政执法与刑事司法衔接的相关文件整理。

三、知识产权行政执法与刑事司法衔接机制中存在的问题

近些年，我国知识产权刑事案件审理数量与行政执法案件数

---

❶ 国务院. 关于进一步做好打击侵犯知识产权和制售假冒伪劣商品工作的意见 [EB/OL]. （2012-01-20）〔2022-09-15〕. http://www.gov.cn/zwgk/2012-01/20/content_2049677.htm.

量都在快速增加，但有关两法衔接中相互移送案件数量却并不多见。显然，在知识产权两法衔接成为知识产权管理工作重要内容和关注焦点以及知识产权两法衔接制度建设不断趋于完善之时，知识产权两法衔接中移送案件工作并没有及时跟上。造成这种"不对称"的原因是多方面的，其中一个重要的原因是我国当前在打击侵犯知识产权违法犯罪活动中，行政执法与刑事司法相互之间的衔接还不够紧密，衔接机制在具体落实过程中还存在着诸多问题❶。

1. 对知识产权两法衔接工作的重要性认识不够

随着国家知识产权战略普遍实施，知识产权对社会经济社会发展的重要性已经越来越引起各方重视。但其关注重点首先在知识产权对地方经济建设的推动力和对 GDP 的贡献率，因此如何提升知识产权的数量，提高知识产权的质量，以及如何实现知识产权的运用、转化是国家与地方知识产权工作关注的重心。在这种背景下，知识产权保护工作就被放置到从属地位。当然，对知识产权保护的不重视，是一段时间国内社会的普遍现象，无论权利人还是一般社会公众，乃至很多政府部门的工作人员都对知识产权保护甚至知识产权本身比较陌生，更奢谈知识产权两法衔接机制的运行。加之，知识产权两法衔接机制的运行不单单是知识产权行政管理部门内部的事，而是涉及众多的知识产权行政管理部门以及公检法各级单位，甚至还需要社会公众的配合。所以，有效推进知识产权两法衔接机制运行，需要提升整个社会对知识产权、对知识产权保护工作进而对知识产权两法衔接工作重要性的认识程度。

---

❶ 周舟. 我国知识产权行政执法与刑事司法衔接机制研究 [J]. 北京政法职业学院学报，2011（1）：26.

2. 制度效力层级较低，对知识产权两法衔接的约束性不够

从现有制度来看，除了《行政处罚法》《刑法》《刑事诉讼法》中某几个法律条文涉及对两法衔接做出较为原则性的规定或者就两法衔接中某个问题做出具体规定外，尚没有关于全面规范两法衔接的法律性文件。严格来说，目前关于知识产权两法衔接制度文件中效力最高的是国务院制定的《行政执法机关移送涉嫌犯罪案件的规定》（2020），属行政法规。《国务院办公厅关于印发打击侵犯知识产权和制售假冒伪劣商品专项行动方案的通知》（国办发〔2010〕50号）、《国务院关于进一步做好打击侵犯知识产权和制售假冒伪劣商品工作的意见》（国发〔2011〕37号）、《国务院关于做好打击侵犯知识产权和制售假冒伪劣商品工作中行政执法与刑事司法衔接的意见》（2012）等都不是严格意义上的行政法规，而是国务院制定的规范性文件，其效力还不能等同于行政法规。❶ 其他的基本都属于行政规章或者地方规章类规范性文件。此外还有司法机关的司法解释，如最高人民检察院《人民检察院办理行政执法机关移送涉嫌犯罪案件的规定》。但司法解释主要用于规范司法机关行为，对行政执法机关的执法行为没有约束力。从权力分立角度而言，行政执法机关制定的行政法规与司法机关制定的司法解释都有着各自效力规范的边界。如果超越其调整的范围，如用行政法规约束司法机关的司法行为，或

---

❶ 按照我国《立法法》规定，行政法规的制定有着严格程序，还需要以总理签署国务院令的形式予以公布。目前除《行政执法机关移送涉嫌犯罪案件的规定》（2020），国务院制定的其他关于知识产权两法衔接文件，大多并非是以国务院名义发布，与行政法规的立法主体不符，因此不属于行政法规范畴的文件。

用司法解释约束行政机关的行政行为都与法治精神内在要求不符❶。所以，只有通过制定法律的形式调整知识产权两法衔接显得更为合适。对地方省市知识产权两法衔接工作来说，由省人大通过地方法规的形式予以立法，至少在省内对行政执法机关与司法机关同时具有较强的约束力，也能较好保证知识产权两法衔接工作的开展。

3. 制度体系不健全，法规之间缺乏整合

从上述整理的法律法规现状看，虽然已经制定出了一批有关知识产权两法衔接的制定规范，但是这些制度之间的体系性不强，法规之间缺乏整合性，重复规定较多。

第一，知识产权领域缺乏一部系统而统一的有关两法衔接的法律。我国知识产权执法工作虽然是由不同行政主体负责，日常执法也各自独立，但从国家知识产权战略实施的角度以及维护知识产权法制统一的角度而言，在知识产权领域制定出一部能为不同知识产权执法部门提供移送依据的两法衔接制度，无疑具有非常重要的意义。一方面有助于知识产权领域两法衔接工作的开展，强化知识产权保护工作，毕竟有一部统一的移送规范，比各部门与公安机关之间订立不同的移送规范，能够简化程序，促进知识产权两法衔接的规范化；另一方面也有助于促进知识产权执法形成合力，增强社会公众对知识产权工作整体性的认知。目前，知识产权领域两法衔接的统一规范基本没有建立。除了国家知识产权局、公安部联合印发了《关于加强协作配合强化知识产

---

❶ 在现代社会，行政权与司法权相对独立的运行是法治基本要求。所以，在《宪法》《刑事诉讼法》等法律文件中才会有"人民法院依照法律规定独立行使审判权，人民检察院依照法律规定独立行使检察权，不受行政机关、社会团体和个人的干涉"规定。若在两法衔接中要求司法机关依据行政机关制定的行政法规或规章处理有关事项，与上述规定存在冲突。

权保护的意见》（国知发保字〔2021〕12 号）外，就整个知识产权行政执法与刑事司法衔接制定的规范性文件非常少见。《行政执法机关移送涉嫌犯罪案件的规定》（2020）虽然针对知识产权领域两法衔接作了专门修订，但内容规定过于简约，可操作性不强，因此尚不能作为我国知识产权两法衔接的基本指导文件。这种立法现状，与我国目前随着知识产权战略深入实施、不断强调知识产权工作协同性的趋势不相符合。

第二，法规缺少整合，重复规定较多。自 2000 年公安部、国家工商行政管理总局和国家知识产权局发布《关于在查处侵犯知识产权违法犯罪案件工作中加强协作配合的通知》（公通字〔2000〕88 号）以来，有关执法衔接规范以及专门针对知识产权执法衔接的规范相继出台，在这些法律文件中，效力层次、颁布主体多种多样，有些法律文件的内容多有重复甚至矛盾之处。还有些文件仅仅是为了某个专项活动而制定，临时性、灵活性强，这就造成了很多行政执法部门与执法人员在选择适用法律时无所适从。许多法律制度是从某一个方面或者某一个领域规范知识产权两法衔接工作，这虽然增强了一些可操作性，但制度之间不同的规定又往往会破坏知识产权两法衔接机制的整体性，导致知识产权行政执法机关及其工作人员不易深刻理解和准确把握知识产权两法衔接的精神实质，制约了法律规则的落实，影响了知识产权两法衔接工作的开展。尽管其中的许多法律文件是行政执法部门和司法部门联合发文的，但由于种种原因，在出台相关法律文件时，行政执法部门与司法部门之间沟通不够❶，影响了立法质量以及立法后的实施。所以，我国知识产权行政执法与刑事司法衔接的法律依据亟须整合，完全可以通过一部法律文件来规

---

❶ 周舟. 我国知识产权行政执法与刑事司法衔接机制研究［J］. 福建法学, 2011（1）: 46.

范。如可以由国务院知识产权主管部门与司法机关，或者由各知识产权行政管理部门与司法机关联合制定一部有关知识产权领域两法衔接的规范，而不需要由各个具体知识产权行政执法部门分别与司法机关去联合制定。这样既能使知识产权领域两法衔接具有统一性，能够调动与整合各种知识产权管理资源，更好发挥两法衔接打击侵权的合力，也能节省宝贵的立法资源。同时，从现有法律制度的基础来看，知识产权领域两法衔接的制度规定也有很多相同内容，说明在知识产权两法衔接方面，各具体知识产权执法机关已有很多共识，存在形成一部统一的知识产权两法衔接制度的可能性与现实性。

4. 组织协调结构不统一，影响了两法衔接的有序运行

为了推进知识产权两法衔接工作的顺利开展，2011 年国务院通过了《关于进一步做好打击侵犯知识产权和制售假冒伪劣商品工作的意见》，并决定设立全国打击侵犯知识产权和制售假冒伪劣商品工作领导小组，作为打击侵犯知识产权和制售假冒伪劣商品领域行政执法与刑事司法衔接的牵头单位，办公室设在商务部。但是对于地方打击侵犯知识产权和制售假冒伪劣商品工作领导小组并没有统一规定，而是由各地自己决定。实践中各地对打击侵犯知识产权和制售假冒伪劣商品工作领导小组的牵头部门规定不一，致使知识产权"两法衔接"的实际运行效果参差不齐。

四、完善知识产权行政执法与刑事司法衔接机制的工作重点

1. 高度重视完善知识产权两法衔接机制工作的重要性

党中央、国务院高度重视知识产权保护工作，多次强调要完善有中国特色的知识产权法律制度，依法保护知识产权。党的十八届四中全会《中共中央关于全面推进依法治国若干重大问题的

决定》提出"健全行政执法和刑事司法衔接机制，完善案件移送标准和程序，建立行政执法机关、公安机关、检察机关、审判机关信息共享、案情通报、案件移送制度，坚决克服有案不移、有案难移、以罚代刑现象，实现行政处罚和刑事处罚无缝对接"，对强化"两法衔接"工作作出明确指引。《知识产权强国建设纲要（2021—2035 年）》进一步就完善知识产权两法衔接机制提出："明晰行政机关与司法机关的职责权限和管辖范围，健全知识产权行政保护与司法保护衔接机制，形成保护合力"，为今后做好两法衔接提供了遵循。因此，各级知识产权部门、司法机关要从全面推进依法治国、建设创新型国家的战略高度出发，着眼实现国家繁荣昌盛和民族伟大复兴的百年大局，深刻认识加强知识产权保护对于促进科技进步、文化繁荣和经济发展的重大意义，立足构建"严保护、大保护、快保护、同保护"的知识产权保护新格局，协同发挥行政执法与刑事司法在知识产权保护中的作用，进一步加强横向联合和统筹协调，完善部门间协作配合机制，坚决遏制和严厉打击各类侵犯知识产权违法犯罪活动，为深入实施国家知识产权战略，建设现代化科技强国提供坚强有力的支撑和保障。

2. 不断完善知识产权两法衔接的制度规定

一是推进国家层面两法衔接制度基础建设。目前，关于两法衔接的制度规定，既有国务院的行政法规《行政执法机关移送涉嫌犯罪案件的规定》（2020），又有最高人民检察院《关于推进行政执法与刑事司法衔接工作的规定》（2021），上述两部规范对于推动两法衔接提供了坚实的制度基础与明确的操作指引。但两法衔接是一项系统工程，需要协调行政权、司法权、监督权等国家权力之间的关系，因此由全国人大制定相关法律为推进两法衔接提供法律依据似更具有可行性，同时也能为包括知识产权领域在内的各个领域内的两法衔接提供基本法律制度依据。

二是清理现有各部门分别制定的知识产权两法衔接规定，推进知识产领域两法衔接制度的统一化。在《国务院关于行政执法机关移送涉嫌犯罪案件的规定》（2020），《国家知识产权局、公安部关于加强协作配合强化知识产权保护的意见》（2021）等基础上，探索制定全领域的知识产权两法衔接规范，增强知识产权两法衔接的统一性，为知识产权行政执法机关与司法机关就案件移送的具体操作提供依据。

3. 完善监督体系，建立协同监督机制

第一，积极发挥人大在知识产权两法衔接中监督作用。我国《宪法》规定了"一府两院"由人大产生，并受人大监督。人大在两法衔接中的监督地位毋庸置疑，对知识产权行政执法与刑事司法衔接的监督作用同样无法代替。应在知识产权两法衔接机制中明确规定人大的监督主体地位、监督重点领域、监督职责、监督手段、监督的保障措施、监督结果的落实等，充分发挥人大在推进知识产权两法衔接机制中的作用。

第二，健全协同监督机制。继续发挥监察部门、上级机关与本级政府的监督职责，强化知识产权行政执法机关与公安机关之间相互监督，进一步明确检察院对公安、法院的监督职责。在此基础上，建立以人大为核心的协同监督体系。通过日常监督信息互相通报、定期与不定期联席会议中知识产权监督工作交流等，发挥各监督机关合力，督促知识产权行政执法与刑事司法衔接机制的不断完善。

4. 加快信息共享平台建设，逐步推动知识产权两法衔接透明、公开

一是加快推进国家两法衔接平台建设进程，为推动全国两法衔接平台系统工程提供核心支撑。

二是完善硬件建设，加快推进省、市、县（区）知识产权行政执法与刑事司法信息共享网络，为知识产权两法衔接提供网络技术条件。

三是加强制度建设，制定知识产权行政执法与刑事司法衔接网络信息共享规范，推进知识产权两法衔接信息共享工作的积极开展。

从政府信息公开的发展趋势来看，随着信息平台建设不断完善，应将两法衔接的信息逐步向社会公开，接受社会监督，推动知识产权两法衔接更加规范、透明、高效。

5. 完善知识产权两法衔接的机构设置，增强执法力量

一是在继续完善省级知识产权行政执法机构的同时，也应当逐步强化地市、区县一级知识产权执法力量，加大基层知识产权行政执法力度，夯实知识产权两法衔接机制运行的实践基础。

二是加强学习和培训，提升执法人员、司法人员两法衔接工作的意识、能力与水平。知识产权两法衔接不同于一般的执法行为或司法行为，既要具备熟悉两法衔接中各种法律程序规定、法律文件手续材料撰写报送等法律专业能力，又要掌握对专利、商标、著作权、植物新品种等各领域知识产权罪与非罪、违法与犯罪、证据规则等一系列处理知识产权领域事务的专业能力，需要具备跨界思考的意识与能力。加之两法衔接对时效性要求较高，要求移送手续规范，因此对工作人员的业务素质要求较高。加强业务培训与学习，有助于提升执法人员两法衔接的工作水平，推进知识产权两法衔接工作顺利开展。

三是探索建立统一的知识产权两法衔接机构，及时处理知识产权两法衔接问题。目前知识产权行政执法力量分散，知识产权领域内的两法衔接往往是各自为政，这不仅分化了知识产权保护资源，而且也给两法衔接带来很多不便。可以发挥各地知识产权

工作领导小组的协同作用，在当地建立较为统一的知识产权两法衔接机构，由各知识产权行政管理部门与公安、检察、法院分别抽调 1~2 名工作人员，集中办公，集中处理知识产权两法衔接中的罪与非罪、违法与犯罪案件以及案件具体移送的程序与实体方面的问题。

第六章 探索职务科技成果知识产权
混合所有制改革

深入实施创新驱动发展是陕西加快结构调整升级，推动新旧动能转化，奋力谱写新时代追赶超越新篇章的重要举措，这势必要发挥陕西高校院所创新资源丰富，创新人才聚的优势，加快科技成果向经济效益转化，将科技创新实力不断转化为经济发展动力。但长期以来，科技成果转化率不高导致高校院所的科技创新实力并未有效承担起推动地方经济转型发展的支撑作用，从而形成"科技强，经济弱"的陕西现象。为此，陕西采取了许多改革措施，尤其是2014年国务院提出以"使用权、收益权、处置权"为核心的科技领域"三权改革"以来，陕西也制定了《陕西省促进科技成果转化若干规定》（以下简称"陕九条"）等文件，在"下放职务科技成果产权""大幅提升对科研人员的奖励报酬比例"等方面采取积极措施，以激发科研人员参与成果转化的热情，促进高校院所职务科技成果转化，但实施以来的实际效果并不尽如人意。究其原因，主要在于现有制度设计忽视了职务科技成果转化的市场属性以及在市场环境下产权安排对参与科技成果转化主体具有的激励效用，导致科研人员在科技成果转化中的权利缺位，既无法行使交易权，定价权等影响科技成果转化的决策性权利，也无法享有作为权利主体的各项利益，其参与科技成果转化的积极性、主动性无法得到完全释放。此外，知识产权侵权严重而保护难，知识产权融资机制欠缺，知识产权中介服务力量不强等知识产权治理中存在的诸多问题不仅制约职务科技成果转化的效率，也在很大程度上影响科研人员参与高校院所职务科技成果转化的积极性、主动性。本书认为，科技成果转化既是研发活动更是市场活动，明确产权关系，赋予科研人员对科研成果的权利主体地位，能够增强科研人员对科技成果转化的稳定利益预期，从而在根本上调动科研人员参与转化的积极性、主动性。作为连接科技创新与经济发展的桥梁与纽带，知识产权是促进科技成果在不同主体之间交易转化的制度保障，更是激发科研人员参与科技成果转化的制度基础。通过对国内外科技成果转化先进国家和地区的考察，可以发现重视运用知识产权制度保护科研人员在科技成果转化中的权益以激发其参与转化的积极性是一条非常重要的经验。具体到陕西来讲，就是要以推进知识产权混合所有制改革为抓手，从合理赋权、科学管权、高效用权、强化维权、广泛尊权等环节构建有助于激励与保障科研人员积极参与职务科技成果转化的知识产权长效机制。

第一节　职务科技成果产权制度改革
是推进陕西创新驱动发展的关键因素

党的十八大以来，党中央确立了以创新为首的新发展理念，提出深化创新驱动发展、建设创新型国的重大战略部署。作为科教大省，充分利用包括高校院所在内的科技创新资源，加快科技成果转化，将科技创新优势转化为经济发展动力是陕西奋力谱写新时代追赶超越新篇章的重要路径。以产权改革为抓手，通过制度创新激发社会创新活力无疑是当前陕西持续推进创新驱动发展的重要任务。

一、发挥陕西高校院所科技创新实力必须加快职务科技成果转化

1. 实施创新驱动是陕西坚持经济高质量发展的基本路径

2020 年 4 月习近平总书记在陕西考察时指出"陕西要坚持新发展理念，奋力谱写新时代追赶超越新篇章"，提出在扎实做好"六稳"工作，全面落实"六保"任务的基础上，着重"围绕产业链部署创新链，围绕创新链布局产业链，推动经济高质量发展迈出更大步伐"，❶ 这指明了陕西未来以新旧动能转换推进经济高质量发展的基本方向和路径，为陕西新时代加快追赶超越提供了基本遵循。

围绕产业链部署创新链，强调的是科技支撑作用，意在针对产业发展需求做研发、搞创新，将满足市场和产业发展的现实需要作为创新创造的重要目标，从源头上解决技术创新市场价值不强的问题，尤其是在一些战略性产业发展中，要根据产业链各个环节的需要，产业链现代化水平提升的需求，进行任务的部署安排，强化政产学研用协同创新体系。2020 年陕西省政府工作报告中明确指出："建立面向企业技术需求的项目形成机制，推进无人机、快速制造、陶瓷基复合材料等平台创新能力建设，实施集

---

❶ 新华社. 习近平在陕西考察时强调：扎实做好"六稳"工作落实"六保"任务奋力谱写陕西新时代追赶超越新篇章 [N]. 陕西日报，2020-04-24（2）.

成电路、新型显示、卫星应用、种业等重点产业创新发展工程。"❶ 围绕创新链布局产业链，强调科技的引领作用，是指围绕重大科技成果转化完善产业链条，将科技创新转化为现实生产力，将科技价值转化为实实在在的经济价值，推动产业结构转型升级。显然，无论是围绕产业链部署创新链，还是围绕产业链部署创新链，都是旨在推动科技与经济的紧密结合，有效发挥新兴技术、重大科技创新成果对经济发展的支撑作用，增强经济发展的科技含量。简单来说，就是围绕市场需要和产业升级需要研发适销对路的技术创新产品，所研发的技术创新成果应当能够及时转化实现。

近些年，科技创新在陕西地方经济社会发展中的重要作用日益凸显。据统计，近五年来陕西综合科技创新水平指数从 2014 年的 60.73% 增长到 2019 年的 67.04%，居全国第九位；科技活动产出指数由 2014 年的 66.82% 增长到 2019 年的 75.42%，位居全国第四；陕西每万人口发明专利拥有量从 2014 年的 4.77 件增长到 2018 年的 10.3 件，位居全国第七，中西部第一位。❷ 与此密切相关的是，科技创新对经济的推动作用更加突出：据科技部火炬中心数据，2019 年度陕西省新认定高新技术企业 1824 家，全省有效期内高新技术企业达 4371 家，增长 39.3%，净增 1233 家，创历史最大增量；技术合同交易额年均增长 100 亿元以上，由 2014 年的 639.98 亿元增长到 2019 年的 1467.83 亿元，位居全国第六，连续三年作为"实施创新驱动发展战略，推进自主创新

---

❶ 赵一德. 陕西省 2021 年政府工作报告［EB/OL］.（2021-02-03）［2022-06-25］. http://www.shaanxi.gov.cn/zfxxgk/zfgzbg/szfgzbg/202102/t20210203_2151881.html.

❷ 陕西省知识产权局. 2019 年陕西省知识产权保护状况［N］. 陕西日报，2020-04-26（8）.

和发展高新技术产业成效明显的地方"受到国务院表彰奖励。❶

特别是随着全球石油等能源价格断崖式下跌，陕西作为能源大省能将经济发展水平保持在合理区间，将 GDP 同比增长保持较快速度，其中科技创新的作用不容小觑。尤其是 2020 年，面对新冠肺炎疫情的冲击，陕西经济发展面临巨大的下行压力，第一季度陕西省地区生产总值 5439.66 亿元，同比下降 5.6%，其中，第一产业增加值 221.74 亿元，同比下降 3.1%；第二产业 2422.75 亿元，同比下降 6.9%，整个非能源工业增加值同比下降 12.7%；第三产业 2795.17 亿元，同比下降 4.6%，在全行业都基本呈现较大幅度下降的情况下，以计算机，通信和其他电子设备制造业为代表的高新技术产业却增长 26.3%；在投资领域，第一季度，全省固定资产投资（不含农户）同比下降 16.5%，其中，第一产业投资同比下降 29%，第二产业投资下降 4.4%，第三产业投资下降 19.2%，但是高技术制造业投资增长 51%，❷ 可以说高新技术产业依然是面临巨大下行压力下的陕西经济的亮点与希望。

总体来讲，科技创新资源禀赋优势始终是推进陕西保持追赶超越步伐的不竭动力。但是，科技创新在经济重量中的占比较小，替换旧动能的强度还不够，科技成果转化状况还不尽如人意。2020 年陕西省政府工作报告明确指出，陕西发展中面临的突出问题体现在"产业结构不优，战略性新兴产业、先进制造业体

---

❶ 陕西省人民政府新闻办. 陕西举行"五个扎实谱新篇　追赶超越再出发"系列发布会（第二场）介绍"充分挖掘好利用好滋养好科教资源　努力在创新驱动发展方面走在前列"情况 [EB/OL].（2020-05-05）[2022-05-15]. http://www.scio.gov.cn/xwfbh/gssxwfbh/xwfbh/shan_xi/Document/1671600/1671600.htm.

❷ 陕西省人民政府新闻办公室. 2020 年上半年陕西省国民经济运行情况新闻发布会 [EB/OL].（2020-07-21）[2022-05-15]. http://www.shaanxi.gov.cn/szf/xwfbh/202007/t20200721_1526392_wap.html.

量偏小，引领高质量发展的新动能发育不足，科技创新及成果转化的体制机制不够完善"❶。所以坚定不移地提升科技创新实力，加快科技创新成果转化，推动高新技术产业发展依然是陕西未来发展的重要方向。

2. 高校院所始终是陕西科技创新的主力军

从重大科技成果数量与质量、获得专利数量以及科研资源等指标来看，高校院所科技创新实力强的特点非常突出。

首先，陕西高校院所创新资源丰富，是陕西科技创新的引领者，也是陕西追赶超越的生力军。新中国成立70多年来，陕西逐步形成了门类比较齐全，专业基本配套，具有较强研究和开发能力的科学技术研究体系。截至2019年10月，全省拥有各类科研机构1481家，高等院校108所，科技活动人员27.5万人；全省共有国家重点实验室25个，省重点实验室170个；国家级工程技术研究中心7个，省级工程技术研究中心177个❷；国家级园区平台324家，国际创新合作平台71个，两院院士69人❸，博士后设站数量居西部第一，全国前列。❹

其次，陕西高校院所的科技创新成果数量与质量明显强于企业等市场主体。据统计，2018年度获得专利授权最多的前100家陕西省内机构中，大学的数量较多，有29家，并且专利前九强

❶ 陕西省人民政府. 2020年陕西省人民政府工作报告［EB/OL］.（2020-04-30）［2022-05-15］. http://www.shaanxi.gov.cn/info/iList.jsp?tm_id=398.

❷ 张梅. 从"科技兴陕"到"创新高地"——新中国成立七十年陕西科技事业发展综述［N］. 陕西日报，2019-10-08（1）.

❸ 陕西省科技厅. 聚焦产业技术创新陕西省综合科创水平指数全国第9［EB/OL］.（2020-02-05）［2022-05-15］. http://www.most.gov.cn/dfkj/shanx/zx-dt/202001/t20200116_151115.htm.

❹ 李羽佳. 我省新增19个博士后流动站［N］. 陕西日报，2019-10-18（2）.

都是大学❶，而在前二十名中，有 13 家高校，4 家国有事业编制研究所，2 家国有企业编制研究所和 1 家民营企业（排名第 20 位），在 2018 年陕西省获得授权的发明专利中高校专利占 81.51% 左右❷。可见，若从科技成果的专利授权量而言，高校院所在陕西科技创新中占据绝对优势地位，或者说，高校院所是陕西省科技创新成果研发的重要力量。企业的科技创新能力则相对较弱。

3. 发挥高校院所科技创新实力的关键是加快职务科技成果转化

职务科技成果是高校院所科技创新实力的重要体现。现代科技成果研发已经由过去单个主体完成为主转变为多主体协同完成为主，这其中既需要以科研人员为主体的研发团队付出创造性智力劳动，还需要资金、设备、信息等方面的支持，这种背景下，职务科技成果所占比例越来越大。数据显示，2018 年我国国内发明专利授权 34.6 万件，其中的职务发明为 32.3 万件，占 93.3%；非职务发明 2.3 万件，占 6.7%。❸ 从我国国情而言，"职务科研成果本质上是属于国有，多数落户在科研院所、高等学校等特定的公立单位"❹。显然，高校院所职务科技成果是当前我国科技成果的重要体现。陕西作为全国科教大省，高校院所拥有的大量

---

❶ 陈立新. 2018 年陕西省专利 100 强——西安交通大学重夺第一名 [EB/OL].（2020-02-07）[2022-05-15]. http://wap.sciencenet.cn/blog-681765-1211537.html? mobile = 1.

❷ 数据为课题组按照国家知识产权局、陕西省知识产权局以及其他相关网络文献公布统计数据分析所得。

❸ 国家知识产权局. 2018 年主要工作统计数据 [EB/OL].（2020-02-11）[2022-05-15]. http://www.gov.cn/xinwen/2019-01/13/content_5357464.htm.

❹ 王康. 关于改革完善职务成果的产权分割 有效促进职务科技成果转化的建议 [EB/OL].（2020-02-07）[2022-05-15]. http://www.zytzb.gov.cn/tzb2010/jcjyxd/201505/6da5a8b3e1fc4a1597bcdb841e1f9880.shtml.

职务科技成果是陕西科技创新实力的具体体现和重要载体。

但是，创新驱动发展不仅要求创造出数量更多、质量更好的科技创新成果，更在于科技创新成果的推广、运用，实现创新成果的价值转化，促进科技进步与经济社会的融合，提高生产要素的内在质量与产出效率，进而加快经济发展速度，优化经济结构。从这个意义上讲，促进科技成果转移转化是落实创新驱动发展战略的重要方式，是加强科技创新与经济发展紧密结合的关键环节，是实现新旧动能转化的有力支撑。就高校院所而言，其科技创新实力同样不仅体现在重大科技成果的研发方面，更应该体现在科技成果的转化应用方面。只有将科技成果应用到实践中，将科技创新成果的价值转化为现实生产力，科技创新对经济发展的支撑作用才能真正得到彰显。

在科技成果转化实践中，相较于企业而言，高校院所整体水平并不高。据《2018 年度陕西省技术市场统计年度报告》，2018年陕西省技术输出合同 37 952 项，总成交额达到 1125.28 亿元，其中企业输出合同成交额由 2016 年的 461.59 亿元增长到 2018年的 845.39 亿元，占陕西省技术输出总成交额的 75.13%，年均增长率 35.33%；企业吸纳技术合同成交额由 2016 年的 262.58 亿元增长到 2018 年的 423.62 亿元，占陕西省技术吸纳合同总成交额的 71.63%，年均增长率 27.02%。与此形成对照的是，2018 年陕西高等院校和科研机构成交合同 11 411 项，成交额 263.14 亿元，其中科研机构科技合同成交额占 232.68 亿元，占高校院所科技合同成交额的 88.11%，高校科技合同成交额仅为 30.46 亿元，距企业科技合同成交额均相去甚远。从知识产权类技术成果交易来看，在 2018 年陕西省技术输出合同中，涉及各类知识产权的技术合同 5984 项，合同成交额 225.03 亿元，占陕西省技术输出合同总成交额的 20.00%。其中，技术秘密合同成交额 173.98 亿元，占知识产权技术合同成交额的 77.31%；专利合同 344 项，成交额 37.74 亿元，占 16.77%。❶ 由此可见，高校院所的科技成果，特别是专利等知识产权类科技成果还有待加速转化。

二、加快职务科技成果转化必须激发科研单位与科研人员两方面的积极性

科技成果转移转化的本质是一种市场行为。而发挥市场配置资源基础性作用的前提是完善产权制度，明晰产权关系，明确产权权属界定。因此，产权是市场主体进行交易的核心资源，各种资源市场交换的实质就是产权在不同市场主体之间的转移转换。显然，加快科技成果转化必须完善优化产权配置、促进产权运行的制度体系。

1. 高校院所科技成果转化离不开科研人员与单位的共同参与

按照《中华人民共和国促进科技成果转化法》的规定，科技成果转化是指为提高生产力水平而对科技成果所进行的后续试验、开发、应用、推广直至形成新技术、新工艺、新材料、新产品、发展新产业等活动。也即是说，科技成果转化是对现有科技成果的进一步研发直至形成有助于推动产业发展的新科技成果，由此而言，科技成果转化既是一项科技研发活动也是一项市场交易活动，是实现科技创新与经济发展融合的交汇点。但无论是对现有科技成果的进一步研发还是对现有科技成果的市场交易或产业化，要最大限度挖掘和发挥现有科技成果的价值，既需要作为产权人的单位履行其负责科技成果转化的法律义务和发挥其组织

---

❶ 陕西省科学技术厅，陕西信息化与数字经济软科学研究基地. 2018 年度陕西省技术市场统计年度报告 [R]. 西安：陕西省科学技术厅，2019.

管理、信息媒介等方面的职能，更需要作为科技成果研发人的科研人员的充分参与，发挥其包括"默会知识"在内的各种知识创新资源。

一方面，任何科研成果都是科研人员创造性智力劳动的结晶，科技成果发明人是对科技成果的各项指标、技术特征最为熟悉的人员，如果没有他们的参与，在科技成果转化中出现任何问题都可能导致转化中断、交易取消或成本增加；另一方面，即使是在单纯的许可使用、转让等科技成果交易中，科研人员的参与能较大限度提升科技成果转化的议价能力，能及时回应受让方关注的相关技术细节问题进而提升交易成功率。

实践中很多科研人员并不热衷于科研成果转化，主要原因有两点。第一点在于科技成果本身不符合市场需要，难以市场转化，这其中既有研究领域所限的因素，如一些代表陕西科技创新实力的重大创新成果主要集中在基础研究领域而非为增强市场竞争力和推进省域经济快速发展的技术运用领域，有很多基础领域的重大科技创新成果无法与经济直接结合，也有科研人员研发活动中缺少市场意识的因素，如一些科研人员缺少面向市场需要进行科技创新的意识，其创造的科技创新成果或申请专利大多以结项为目的，而不是为了服务市场需要，因此市场转化难度大。但影响科研人员参与职务科技成果转化的更重要原因在于第二点，即现行职务科技成果产权体制与相关制度对科研人员参与转化造成了较大限制。具体来说，就是现行职务科技成果的产权制度安排中没有赋予科研人员权利主体地位，职务科技成果的产权归属与科研人员没有直接关系，而单纯的奖励报酬机制并不能唤起科研人员对科技成果转化的认同感，缺少参与科技成果转化的内在积极性。也就是说，激发科研人员创造创新热情以及参与科技成果转化的积极性尚未被充分调动起来。这就需要进一步完善权益分配制度改革，构建更加科学合理的权益分配机制，从根本上调动权利人转化成果的积极主动性，打通科技成果转化的"堵点"。

2. 合理的产权配置是保障科研人员利益和激励其参与转化的长效之策

科研人员从事科研的积极性创造性一方面来自其内心对科研工作的情感，另一方面来自外部环境的激励，并且这二者是紧密联系的。对科研工作的责任感、职业神圣感等情感需要一定的激励机制才能长久保持，如果激励机制不健全，科研人员参与创新及创新成果转化的积极性就会大打折扣；而完善激发科研人员参与科技成果积极性的激励机制必须以从满足转化主体特别是科研人员在科技转化活动中的全面利益需求为出发点和落脚点。具体来说：

第一，建立激励机制是理性人规则在促进科技成果转化的体现。亚当·斯密在《国富论》中写道：我们的晚餐并非来自屠宰商、酿酒师和面包师的恩惠，而是来自他们对自身利益的关切❶。也就是说，社会个体的供给不是毫无目的的，而是为了能够换取可以最大化满足自身利益需求才作出的，其生产、交换等行为都是在这种经济利益最大化考虑下进行的。对很多科研人员而言，要将专利等成果中的技术要素转化为企业需要的新技术工艺或新材料、新产品，则是一件需要花费更大气力的事情，往往比其在实验室里从事技术研发花费的时间、精力更要多。从理性人角度看，基于机会成本的考量，如果没有一定的激励措施，科研人员就不会有参与科技成果转化的积极性。

---

❶ Adam Smith. An Inquiry into the Nature and Causes of the Wealth of Nations [M]. Oxford: Oxford University Press, 1976: 27.

第二，完善激励机制的核心是有效满足科研人员与单位在职务科技成果转化中的现实需求。对科研人员而言，在参与职务科技成果转化时非常希望通过转化带来精神与物质收益以更大限度实现人生的价值，包括对晋升职称等方面都有积极的促进作用。现行的奖励报酬等制度一方面因单位执行情况而出现很大的差异性和不稳定性；另一方面往往需要科技成果转化后才能兑现，在成果转化之前或不能转化时，高比例的奖励或报酬许诺都似镜花水月，因此很难调动科研人员的积极性。对有些科研人员而言，奖励报酬等物质利益只是其内在需求的一部分，通过科技成果转化实现自身研究工作价值进而满足其职业荣誉感也是重要需求的一部分。但实践中由于科研人员缺乏权利主体地位，对科技成果转化的决策和实际进程缺乏有效控制，因此常有"壮志难酬"之憾。显然，深化产权制度改革，赋予科研人员职务科技成果产权主体地位是激发科研人员参与职务科技成果转化、保障其利益的重要制度保障。

调研发现，作为职务科技成果产权人的高校院所等单位，负有对作为国有资产的职务科技成果增值保值的法律义务，在产权未变的情况下，稍有不慎就可能存在因转化而导致国有资产流失的法律风险，因此很多单位也愿意产权制度改革的方式通过法定程序将职务科技成果产权或部分产权赋予科研人员，这样科研人员以产权人身份实行转化时实际上就将单位的法律风险消除或降到最低。

3. 保持科研院所等单位与项目完成人之间利益平衡是完善职务科技成果产权配置的核心要义

第一，从价值形成的角度来看，职务科技成果虽然是智力创造性成果，是科研人员智力创造的直接产物，但国家财政资金的资助支持、高校院所等单位的组织管理、平台支持、制度保障、学术资源积累与传承等因素也对职务科技成果的形成有重要影响，很多科研成果单凭科研人员自身智力劳动是无法形成的，因此对于职务科技成果价值的形成应当客观看待，理性分析，全面认识影响其价值形成的诸因素。尤其是国务院"三权"改革以来，国家将财政资金形成的不涉及国家秘密等方面的职务科技成果之产权下放给高校院所，实际上职务科技成果中关于国家利益部分是由高校院所来承接的。相应的，高校院所也负有对国家利益的保障职责。这需要单位与科研人员在职务科技成果产权界定以及产权收益分配时予以考量。

第二，从价值实现来看，职务科技成果转化也逐步从科研人员单独与企业对接向高校院所组建专门转换机构批量化、集成化、长期化面向市场推介、推广转化，这也是从深化社会分工、降低交易成本角度加快职务科技成果转化的现实需要和发展趋势。随着转化工作的专业化发展，转化对科技成果价值实现的作用日益增强，参与转化的机构与人员必然也应当享有转化的收益分配，但实践中这些有助于转化的部门与人员的利益也往往是以单位作为整体来考虑的。

由此可见，现有的将产权全部控制在高校院所等单位的制度设计会限制科研人员参与转化的积极性，但将全部产权赋予科研人员不符合公平正义，在缺少单位支持的情况下，也不见得就会带来职务科技成果转化效率的提升。所以，综合考虑双方利益，探索知识产权混合所有制就成为一种比较现实的选择。

4. 知识产权混合所有制改革是促进职务科技成果转化的有效经验

知识产权混合所有制就是利用产权的激励功能，通过赋予科研人员一定比例的职务科技成果产权，科研人员可以以权利主体的身份充分参与到科研成果转化进程中来，最大限度发挥科研人员与单位两方面的积极性，促进职务科技成果转化。

由于中国高校院所的职务科技成果管理被纳入国有资产管理范畴，因此在转化时存在国有资产流失风险，进而导致很多单位对转化工作持保守态度。调研中发现，一些高校院所为减少科技成果转化中存在的国有资产流失风险，在制定相关制度时，表面上赋予科研人员参与科技成果转化的权利，但是从程序设计来看，职务科技成果转移转化的决定权仍然在高校院所。因此，通过推进知识产权混合所有制改革，在保证国有资产流失风险被控制在安全阈值范围内赋予参与人一定比例的所有权，增强参与人对科技成果转化的决策权与参与积极性是非常必要的。

2017年四川省等地区开始探索职务科技成果知识产权混合所有制改革，将成果转化的处置权、使用权和收益权扩大为成果的所有权并将职务科技成果所有权由单纯的国有改变为单位、个人混合所有。经过数年试验取得了较为明显的成效，2019年国务院办公厅印发了《关于推广第二批支持创新相关改革举措的通知》，将该项改革经验提炼为以事前产权激励为核心的职务科技成果权属改革，在包括西安在内的全国8个全面创新改革试验区进行推广。

三、陕西高校院所职务科技成果产权改革面临重大机遇

四川等地上述改革措施在实践中取得很大成效，但也存在一些争议，其中最关键之处在于缺乏明确的法律依据。目前我国《促进科技成果转化法》《专利法》等法律均规定职务科技成果的产权属于单位，而由单位赋予个人没有法律依据或中央文件规定。特别是在财政部《事业单位国有资产管理暂行办法》没有修订以前，高校院所因财政资助形成的职务科技成果本质上属于国有资产，其单位负有对该国有资产的保管以及保值增值义务，在

这种背景下将该职务科技成果产权赋予科研人员难免有导致国有资产流失之嫌。

但财政部于 2017 年、2019 年对上述《事业单位国有资产管理暂行办法》进行了修订，特别是 2019 年修订中对高校院所职务科技成果作了不同于其他有形资产与无形资产的管理规定，内容不仅包括"国家设立的研究开发机构、高等院校对其持有的科技成果，可以自主决定转让、许可或者作价投资，不需报主管部门，财政部门审批或者备案"之规定，还允许"国家设立的研究开发机构、高等院校转化科技成果所获得的收入全部留归本单位"，更为重要的是该办法规定国家设立的研究开发机构，高等院校"将其持有的科技成果转让，许可或者作价投资给非国有全资企业的"，"由单位自主决定是否进行资产评估"。❶ 这就从制度层面降低了高校院所在职务科技成果转化中可能承担的资产流失风险以及相关法律责任风险，为将职务科技成果所有权向项目完成人转移转让提供了可能性。

2020 年中共中央、国务院《关于构建更加完善的要素市场化配置体制机制的意见》明确提出"深化科技成果使用权、处置权和收益权改革，开展赋予科研人员职务科技成果所有权或长期使用权试点"，这为包括陕西在内的全国各地探索职务科技成果产权改革提供了明确而有力的制度依据。2020 年 5 月，科技部等九部门印发了《赋予科研人员职务科技成果所有权或长期使用权试点实施方案》，指出为了促进科技成果转移转化，将分领域选择 40 家高等院校和科研机构，进行"赋予科研人员职务科技成果所有权或长期使用权试点"。所以，陕西推进职务科技成果产权改

---

❶ 财政部. 关于修改《事业单位国有资产管理暂行办法》的决定［EB/OL］. （2019-04-05）［2022-06-25］. http://www.gov.cn/xinwen/2019-04/05/content_5379874.htm?tdsourcetag=s_pcqq_aiomsg.

革的政策背景完全不同于前述四川等省市开始改革的情形，而是有着更为坚实的中央政策文件基础和更为明确的政策导向。对陕西来讲，应紧紧抓住这一重大机遇，勇于以产权制度创新推进科技创新，探索具有陕西特色的知识产权混合所有制改革模式，促进高校院所职务科技成果转化，切实发挥出陕西科技创新的巨大潜力与实力，支撑高新技术产业快速发展，不断推动经济高质量增长。

第二节　国内外以产权改革促进高校院所职务科技成果转化的经验启示

他山之石，可以攻玉。美国等西方国家既是科技创新、技术创造大国，也是科技成果转化大国，尤其是在运用制度促进高校院所科技成果转化方面具有许多值得借鉴的经验。限于研究主题，本书主要围绕国外激励科研人员参与成果转化特别是产权设计的做法与经验予以考察。在国内，以四川等省份为代表的部分省市近几年通过积极开展科技成果混合所有制改革在推动高校院所科技成果转化方面取得显著成绩。了解国内外通过优化产权配置促进科技成果转化的有关经验，对探索陕西以知识产权混合所有制改革推进职务科技成果转化无疑具有较强的启示意义。

一、国外以产权配置促进职务科技成果转化的主要经验

1. 美国高校院所职务科技成果的产权设置

在 20 世纪 70 年代之前，美国同样受困于科技成果，特别是财政资助的科技成果转化率低的难题。当时美国财政资助研发的科技成果属于国家所有，作为成果研发机构的私立大学和发明团

队不享有成果所有权。截至 1980 年，美国联邦政府拥有 3 万余项成果专利，仅仅不到 5% 的专利得到转化，专利成果的利用状况并不尽如人意。❶ 究其原因，在于这些科技成果的产权没有得到有效的配置，作为科技成果所有人的联邦政府没有相应的机构和动力去进行成果转化，而工商业界需要成果但没有权利获得成果，这种权利配置造成资源浪费。

为加快科技成果实现产业化的进程，20 世纪 80 年代以来美国颁布了一系列法律法规，如《史蒂文森-威德勒技术创新法》《联邦政府技术转移法》《国家竞争力技术转让法》《国家技术转让与促进法》《技术转移商业化法》等❷，这些法律法规的制定和实施，为美国的科技成果转化工作奠定了稳定的制度环境和牢固的政策基础，而其中最有名的是《拜杜法案》。1980 年，基于促进政府资助并由国家所有的科技成果转化之目的，博区·拜（Birch Bayh）和罗伯特·杜尔（Robert Dole）两位议员共同向参议院提交了议案，其核心内容是政府不再保留资助项目的成果所有权，准许大学、研究机构、中小企业（研究承担单位）取得所有权，在单位决定不保留的情况下，可由单位发明人取得。该法的创新之处在于将原本属于政府所有的科技成果产权赋予项目承担单位，同时规定如果受资助的科研机构未能成功实现科技成果的商业化，政府对该项发明拥有介入权。❸ 这样的产权安排，既激励了承担单位和完成人从事科技成果转化的积极性，又有效推进了科技成果转化。议案通过之后短短几年，财政资助科技成果转化率提升数十倍，促进了美国经济的快速提升。《拜杜法

❶ 文学国. 法治驱动下的美国政企学协同创新机制［J］. 国外社会科学, 2018（6）：7.

❷ 李晓慧, 贺德方, 彭洁. 美国促进科技成果转化的政策［J］. 科技导报, 2016（23）：138.

❸ 吴卫红, 董诚, 彭洁, 等. 美国促进科技成果转化的制度体系解析［J］. 科技管理研究, 2015（14）：16.

案》的激励性被学界和工商业界广泛推崇，推动了美国经济从制造经济向知识经济的跨越。

该法案成功的关键无疑在于对科技成果产权（主要是专利权）配置的调整，政府事务的繁杂以及主要职能决定了其不能直接管理成果转化，但是政府又不能将成果直接交给社会免费实施，这样会导致相关领域企业的"搭便车"，减少科研投入，造成国家创新力下降，因此将技术专利权赋予科研机构及完成人是最有效的权利配置方式。同时国家保持介入权，某些情况下联邦政府可以要求保留权利的受资助单位给予第三方实施发明的许可，或者由联邦政府直接授予第三方实施发明的许可，实现了放管结合。

2. 日本运用产权和诉权保障科研人员对科技成果的权益

自 1909 年在借鉴欧洲专利法的基础上制定日本《特许法》以来，日本职务发明制度几经修改。最初是将职务发明归属给雇主，即除非另有约定，职务发明获得专利的权利归雇主。"受大正时期民主思潮的影响，1921 年日本专利法基于发明人主义将职务发明的权利归于雇员"[1]，具体内容包括：雇员对发明有获得专利的权利，雇主则获得无偿的普通实施许可；雇主可以契约等方式得到职务发明获得专利的权利，雇员享有"相当的补偿金"请求权。自 1921 年开始将职务发明的归属从雇主改回给雇员。之后虽经过几次修改，但职务专利归雇员这一规定没有变过。[2]

2013 年随着日本政府"三只箭"再生战略的启动，[3] 为减轻

---

❶ 李洁琼. 日本职务发明制度：演进、革新和启示 [J]. 知识产权，2019 (5)：84.

❷ 张颖露，刘华. 日本职务发明激励制度研究 [J]. 中国科技论坛，2014 (7)：21.

❸ 2013 年日本政府启动的"三只箭"再生战略包括金融政策、财政政策和成长战略，旨在实现经济发展的同时兼顾财政重建。参见俞风雷. 日本职务发明的贡献度问题研究 [J]. 知识产权，2015 (6)：47.

企业负担，增强产业竞争力，日本职务发明制度逐渐向"厚雇主主义"方向倾斜。2015 年的日本《特许法》修改过程中长期沿用的"雇员优先"的职务发明权属规则被"折衷主义"的立法模式所替代，即在第 35 条第 3 款中，增加了职务发明申请特许（专利）的权利在发明完成之时雇主即可原始取得的规定。"在引入这一规定的过程中，日本《特许法》并未强制性地规定职务发明创造的权利原始归属于雇主，而是规定雇主与雇员可以在合同或劳动规章中对职务发明创造的权利归属进行事先约定，双方既可以约定职务发明之申请专利的权利由雇主或者雇员中的一方原始取得，同时也可以按照原有的'雇员优先'的权属规则将职务发明专利权赋予雇员。"❶

实践中，雇主始终处于一个相对优势的地位。日本雇主长期的做法都是在规章制度中明确规定职员所作出的职务发明的相关知识产权要转让给企业，并且在招募新职员时所提供的劳动合同中也明确表明职务发明的权属归公司所有❷，但作为发明人的雇员享有获取合理对价的权利。近些年来，尽管日本在职务发明的数量与质量上取得了傲人的成绩，但针对职务发明的对价计算方法的合理性而提出的诉讼却层出不穷。对此，日本专利法提供了相应得到司法保障的措施。2004 年日本《特许法》修改概要中写到："关于职务发明制度中存在着发明人对对价（职务发明）计算方法的满足感不足，以及雇主难以预测裁判中所认定的对价额度问题。为了解决这样的问题，采取以下对策：（1）在决定职务发明的对价计算方法上，不应该由企业单方面决定，而应该采取能使发明人的意见被充分听取的制度；（2）为了保证对价

---

❶ 刘鑫. 日本职务发明权属规则转变的梳理与借鉴——兼评 2015 年日本《特许法》修订 [J]. 电子知识产权，2017（9）：44.

❷ 黄韬. 职务发明权属分配制度研究 [D]. 北京：中国政法大学，2007：25.

计算方法的透明性应当向雇员开示方法的考虑因素；（3）前述程序不齐备时，虽然与现行制度一样由裁判所来决定对价的额度，但应该将企业的利益，发明人的待遇以及雇主在生产、销售方面所作出的贡献因素纳入考虑范围。2015 年日本《特许法》修改概要中写到："雇主在取得职务发明的知识产权时，雇员享有获取相当的金钱以及其他经济上利益的权利。为了鼓励发明，经济产业大臣在听取产业构造审议会的意见后，将会就相当的金钱以及其他经济上的利益的制定程序上制定指南。"❶

为较为彻底地化解雇主与雇员之间利益冲突，2015 年日本职务发明制度修改在一定程度上超越了"雇主雇员二分对立"的思维方式，而是着力统筹与平衡双方的利益。毕竟，高质量职务创新成果的产出是企业与发明人共同的目标，符合双方的共同利益。基于这一点，日本职务发明制度致力于培育企业和发明人的"一体感"，促使双方在共同目标的指引下不断推进企业创新，从而实现双方的共赢。❷

可以看出，日本职务发明权与美国比较相似，都是细化雇员与高校院所等单位之间在职务科技成果中的产权配置，保障双方的利益平衡。但无论是《拜杜法案》，还是日本所规定的雇员对报酬的最终决定权以及相应的司法保障机制，在产权配置中都更加倾向于保护雇员利益，这一方面是对"雇佣关系理论"模式下雇员利益没有得到很好保护的一种纠正，另一方面也许是基于雇员参与对职务科技成果转化效率有更大影响的一种考量。

❶　姚文. 中日职务发明制度中的干预与自治［D］. 重庆：西南政法大学，2019：37.
❷　李洁琼. 日本职务发明制度：演进、革新和启示［J］. 知识产权，2019（5）：92.

二、国内以产权改革促进职务科技成果转化的主要经验

(一) 四川省职务科技成果混合所有制改革

2015 年，为加快职务科技成果转化，四川省着力 "以科技成果权属为突破口，完善科技成果资本化产业化制度，打通成果转化通道"，积极开展职务科技成果权属混合所有制试点，明确科技人员与所属单位是科技成果权属的共同所有人。同年年底，成都市制定颁发了《关于支持在蓉高校院所开展职务科技成果混合所有制改革的实施意见》，对职务科技成果含义、职务科技成果知识产权分割确权模式、确权流程、定价流程、收益分配、内部管理及部门职责进行明确，制定了具体的操作规范。概括地说，该项改革的核心在于实现 "三个转变"：一是将职务科技成果所有权由单纯的国有转变为单位、个人混合所有；二是将 "先转化" 转变为 "先确权"；三是将成果转化的处置权、使用权和收益权转变为成果的所有权。❶ 紧接着，西南交通大学于 2016 年 1 月研究制定《西南交通大学专利管理规定》（以下简称《专利管理规定》），明确规定学校与职务发明人可以按照 "三七开" 的比例共同申请专利，也可以按同样的比例分割学校持有的职务发明专利，从而在全国率先开展起这场被誉为西南交大 "小岗村试验" 的职务科技成果权属改革。❷

之后，成都市继续强化对推进该项改革的制度供给，围绕打通科技与经济结合通道，大力推进科技成果转移转化体制机制改革，先后制定出台了多项政策文件，如 2017 年制定《关于创新

❶ 谢商华. 高校院所科技成果不妨 "先确权、后转化" [N]. 光明日报，2017-06-08（13）.

❷ 西南交通大学. 专利管理规定 [EB/OL].（2017-03-16）[2022-06-25]. https://cyc.swjtu.edu.cn/info/1015/1056.htm.

要素供给培育产业生态提升国家中心城市产业能级科技成果转化政策措施的实施细则》（以下简称"科技成果转化十条"）以激发高校内生动力和活力，推进产业链、创新链、资金链的有机融合，有效增强科技成果供给能力；2019 年在四川省首次出台《成都市关于鼓励知识产权成果进场交易的若干措施》，加快建设技术交易市场，促进知识产权成果进场交易，支持知识产权成果成交后产业化；2019 年又在全国率先出台了《成都市技术经纪专业技术人员职称评定办法》，在自然科学研究职称系列中增设技术经纪专业，明确技术经纪人评价标准，并成立评审委员会。

　　2018 年四川省在总结省内首批 20 家高校院所"职务科技成果权属混合所有制改革试点"工作经验基础上制定了《关于扩大职务科技成果权属混合所有制改革试点的指导意见》，继续探索赋予科研人员所有权或长期使用权，打通科技成果转化通道，充分激发国内外高校院所在四川转移转化科技成果的积极性。按照该文件规定，高校院所职务科技成果按照资金来源不同，分为"接受企业、其他社会组织委托项目形成的职务科技成果与利用财政资金形成的职务科技成果"，对于前者"允许合同双方自主约定成果归属和使用、收益分配等事项；合同未约定的，职务科技成果由项目承担单位自主处置，允许赋予科研人员所有权或长期使用权"；对于后者"由单位按照权利与责任对等、贡献与回报匹配的原则，在不影响国家安全、国家利益、社会公共利益的前提下，探索赋予科研人员所有权或长期使用权"。

　　总体上看，四川省的职务科技成果混合所有制改革在实践中取得显著效果。据统计，2010—2015 年，西南交通大学只有 14 项专利转让、许可。《专利管理规定》发布一年多内，该校就有超过 160 项职务发明专利完成分割确权，16 家高科技创业公司成立，带动社会投资 11 亿元。对于四川省以上做法，国务院也予以肯定并给予通报表扬。❶ 2019 年 1 月，国务院办公厅还印发《关于推广第二批支持创新相关改革举措的通知》，将该项改革经验提炼为"以事前产权激励为核心的职务科技成果权属改革"，在 8 个全面创新改革试验区进行推广。

目前，随着该项改革的不断深入推进，改革内容也在走向精细化。相比早期对权属一律按照固定比例分配，现在的权属分配中会更多地考虑职务科技成果形成中的多重影响因素，根据每项职务科技成果在形成中"使用的科研经费、学校资源不同，职务发明人可享有 50%~90% 的浮动成果所有权权属比例"，从而使职务科技成果权属分配更加具有针对性。此外考虑到转化工作在职务科技成果价值实现与价值分配中的作用与地位，特别是考虑到转化工作对当地经济发展的影响，"为了鼓励职务发明人在川内转化成果，学校专门又拿出一部分比例奖励职务发明人"❷。

（二）北京市职务科技成果权属改革的实践

在国家推进科技成果"三权改革"的大背景下，北京市积极探索以权属改革加快高校院所职务科技成果转化之路。2016 年北京市人民政府办公厅印发《北京市促进科技成果转移转化行动方案》，提出"高等学校、科研院所、医疗机构等单位对其持有的科技成果，可自主决定转让、许可或作价投资，除涉及国家秘密、国家安全外，不需审批或备案""有权依法以持有的科技成果做价入股确认股权和出资比例，并通过发起人协议、投资协议或公司章程等形式对科技成果的权属、作价、折股数量或出资比

❶ 林治波，张文. 全面深化改革这五年：西南交通大学以深化权属改革推动专利市场化——科研成果不再"躺着睡觉"［N］. 人民日报，2019-01-25（7）.
❷ 温彩苓. 成都职务科技成果权属改革经验获"点赞"［EB/OL］.（2019-11-06）［2020-05-03］. http://sc.china.com.cn/2019/kejiao_dongtai_1106/340818.html.

例等事项明确约定，明晰产权"。可以看出，在职务科技成果权属改革初期，北京也主要是将职务科技成果产权下放给高校院所等单位。同时，对于完成和转化职务科技成果作出重要贡献的人员给予奖励和报酬，其中奖励比例为转化收益的 70% 以上，这与当时国家相关政策的规定基本一致。

2019 年北京市第十五届人民代表大会常务委员会第十六次会议通过《北京市促进科技成果转化条例》，对职务科技成果权属改革作出新的规定。首先，规定单位可以将其合法持有的职务科技成果部分权利给予科技成果完成人，即该条例第 9 条规定"政府设立的研发机构、高等院校，可以将其依法取得的职务科技成果的知识产权，以及其他未形成知识产权的职务科技成果的使用、转让、投资等权利，全部或者部分给予科技成果完成人，并同时约定双方科技成果转化收入分配方式"；其次，在单位未及时完成职务科技成果转化的情况下，成果完成人可以自行转化，即该条例第 11 条规定的"单位自职务科技成果在本单位登记后无正当理由超过一年未组织实施转化的，科技成果完成人可以自行投资实施或者与他人合作实施转化"，上述规定表明条例制定者已经认识到科技成果人在促进职务科技成果转化中的作用以及赋予其对职务科技成果拥有产权的意义。但是，该条例中的一些规定还是有不完善之处，如成果完成人享有的产权必须经单位同意，且该条例第 11 条明确规定科技成果完成人可以与本单位依法签订协议实施转化的前提条件是"在不变更权属的前提下"，所以成果完成人并不能真正享有对职务科技成果的产权，进而也无法从根本上决定职务科技成果转化的进程与效果。此外，尽管规定了"单位自职务科技成果在本单位登记后无正当理由超过一年未组织实施转化的"科技成果完成人可以自行转化，但是对什么是单位的"正当理由"并没有界定，也就是对单位不转化的

"正当理由"没有负面清单,从而为单位不转化也不让成果完成人转化留下"口子"。

为贯彻落实《北京市促进科技成果转化条例》和深化职务科技成果产权改革,北京市海淀区中关村科学城管委会于 2019 年 12 月 31 日制定了《关于落实〈北京市促进科技成果转化条例〉的若干措施(试行)》,其中一项比较重要的措施是"支持区属研发机构、医疗卫生机构,率先开展职务科技成果权属深度改革试点,赋予科技成果完成人在一定期限内实施成果转化的完整权利,探索形成科技成果高效转化的海淀样本"❶。其改革的目的是从以前的"谁投资谁拥有"转变为"谁创造谁拥有",从而将职务科技成果产权更为完整地赋予成果完成人。

(三)国内外相关经验对促进陕西高校院所职务科技成果转化的启示

上述国内外做法经验的共同点在于重视产权对于职务科技成果转化的影响,特别是重视以赋予产权方式激励成果完成人参与职务科技成果转化。现代管理学研究及实践经验也表明,单位员工具有强烈的参与管理的愿望,而实行"授权激励",即在职务发明中创造和提供机会让发明人对智力成果享有更多参与性权利,是调动其积极性的有效方式。"通过获得权利,形成发明人对单位的认同感、归属感,从而满足自尊和自我实现的需要,而过分集中的单位权利在无形中限制了发明人的手脚。当矛盾和冲突出现时,他们会感到无所适从,无法有效开展工作,进而失去对创新的积极主动性,降低工作绩效。"❷ 但

---

❶ 于丽爽. 海淀放大招!科技成果完成人一定期限内将享受完整权利 [N]. 北京日报,2019-12-31 (3).

❷ 张霞. 高校职务发明人权利保障机制研究 [D]. 广州:华南理工大学,2014:27.

职务科技成果转化显然是一个非常复杂的过程，受各方面因素影响，如果简单地将产权归于成果完成人并不合理，而是需要综合运用产权的激励与约束机制，在国家、单位与成果完成人之间形成既公平又有效率的产权配置体系。由此而言，上述国家与地区的做法既有值得借鉴地方，又有不足之处，而其中的重要启示体现在以下方面。

1. 坚持以促进转化为中心，以价值增值为导向的理念

高校院所职务科技成果混合所有制改革的初衷，是将原本属于单位所有的部分科技成果所有权转移给科研人员，以激发科研人员参与科技成果转化的积极性，进而促进科技成果转化和科技成果的价值增值，"这项制度自始至终都是一项基于效率考量的针对科研人员的产权激励措施"❶。产权改革本身不是目的，促进职务科技成果转化，在转化中实现职务科技成果价值增值才是产权改革的目的或目标。

2. 职务科技成果产权配置应坚持以意思自治为主、政府规制为辅

职务科技成果转化是一个复杂的过程，其价值实现受多种因素影响，既需要单位在组织、外联、管理等方面的资源支持，也需要项目完成人在成果转化中对项目技术方案的不断调整以及各种默会知识的应用。从项目产生的角度来看，国家财政投资也是成果形成的重要成本，无论基于公平正义还是收回成本角度考虑，国家作为职务科技成果产权一方主体也是毋庸置疑的。因此，若只考虑将产权完全赋予科研人员这样"一刀切"的做法既非公平，也未必是最有效率的做法。基于此，围绕如何更好地促

---

❶ 王影航. 高校职务科技成果混合所有制的困境与出路 [J]. 法学评论, 2020
(2)：68.

进职务科技成果转化，单位与项目完成人之间应当进行充分协商，只有充分考虑和平衡双方利益，才能有效激发和调动各方积极性。正是由于在职务科技成果转化过程中，单位与科研人员分享成果所有权是手段而非目的，所以不宜设定固定的产权归属模式或划定各方的共有比例，而应当为各方协商产权归属提供制度依据。由此，允许双方在充分协商基础上以契约形式约定双方的权利义务是一个比较适宜和切实可行的思路。

3. 职务科技成果产权配置应保持权责利相一致

赋予产权的目的是促进职务科技成果转化而不是单纯的产权转移，为此必须在赋予权利的同时规定相应的转化义务，包括在规定时间内实现科技成果的转化，同时应当保证通过转化带来价值的增值。因此，职务科技成果产权配置，包括参与转化各方享有的产权比例、时间、权利义务设置等都应当围绕提升职务科技成果转化效率、保障职务科技成果转化中的价值增值进行制度设计。

4. 保障职务科技成果产权改革的顺利运行必须完善相关配套机制

确权与赋权只是明确了职务科技成果的产权主体，要促进职务科技成果转化，还需要建立健全相关配套机制，以促进产权流转和保障产权安全。职务科技成果价值实现的形式多样，如直接转化、转让、许可、质押融资、作价入股，等等。相应的，还需要建立健全诸如鉴价评估、质押融资、中介服务等机制。此外，还需要加强知识产权保护，健全知识产权保护法治环境，以及通过宣传，提升全社会知识产权保护意识，形成有助于职务科技成果转化的良好社会氛围。

第三节　陕西推进高校院所职务科技成果
产权改革的实践探索及不足

2014 年国务院推行"三权改革"改革以来，党中央、国务院以及陕西省委省政府制定了大量有关促进科技成果转化的政策文件，许多高校院所在此基础上制定了本单位加快科技成果转化的有关规定，采取加大对科研人员在科技成果转化收益中的奖励报酬比例，建立专门负责本单位科技成果转化的机构等举措，力求在加快科技成果转化方面取得实效。实践中，这些措施也的确对一些高校院所科技成果转化工作起到积极促进作用，并取得一定成绩。但是，无论是国家现有法律政策，还是高校院所在落实这些政策时采取的措施都仍然存在很多不足之处，以至于在将奖励与报酬比例提高到很大比例的情况下，高校院所科技成果转化并未出现爆发性增长，或者说相对于每年科技成果产出量而言，还有很大提升空间。

一、我国政策法规关于职务科技成果权属的规定

1. 新中国成立初期到改革开放之前职务科技成果产权设置的制度变迁

新中国成立以来，党和政府始终高度重视技术革新对经济发展的重要作用，颁布过多部有关鼓励激励发明创造的制度规定。从对职务科技成果权属配置的规定来看，大体经历了由个人与国家共享到国家所有再到国家将所有权让渡给单位的过程，最新的发展趋势是让个人逐步享有对职务科技成果的所有权。

新中国成立初期，当时的政务院就颁布了《关于奖励有关生

产的发明，技术改造及合理化建议的决定》（1950）、《保障发明权与专利权暂行条例》（1950）等文件，鼓励社会各界发明创造，并且可以依照发明人意愿申请发明权或者专利权。但就职务新技术革新成果来讲，发明人一般只能申请发明证书，并享有获得奖励的权利、经申请批准署名的权利和奖金可继承的权利等，"该发明的采用与处理权则属于国家"。❶可以说，当时职务型技术成果权属属于发明人与国家共享模式。1963 年国务院颁布了《发明奖励条例》取代之前的《保障发明权与专利权暂行条例》（1950），其中的一项重大变化在于，该条例第 23 条明确规定"发明属于国家所有，任何个人或单位都不得垄断，全国各单位（包括集体所有制单位）都可利用它所必需的发明"❷。由此，职务性技术成果的产权属于国家就被确定下来，"这给所有类型的发明都赋予了公有制的色彩，而否定了发明人对专利权的权益"❸。

改革开放以来，"科技是第一生产力"日渐深入人心。在对外开放实践中，国际社会关于科技成果的知识产权观念对中国科技成果的立法保护产生了重要影响。1984 年《中华人民共和国专利法》由全国人大常委会第四次会议通过，它是新中国第一部专利法，也是自 1963 年取消专利制度以来从国家法律层面对专利制度的全面恢复。由于该法起草时中国还处于改革开放初期，计划经济及生产资料公有制观念依然根深蒂固，加之我国与西方国家政治经济体制的根本不同，"职务发明制度从设计之初，就始

---

❶ 中央财政经济委员会. 保障发明权与专利权暂行条例 [J]. 江西政报, 1950 (Z1)：109-110.

❷ 中华人民共和国发明奖励条例 [EB/OL]. （1963-11-03）[2022-09-16]. https://www.pkulaw.com/chl/06391fc463c299fabdfb.html.

❸ 张惠彬，吴运时. 从奖励导向到权力导向：新中国成立 70 年来职务发明权属的变革 [J]. 中国科技论坛, 2020 (4)：153.

终考虑符合我国自身政治经济体制，而并非简单地条文照搬和制度移植，其性质也绝非一般意义上调整单位与个人关系的'职务发明'权属制度，而是涉及国家与个人关系的专利所有权归属制度，是为了处理好国家、集体和个人之间的专利权关系，解决专利权作为排他性私人财产权与我国社会主义公有制经济特点之间的冲突"❶。按照该法第6条的规定，职务发明创造的专利申请权属于单位，但专利被批准以后，专利权的归属按照单位性质而不同。如果该单位属于全民所有制性质，则专利权属于该单位持有；如果是非全民所有制企业，如集体所有制单位或外资企业、中外合资经营企业性质的单位，则该职务科技成果专利权属于该单位所有。二者的区别在于，所有表明非全民所有制企业是职务科技成果的所有权人，而持有则表明全面所有制单位并非是该职务科技成果的所有权人，真正的所有权人是国家，而单位不过是代国家持有，因此有关该职务科技成果是否转化、如何转化，单位并不具有直接的决策权和实施权。该法第14条也明确规定："国有企业事业单位的发明专利，对国家利益或者公共利益具有重大意义的，国务院有关主管部门和省、自治区、直辖市人民政府报经国务院批准，可以决定在批准的范围内推广应用，允许指定的单位实施，由实施单位按照国家规定向专利权人支付使用费。"可见，国有企业事业单位拥有的发明专利必须得到有关主管部门的批准后方可实施。正基于此，改革开放后我国职务发明创造的权属事实上是国家所有、单位持有，而具体发明人则只能获得"一奖两酬"的权利，即获得奖励权与专利转化或实施后就收益部分取得的报酬权。

2021年修订的《科技进步法》中提出："利用财政性资金设

---

❶ 肖尤丹. 职务发明国家所有权制度研究［J］. 知识产权，2018（8）：63.

立的科学技术计划项目所形成的科技成果，在不损害国家安全、国家利益和重大社会公共利益的前提下，授权项目承担者依法取得相关知识产权，项目承担者可以依法自行投资实施转化，向他人转让，联合他人共同实施转化，许可他人使用或者作价投资等。"❶ 实践中，由于在签订合同时科学技术基金项目或者科学技术计划项目的合同主体往往是高校院所与基金项目发布方，因此高校院所等单位一般被视为项目完成人，相应的基于这些基金项目所形成的各种科技成果的知识产权，如"发明专利权、计算机软件著作权、集成电路布图设计专有权和植物新品种权"等，就属于单位而不属于具体承担科研任务的科研人员。但这无疑是职务科技成果所有权由国家所有向单位所有转变的一个契机。但按照当时的政策文件，科技成果由承担单位高校所有之后，属于学校的国有资产，应按《事业单位国有资产管理暂行办法》《中央级事业单位国有资产管理暂行办法》及《中央级事业单位国有资产处置管理暂行办法》等规范性文件进行管理和处置。高校处置科技成果需要履行严格的上报审批手续，因此高校职务科技成果转化还受制于很多条件。

党的十八大以来，科技创新被提高到前所未有的高度。2014年国务院在全国部分地区开展以科技成果使用权、处置权和收益权为内容的"三权"改革试点，采取减少职务技术成果转化审批环节、将职务技术成果部分知识产权下放给高校院所并加大对科研人员奖励力度等措施，实践中取得了一定成效。2014年财政部会同科技部和国家知识产权局印发了《关于开展深化中央级事业单位科技成果使用、处置和收益管理改革试点的通知》，其核心

---

❶ 中华人民共和国科技进步法 [EB/OL]. (2021-12-24) [2022-09-16]. https://flk. npc. gov. cn/detail2. html? ZmY4MDgxODE3ZDk5YTM5ZjAxN2RlYzU1NWR iO-DM0ZGE%3D.

是"允许试点单位可以自主决定对其持有的科技成果采取转让、许可、作价入股等方式开展转移转化活动""转移、转化的收入全部留归单位,处置收入不上交国库",由此正式拉开国家对职务科技成果改革权属改革的序幕。

2015 年《中华人民共和国促进科技成果转化法》(以下简称《科技成果转化法》)修订时将上述三权改革的实验成果吸收进该法中。该法新增的第 17 条规定"国家设立的研究开发机构,高等院校对其持有的科技成果,可以自主决定转让、许可或者作价投资,通过协议定价、在技术市场挂牌交易、拍卖等方式确定价格",新增第 18 条规定"国家设立的研究开发机构,高等院校转化科技成果所获得的收入全部留归本单位,在对完成、转化职务科技成果做出重要贡献的人员给予奖励和报酬后,纳入本单位预算,用于科学技术研究开发与成果转化工作"。可见,《促进科技成果转化法》与《专利法》相比,已经明确规定国家设立的高校院所等单位可以享有其持有的职务科技成果的部分产权权能,如对职务科技成果的使用权、收益权、处置权。但该法依然指出高校院所对其所有的职务科技成果是"持有",而非"所有",因此从法律关系上讲,国家依然是职务科技成果的实际所有人,而公立的高校院所不过是职务科技成果的持有人,该单位对其所持有的职务科技成果不具有完全的产权关系。该法第 19 条也强调,"国家设立的研究开发机构、高等院校所取得的职务科技成果,完成人和参加人在不变更职务科技成果权属的前提下,可以根据与本单位的协议进行该项科技成果的转化,并享有协议规定的权益。"所以,成果完成人与单位就科技成果转化签订协议时,必须遵循"不变更职务科技成果权属"这一前提条件,即不得改变职务科技成果本质上属于国家所有而由单位持有的产权关系。也就是说,发明人作为促进职务科技成果转化最重要的力量对于该职务科技成果却没有产权，或者说在职务科技成果转化中没有任何权利。

为了加快职务科技成果转化，特别是强化发明人参与职务科技成果转化的效率与积极性，必须继续深化职务科技成果产权制度改革，为此党中央、国务院多次提出要"探索科研人员对职务科技成果的所有权和长期持有权制度"。这种背景下，2020 年 5 月科技部等九部门印发《赋予科研人员职务科技成果所有权或长期使用权试点实施方案》，规定"国家设立的高等院校、科研机构科研人员完成的职务科技成果所有权属于单位。试点单位可以结合本单位实际，将本单位利用财政性资金形成或接受企业，其他社会组织委托形成的归单位所有的职务科技成果所有权赋予成果完成人（团队），试点单位与成果完成人（团队）成为共同所有权人。"该文件首次明确了职务科技成果的所有权属于单位，同时规定单位与成果完成人可以成为共同所有权人，从而为实现成果完成人作为产权主体参与职务科技成果转化提供了制度基础。这一文件虽然是科技部等部门制定的试点性方案，但可以预见，这将是中国职务科技成果产权制度改革的方向。下一步在试点改革基础上，必定会推动包括《专利法》《促进科技成果转化法》《著作权法》《集成电路布图设计保护条例》等一大批法律法规的修订，将单位拥有职务科技成果所有权以及单位与项目完成人对职务科技成果的混合所有制规定在相关法律中，作为制度规定确定下来。在此，有必要对现行相关职务科技成果权属的法律规定进行具体梳理并分析其对职务科技成果转化的影响。

2. 我国现行法律法规关于职务科技成果权属配置的具体规定

全国人大制定的《科技进步法》《专利法》《促进科技成果转化法》《民法典·合同法编》等法律制度就科技成果转化的相

关问题作了原则性规定，特别是 2015 年全国人大修订的《促进科技成果转化法》从下放"三权"、拓展转化方式、提高项目完成人的奖励比例以及允许其与单位协商取得科技成果转化权等内容，对于规范和促进我国科技成果转化起到积极的指引作用。由于职务科技成果表现形式多样，针对不同职务科技成果现行立法给予了单独立法形式，从而形成有关职务科技成果产权保护的法律体系。

（1）《促进科技成果转化法》（2015）关于职务科技成果及其产权归属的具体法律规定

第 2 条　职务科技成果是指执行研究开发机构、高等院校和企业等单位的工作任务，或者主要是利用上述单位的物质技术条件所完成的科技成果。

第 16 条　科技成果持有者可以采用下列方式进行科技成果转化：（一）自行投资实施转化；（二）向他人转让该科技成果；（三）许可他人使用该科技成果；（四）以该科技成果作为合作条件，与他人共同实施转化；（五）以该科技成果作价投资，折算股份或者出资比例；（六）其他协商确定的方式。

据以上规定，可以认为职务科技成果的所有权人是国家，单位是持有人并享有使用（实施转化、共同实施转化、许可、作价投资），处置（转让）以及基于上述行为而取得收益的权利。

（2）《科学技术进步法》（2021）的相关规定

第 32 条　利用财政性资金设立的科学技术计划项目所形成的科技成果，在不损害国家安全、国家利益和重大社会公共利益的前提下，授权项目承担者依法取得相关知识产权，项目承担者可以依法自行投资实施转化，向他人转让，联合他人共同实施转化，许可他人使用或者作价投资等。

项目承担者应当依法实施前款规定的知识产权，同时采取保护措施，并就实施和保护情况向项目管理机构提交年度报告；在合理期限内没有实施且无正当理由的，国家可以无偿实施，也可以许可他人有偿实施或者无偿实施。

项目承担者依法取得的本条第一款规定的知识产权，为了国家安全、国家利益和重大社会公共利益的需要，国家可以无偿实施，也可以许可他人有偿实施或者无偿实施。

项目承担者因实施本条第一款规定的知识产权所产生的利益分配，依照有关法律法规规定执行；法律法规没有规定的，按照约定执行。

显然，基于上述法律授权，除"涉及国家安全、国家利益和重大社会公共利益外"的职务科技成果由项目承担者享有。实践中财政性资金资助的基金项目一般是由项目单位与项目招标方签订合同，可以认为项目承担者一般是单位，即单位享有上述职务科技成果的知识产权。

（3）《专利法》（2020）的规定

第6条 执行本单位的任务或者主要是利用本单位的物质技术条件所完成的发明创造为职务发明创造。职务发明创造申请专利的权利属于该单位，申请被批准后，该单位为专利权人。该单位可以依法处置其职务发明创造申请专利的权利和专利权，促进相关发明创造的实施和运用。利用本单位的物质技术条件所完成的发明创造，单位与发明人或者设计人订有合同，对申请专利的权利和专利权的归属作出约定的，从其约定。

根据以上规定，可以认为：①执行本单位的任务或者主要是利用本单位的物质技术条件所完成的职务发明创造之申请专利权和专利权，均属于单位所有；②利用本单位的物质技术条件完成的发明创造经约定为职务发明创造的，其权属可以由双方约定为单位享有或者发明人享有。

（4）《著作权法》（2020）的规定

第 18 条 自然人为完成法人或者非法人组织工作任务所创作的作品是职务作品，除本条第二款的规定以外，著作权由作者享有，但法人或者非法人组织有权在其业务范围内优先使用。作品完成两年内，未经单位同意，作者不得许可第三人以与单位使用的相同方式使用该作品。有下列情形之一的职务作品，作者享有署名权，著作权的其他权利由法人或者非法人组织享有，法人或者非法人组织可以给予作者奖励：

（一）主要是利用法人或者其他组织的物质技术条件创作，并由法人或者其他组织承担责任的工程设计图、产品设计图、地图、示意图、计算机软件等职务作品；

（二）报社、期刊社、通讯社、广播电台、电视台的工作人员创作的职务作品；

（三）法律、行政法规规定或者合同约定著作权由法人或者其他组织享有的职务作品。

可以得出以下结论：①自然人为完成法人或者其他组织工作任务所创作的职务作品的著作权由作者享有，但法人或者其他组织有权在其业务范围内优先使用；②"主要是利用法人或者其他组织的物质技术条件创作，并由法人或者其他组织承担责任的工程设计图、产品设计图、地图、示意图、计算机软件等职务作品""报社、期刊社、通讯社、广播电台、电视台的工作人员创作的职务作品"以及"法律、行政法规规定或者合同约定著作权由法人或者其他组织享有的职务作品"等职务作品由单位享有著作权。

（5）《民法典》的规定

第 847 条 职务技术成果的使用权，转让权属于法人或者非法人组织的，法人或者非法人组织可以就该项职务技术成果订立技术合同。法人或者非法人组织订立技术合同转让职务技术成果时，职务技术成果的完成人享有以同等条件优先受让的权利。职务技术成果是执行法人或者其他组织的工作任务，或者主要是利用法人或者其他组织的物质技术条件所完成的技术成果。

可以得出以下结论：①权属有双方约定的，则约定优先；②完成人同等条件下有优先受让权。

（6）《计算机软件保护条例》（2013）的规定

第 13 条　自然人在法人或者其他组织中任职期间所开发的软件有下列情形之一的，该软件著作权由该法人或者其他组织享有，该法人或者其他组织可以对开发软件的自然人进行奖励：（一）针对本职工作中明确指定的开发目标所开发的软件；（二）开发的软件是从事本职工作活动所预见的结果或者自然的结果；（三）主要使用了法人或者其他组织的资金、专用设备、未公开的专门信息等物质技术条件所开发并由法人或者其他组织承担责任的软件。

第 12 条　由国家机关下达任务开发的软件，著作权的归属与行使由项目任务书或者合同规定；项目任务书或者合同中未作明确规定的，软件著作权由接受任务的法人或者其他组织享有。

可以得出下列结论：

第一，单位享有著作权的情形：①针对本职工作中明确指定的开发目标所开发的软件；②开发的软件是从事本职工作活动所预见的结果或者自然的结果；③主要使用了法人或者其他组织的资金、专用设备、未公开的专门信息等物质技术条件所开发并由法人或者其他组织承担责任的软件。第二，由国家机关下达任务开发的软件依照约定确定，若无约定属于单位所有。

（7）《集成电路布图设计保护条例》（2001）的规定

第 9 条　布图设计专有权属于布图设计创作者，本条例另有规定的除外。由法人或者其他组织主持，依据法人或者其他组织的意志而创作，并由法人或者其他组织承担责任的布图设计，该法人或者其他组织是创作者。由自然人创作的布图设计，该自然人是创作者。

显然，作为职务技术成果的集成电路布图设计的所有权属于单位。

3. 现行法律法规关于职务科技成果产权权属界定的特点及缺陷

（1）职务科技成果产权安排的基本特点

首先，典型职务科技成果，即"为完成单位工作任务或者主要利用单位物质技术条件完成的职务科技成果"的产权大多基本采取国家所有、单位持有的双重产权模式。

其次，对于类似于"利用本单位的物质技术条件所完成的职务科技成果"，很多法律规定以单位与成果完成人协商为原则、即实行尊重契约自由原则。既可以协商为职务科技成果，也可以协商为非职务科技成果。但这类成果比较少，不占据主流。

最后，大多数法律制度虽然规定产权归单位，但都要求单位在取得职务科技成果产权后给予项目完成人以奖励或补偿，有的还规定了如果单位转让职务科技成果则项目完成人在同等条件下享有优先受让权。

（2）现行职务科技成果产权配置的不足之处

首先，二元产权结构限制了职务科技成果转化的效率。按照现行多数法律规定，职务科技成果的原始产权属于国家，高校院所基于法律规定代国家持有职务科技成果。但国家不可能以市场主体直接参与转化，而高校院所作为职务科技成果持有人，享有的产权是有限的，并且要受到相关行政行为的约束。

其次，科研人员的利益保障不足。客观地讲，科研人员是职务科技成果的真正完成人，应当享有其所完成的科技成果的所有权，但现有法律制度将产权全部归于国家或者单位，以"一奖两酬"的方式给予科研人员奖励或者补偿，实践中对科研人员的奖励和补偿落实得往往不到位，科研人员激励机制的作用并没有发挥出来。

最后，职务科技成果权利主体的转化义务设置不规范、不严格。科技成果的价值在于转化，不能转化的科技成果没有任何价值。但现行法律规范体系中对权利主体的转化义务空置，导致高校院所作为成果持有人怠于转化而没有任何法律责任。"高校存在职务科技成果转化率不高问题的症结之一，就在于立法在赋予高校成果转化权利时缺乏对其转化义务的规定。"❶

总的来说，一方面，职务科技成果产权设置不合理，将其所有权牢牢控制在国家手里无法有效实现其具有的潜在价值，而高校院所作为持有人，其主要职责是教书育人或完成国家交办的科研任务，本身没有将职务科技成果推向市场的强烈意愿。加之转化时的审批程序，收益时要遵守"收支两条线"的原则而需要将收益上缴国库，审计时存在的国有资产流失法律风险等，都使得高校院所及其负责人没有内在的动力与需求去推动科技成果转化。另一方面，项目完成人不仅是科技成果的生产者，熟悉科技成果的各项技术参数，知道科技成果向市场转化以及与产品结合的方向，其内在的"默会知识"有助于在转化中促进科技成果的技术升级，因此是推动职务科技成果市场转化的重要力量，但是现有法律没有确立其对职务科技成果的权利主体地位，也没有赋予其应有的对科技成果转化的决策权，相应的激励措施在实践中也无法得到有效保障，可以说产权配置不合理是影响职务科

---

❶ 周海源. 职务科技成果转化中的高校义务及其履行研究 [J]. 中国科技论坛，2019（4）：142.

技成果转化、导致转化率低的根本原因。产权界定给高校，"这样的情况虽然看似明晰，却存在着主体权责利不相一致的情况，实则产权模糊"❶。

二、陕西高校院所推进职务科技成果产权改革的具体实践

2014 年国务院推行"三权"改革以来，陕西制定了大量有关促进科技成果转化的政策文件。许多高校院所在此基础上制定了本单位有关加快科技成果转化的规定，采取加大对科研人员在科技成果转化收益中的奖励报酬比例、建立专门负责本单位科技成果转化的机构等举措，力求在加快科技成果转化方面取得实效。实践中，这些措施也的确对一些高校院所科技成果转化工作起到积极促进作用并取得一定成绩。但是，现有促进职务科技成果转化的政策措施仍然存在不足之处，以至于在奖励与报酬提高到很大比例的情况下，高校院所科技成果转化并未出现爆发性增长。

（一）陕西深化高校院所职务科技成果产权改革的相关省内立法及政策

2016 年 9 月，陕西省委、省政府出台了《陕西省促进科技成果转化若干规定》，陕西省政府颁发《关于大力推进大众创业万众创新工作的实施意见》，2017 年制定《陕西省促进科技成果转移转化行动方案》，2018 年 2 月 1 日新修订的《陕西省促进科技成果转化条例》正式施行。2019 年陕西省发改委、陕西省科技厅等部门印发《陕西省构建全链条产业技术创新体系推动产业创新发展若干措施》，深入实施"1155 工程"，构建四级全链条产业

---

❶ 姚阳. 高校职务科技成果混合所有制实践研究 ［D］. 成都：西南交通大学，2018：33.

技术创新体系等措施着力推进省内科技成果转化。2016年以来，"全省高校累计出台成果转化方面政策文件216件，涵盖了科研项目、科研经费、科技奖励、成果转化机构、科研人员薪酬、仪器设备采购等科研工作的各个方面"❶。这些措施对于陕西科技创新成果转化起到一定的积极作用，但总体来讲，效果仍不尽如人意。其中最关键的一点就是将研发人排除在现有产权制度安排之外，没有考虑到科技成果研发人对职务科技成果的产权主体地位。如2016年陕西省颁布了《促进科技成果转化若干规定（试行）》（陕九条），规定"可以由高等院校、研发机构的项目完成人自主决定转让、许可、作价投资"，但是在没有所有权的情况下，项目完成人如何"自主决定"职务科技成果的转让、许可、作价投资？毕竟，按照《中华人民共和国促进科技成果转化法》等上位法的规定，职务科技成果的所有权属于其所在的高校院所等单位，而不是项目完成人，因此实践中没有可操作性。2017年《陕西省促进科技成果转化条例》修订后规定"国家设立的研究开发机构、高等院校对其持有的科技成果，除涉及国家秘密、国家安全外，可以自主决定或者授权科技成果完成人决定转让、许可或者作价投资，不需报相关主管部门审批或者备案"。通过对部分省内高校院所有关促进科技成果转化管理办法的调研发现，除由高校自主决定转化以及高校院所与项目完成人协商转化外，很多单位并没有关于授权项目完成人转化的规定。

---

❶ 张晨悦. 陕西高校科技成果转移转化成效凸显［EB/OL］. （2020-05-08）［2022-05-15］. http://jyt. shaanxi. gov. cn/jynews/rdjj/201910/14/93733. html.

（二）陕西高校院所贯彻落实职务科技成果产权改革政策的举措及成效

1. 省内高校院所贯彻落实职务科技成果产权改革的具体举措

调研发现，绝大多数高校院所较重视科技成果转化工作，在落实国务院"三权"改革过程中，通过制定、修改、完善促进科技成果转化文件，成立促进科技成果转化领导小组及专门负责科技成果转化的机构人员，提高对科研人员奖励和报酬比例，提高科研人员在科技成果转化中的参与度等措施，鼓励中介组织参与高校院所参与转化，具体体现在以下方面：

一是建章立制，制定、修改、完善促进科技成果转化的制度规定。目前，大多数省内高校都制定了有关促进科技成果转化的办法，为本单位加快科技成果转化提供了具有可操作性的制度依据。有些高校是新制定的，而有些高校是在之前制定的基础上做了完善和改进。

二是强化激励机制，提高对科研人员奖励、报酬比例，扩大激励对象范围。首先，大幅度提高对科研人员奖励与报酬的比例。很多高校院所都将对负责完成科研任务的科研人员以及对促进科技成果转化的人员的奖励比例提高到《促进科技成果转化法》（2015）规定的 50% 以上，有的高校如西安理工大学等院校则将奖励比例提高到 90%。虽然各单位具体规定的比例不一，但都比之前规定有了很大提高。如西北工业大学在其 2003 年制定的《西北工业大学促进科技成果转化的暂行规定》第 7 条规定"学校投资实施转化或与他人采用非股份制方式实施转化的，成果完成人可享受不低于 20% 技术转让的净收入"，而在 2017 年出台的《西北工业大学促进科技成果转化管理办法》第 17 条将相应奖励比例提高到 70%。据统计，自推进高校"三权"改革（使用权、处置权和收益权）以来，部分试点高校出台科研人员创新激励制度都已保障至少 80% 的收益奖励给个人或团队，其中 10 家高校规定 90% 的收益可以奖励给个人或团队。❶ 其次，奖励对象范围也有所扩大。有些高校不仅对完成承担该科研项目科研人员进行奖励，还对在宣传、中介服务等方面对促进转化有重大贡献的人员予以奖励。如陕西师范大学在其《科技成果转化实施暂行办法》（2018）第 13 条规定：学校将不低于 70% 的技术股权奖励给成果研发团队人员和为成果转化作出重要贡献的人员。西北农林科技大学《科技成果转化管理办法》（2019）第 24 条规定："为加快学校科技成果转化，鼓励和支持除成果完成人以外的中介机构或人员积极宣传并推介学校科技成果，有效促成并以转让或许可方式实施转化的，可从转化净收入中提取不超过 10% 奖励给中介机构或相关人员。以技术入股方式促成转化的，奖励方式和比例具体协商。"❷ 最后，还有些高校院所将在校学生、访问学者、进修人员视为在职科研人员并享有同等待遇，扩大了对科研人员激励范围。如《西北农林科技大学科技成果转化管理办法》第 2 条规定：本办法所称科技成果是指教职工（在学校任职的教师、职员、项目临时聘用人员、博士后研究人员、访问学者、进修人员等）和在校学生（被学校依法录取，具有学籍的受教育者）因执行工作任务或者主要是利用学校的物质技术条件，通过科学研究与技术开发所产生的具有实用价值的职务科技成果。❸

三是加强管理和组织，成立专门负责科技成果转化的机构与

❶ 国家发改委高技术产业司：西安市试点高校科技成果转化成效显著［EB/OL］．（2020-05-09）［2022-05-15］．http://gjss.ndrc.gov.cn/gjsgz/201711/t20171117_867235.html．

❷ 西北农林科技大学科技成果转化管理办法［EB/OL］．（2019-01-01）［2022-09-16］．https://xxgk.nwsuaf.edu.cn/xxkml2015/jbxx2015/gzzd2015/93150.htm．

❸ 西北农林科技大学科技成果转化管理办法［EB/OL］．（2019-01-01）［2022-09-16］．https://xxgk.nwsuaf.edu.cn/xxkml2015/jbxx2015/gzzd2015/93150.htm．

人员。许多高校院所在其文件中都按照陕西省教育厅"陕教十条"的规定，成立了由校领导为负责人和校内科研、财务、国资管理、人事等单位为成员的促进科技成果转化领导小组，明确了各部门职责，加强了对本单位科技成果转化工作的组织管理。陕西师范大学在其《科技成果转化实施暂行办法》（2018）第6条中规定：学校成立科技成果转化工作领导小组，组长由校长担任，副组长由分管科技和产业的校领导担任，领导小组成员由科学技术处、人事处、社会科学处、国有资产管理处、资产经营有限责任公司、财务处、教务处、研究生院、学生处、毕业生就业指导服务中心、团委主要负责人及相关学科专业技术人员组成。领导小组下设科技成果转化办公室，办公室挂靠学校科学技术处。

四是完善了科技成果转化程序。包括明确转化方式、定价方式，转化合同的签订审批履行监督程序等内容。西安体育学院在其《科技成果转移转化实施办法（暂行）》（2017）不仅规定了项目完成人在转化科技成果时签订转化合同的相关程序，包括由成果完成人向学院科技成果转化办公室申报，与需求单位协商后提出转让协议初稿，经成果完成人所在部门主管领导审核同意后报学院科技成果转化工作领导小组审批，审批通过后由学校科技成果转化办公室签署合同等，还规定了"向他人转让或许可的科技成果获以科技成果作价投资的"分级审批程序："（一）100万元以下，由院科技成果转移转化工作办公室审核，学院院长办公会审定；（二）100万元以上（含100万元），由学院院长办公会审批，学院党委办公会审定。"❶

五是加大科技成果转化工作在职称评定、岗位管理、考核评

---

❶　西安体育学院. 科技成果转移转化实施办法（试行）[EB/OL]. （2017-12-21）[2022-06-25]. http://www.xaipe.edu.cn/kyc/info/1046/2230.htm.

价中的占比，激励科研人员参与科技成果转化。如陕西师范大学规定"为鼓励教师积极从事应用开发研究，参与科技开发、成果转化工作，推动产学研合作，更好服务区域社会经济发展，学校在职称评定、岗位管理和考核评价中将科技成果转化业绩作为重要的评价依据，科技成果转移转化绩效突出人员，纳入破格晋升职称序列"。

六是设立转化基金，创新科技金融新模式。陕西师范大学规定："为加快我校科技成果产业化，推动产学研活动的持续发展，学校设立科技成果转化基金。"该基金主要资助对象是：技术比较成熟，具有市场潜力，但需要继续进行中试放大、技术推广、开发成熟产品和生产工艺的应用性项目；资助成果转化职业经理人队伍建设，如培训、聘任技术转移转化人员等。其资金的主要来源于学校投入，科技成果转化收益及资产经营有限责任公司投入。运用财政资金加强与高校院所合作，创新科技金融模式是西安全面创改工作的一个亮点。"目前，试点单位设立的西北大微种子基金、西科天使基金、光电先导基金、西交种子基金、西交科创基金、西部质量创新发展基金等各类基金，总规模已经超过40亿元。"❶

2. 取得的成效

上述举措对高校院所科研人员参与科技成果转化的积极性起到了一定激励作用，据统计，2018年陕西省高校技术合同登记数量为6303份，较2017年增加近21%，合同金额达30.46亿元，较2017年增长1.46亿元❷。大多数高校院所科技成果转化状况有了一定改善。以西北大学为例。2017年，西北大学科研经费到

---

❶ 杨斌鸽. 高校院所正成为大西安创新驱动发展新引擎［N］. 西安日报，2017-10-11（8）.

❷ 吕扬. 我省高校科技成果转移转化落地开花［N］. 陕西日报，2019-11-01（14）.

款首次突破 2.8 亿元，与上年同期相比增长了 33.3%，同时，与上年同期相比，西北大学横向项目到款数增幅达到 40.4%，并涌现出了诸多标志性成果，如范代娣团队研发的类人胶原蛋白系列生物材料与相关产品已实现产业化。❶ 上述措施不仅对相关高校院所科技成果转化起到促进作用，而且对整个陕西省内高校院所科技成果转化起到积极示范作用。以西安市为例，"这些年在西安市 700 余家科技小巨人企业中，有超过 70% 的企业都是由高校、科研院所科技人才创业，实施科技成果转化，并从初创的小微企业成长壮大而来的。"❷

三、陕西高校院所职务科技成果产权改革实践的不足之处

尽管高校院所在促进科技成果转化中取得了较大进步，但在实践中仍然存在许多问题，如奖励比例虽高但兑现不易，科研人员参与转化的权利保障机制不健全，促进科研人员参与科技成果转化的管理制度运行效率还不高，科技成果转化中的知识产权保护与救济机制还不完善等，这导致高校院所科技成果对外转化难、激励实现难、内部管理难、法律保护难等问题仍然存在。具体表现在以下方面。

1. 激励科研人员参与科技成果转化的机制不健全

一是赋予科研人员的获得奖励报酬权是一种消极被动型权利，不足以有效激励科研人员参与科技成果转化的积极性。首先，科研人员不能决定诸如奖励与报酬的幅度比例、获得条件、获得的程序以及最终期限等一系列问题，获得相应的奖励报酬具

---

❶ 王之康，张行勇. 西北大学：促科技成果"下书架，上货架"［N］. 中国科学报，2018-03-06 (6).

❷ 沈谦，赵雪. 西安创新体制机制促进科技成果转化［N］. 陕西日报，2016-07-15 (4).

有很大的被动性。其次，能否获得报酬是与科技成果转移转化的状况联系在一起的，如果科技成果没有转移转化或者转移转化没有产生良好的经济效益，科研人员的报酬也就无从谈起，从而在事实上沦为一种"纸上的权利"。最后，奖励与报酬激励模式同科技成果转移转化的市场行为性质不符，更不会激励市场主体参与成果市场转化的积极性。按照《促进科技成果转化法》第 44 条"职务科技成果转化后，由科技成果完成单位对完成、转化该项科技成果做出重要贡献的人员给予奖励和报酬"，因此，即使项目完成人不参与转化，只要该科技成果转化，就应当向项目完成人支付一定的奖励和报酬。显然，科技成果转移转化本质是一种市场行为，是在不同市场主体之间进行的权利交换。科研人员要充分参与科技成果转移转化就必须具有对科技成果的权利主体地位，这样才能以权利主体身份行使交易权、定价权等影响科技成果转化的决策性权利。但获得奖励与报酬的权利并不能赋予科研人员对科技成果的产权，恰恰相反，有些情况下，通过获得奖励与报酬，科研人员将其对科技成果的产权让渡给单位。于是在职务科技成果转移转化中，科研人员就只能作为一名"参谋"，既不是权利主体，也无法作为科技成果转化转移中的市场主体。所以说，科技成果转化中的权利缺位导致科研人员对参与科技成果转化缺乏长远预期，其参与科技成果转化的积极性主动性无法得到完全释放。

二是程序设计不周全，奖励报酬激励兑现难。绝大多数高校院所规定了科研人员享有获得奖励与报酬的权利，甚至也规定了获得奖励与报酬的最低标准，但是在关于科研人员可以获得奖励与报酬的时间期限、获得条件、成本收益的界定等方面没有明确规定，导致在对科研人员奖励的具体操作中造成困难，有些单位对科研人员奖励不能如期落实的情况亦时有发生❶。其实，我国《促进科技成果转化法》第 44 条明确规定"科技成果完成单位可以规定或者与科技人员约定奖励和报酬的方式、数额和时限。单位制定相关规定，应当充分听取本单位科技人员的意见，并在本单位公开相关规定"，但在具体落实中有些高校院所都有意无意地忽视了对这方面的规定。

三是单纯的物质奖励难以满足科研人员自身价值需求。科研人员从事科技研发及转化工作，除满足物质利益外，还有精神利益需求。作为研发人，推动自己研发成果顺利转化，通过研究成果市场价值、社会价值的实现也能更大限度满足自己的精神需要。但是当科研成果的产权全部属于单位，科技成果转化的权利主体只是单位，这时即使将更多的转化收益分配给科研人员，其所得的物质利益也无法填补和弥补其精神需求。正因如此，一些科研人员对激励政策往往是会"心动"而无行动，更热衷于发表论文、出版著作，但这往往又会因提前泄露科技成果的一些关键技术指标而降低其市场转化的价值。

四是仅对科研人员设置高奖励标准难以平衡科技成果转化中的利益关系。科技成果转化是需要多方主体协助进行的工作。除科研人员参与外，还需要其他管理人员、科辅人员配合。从价值分配角度而言，对于参与科技成果转化的各方主体所付出的劳动均需要尊重并给予相应的利益激励，否则不仅没有收益，而且还可能因为工作付出越多而承担的风险越大。同样作为理性人，在利益既定情况下，要减少风险，必然会消极怠工。

2. 科研人员参与科技成果转化的权利保障制度供给不足

一是科研人员对科技成果转化没有直接决策权。科研人员无

❶ 孟圆. 科技部实施《促进科技成果转化法》若干规定 [EB/OL]. (2020-05-09) [2022-05-15]. http://yp.gmw.cn/2016-03/15/content_19301342.htm.

权决定该科技成果的是否转化，甚至对于该科技成果的转化方式、转化成果的定价权等相关事项，大多数高校院所的科研人员都没有直接决定的权利。有些学校规定，科研人员可以与其所在二级学院协商后提出转化科技成果的申请，但最终需要经过单位审批通过并且由单位主管科技成果转化的部门负责签订相关协议后方才生效。❶ 而另有些高校院所则直接规定是否转化以及转化的方式都由学校决定。❷ 实践中存在有些高校院所不愿转化科技成果或拖延科技成果转化进程的做法，但科研人员往往是束手无策。

二是有的高校院所不仅赋权不够，而且还超出法律规定，对科研人员的权利进行了更大限制。如西安交通大学在其《科技成果转化管理办法》中规定："退休或离开学校三年内做出的与在校本职工作或分配任务有关的创造及技术成果"视为职务技术成果。但依据我国《专利法实施细则》第 12 条的规定："专利法第 6 条所称执行本单位的任务所完成的职务发明创造，是指：……（三）退休、调离原单位后或者劳动、人事关系终止后 1 年内作出的，与其在原单位承担的本职工作或者原单位分配的任务有关的发明创造。"这明显超出国家法律法规的规定，而对科研人员，特别是离退休和离职的科研人员在科技成果转化中赋予更大限制，而不是赋予更多权利。

三是缺乏对科研人员知情权和优先受让权等权利的保障制度。知情权、优先受让权等权利制度缺失使得科研人员对于单位科技成果转化情况不仅缺乏及时了解，更无权监督，当单位怠于

❶ 陕西师范大学. 科技成果转化实施暂行办法（2019 年）第 9 条 [EB/OL].（2020-05-11）. http://xxgk. snnu. edu. cn/info/1025/3000. htm.
❷ 西安理工大学. 科技成果转化管理办法（2017 年）第 6 条 [EB/OL].（2020-05-11）[2022-05-15]. https://kjc. snut. edu. cn/info/1022/1860. htm.

转化科技成果时，科研人员没有主动或自动的优先受让权，从而无法以权利主体身份去积极推动科技成果转化。

四是有些高校院所将非职务科技成果与职务科技成果同样规定，变相限制了科研人员对非职务科技成果的自主转化权。在调研中，很多高校院所的文件对科技成果的类型没有进行清楚界定，造成在适用中的混乱。将本来属于项目完成人所有的科技成果也纳入职务科技成果调整范围，从而在奖励报酬分配比例、定价权等方面将二者混合在一起，严重侵犯了项目承担人的权利。❶也有些高校文件中在缺少授权的情况下允许项目完成人对职务科技成果进行自行转化，这无疑也侵犯了高校院所的合法权益。❷如西安体育学院在其管理办法规定："本办法所称科技成果是指学校所属单位或个人，承担国家、地方和企业项目或利用学校的资源、场地、技术、人力及其他条件以及执行学校任务所完成的科技成果，包括专利、软件著作权和非专利技术、工艺、方法、设计，产品、材料等。职务科技成果的所有权属于学校，属国有资产。完成以上成果的课题组和个人在本办法中统称为成果完成人。"显然，"学校所属单位或个人，承担国家、地方和企业项目或利用学校的资源、场地、技术、人力及其他条件以及执行学校任务所完成的科技成果"范围太大，将职务科技成果与非职务科技成果均包含在内。此外，还有单位文件规定："科技成果指我院教师和科研人员利用学校各种资源所取得的产权归学校所有的科学理论成果、应用技术成果、软科学研究成果，包括专利、论文、著作、研究报告、图纸等形式的知识产权。而科技成果转化

---

❶　陕西师范大学《关于促进科技成果转化暂行办法》第 2 条规定的科技成果包括了职务与非职务科技成果，但在其后面的规定中，如第 13 条分配转化收益的规定中却并没有进行区分，显然是将非职务科技成果也纳入其中。

❷　《西安理工大学科技成果转化管理办法》第 2 条规定，本办法所称的科技成果仅指职务科技成果，但该办法第 5 条规定科研人员可以自行决定实施投资转化等。

是指对上述知识产权所进行的后续试验、开发、应用、推广直至形成新技术、新工艺、新材料、新产品以及发展新产业等活动。"❶ 显然，将原本属于科研人员自主决定转化、自主享有权益的非职务科技成果一并纳入学校管理范围之内，并对成果完成人规定了与职务科技成果转化相同的责任，侵犯了科研人员的合法利益。

3. 管理效率低导致科研人员参与科技成果转化的成本仍然较高

科技成果转化是一项复杂的系统工程，需要既懂管理又懂经营、既了解科技专业也了解法律及相关政策的人员，对从事科技成果转化人员素质要求高，但实践中，高校院所对科技成果转化还是重视不够，有些高校院所虽设立了转化机构和人员，但力量总体不弱，不能满足高校院所潜在的科技成果转化的需求。具体体现在：

一是省内各高校院所对促进科技成果转化的管理没有统一规范，各单位规定几乎都不一样。以领导机构为例，一些高校院所都按照"陕教十条"等政策关于"加强对科技成果转移转化的管理、组织和协调，成立以学校主要领导为组长，相关职能部门负责人组成的科技成果转移转化工作领导小组"的要求，组建了科技成果转化领导小组，但也有一些高校院所并没设立领导小组。再如关于领导小组的组成上，有的单位由十几个部门组成，有的仅有两三个部门，这样科技成果转化经过的环节存在很大差异。

二是管理环节较多降低了转化效率。很多单位规定由科研，

---

❶ 西安体育学院科技成果转移转化实施办法（试行）（西体院发〔2017〕6 号）[EB/OL]. (2022-09-17) [2022-09-17]. http://www.xaipe.edu.cn/kyc/info/1046/2230.htm.

财务、国资、人事、教务、学工以及资产经营公司等多部门共同参与科技成果转化。虽然管理力量强，但也存在一项科技成果转化要经过很多环节的情形，进而降低了转化效率。

三是有些管理规定限制了转化的实施。例如，有的单位依然规定对科技成果的转化要根据国有资产管理的规定向上级主管部门办理国有资产使用或处置备案审批手续后方能转移转化●，这与《国务院关于印发实施〈中华人民共和国促进科技成果转化法〉若干规定的通知》（国发〔2016〕16号）规定的"国家设立的研究开发机构，高等院校对其持有的科技成果，可以自主决定转让、许可或者作价投资，除涉及国家秘密、国家安全外，不需审批或者备案"之内容并不一致，在事实上也对职务科技成果转化造成一定障碍。也与《陕西省促进科技成果转化条例》以及陕西省教育厅、科技厅、财政厅联合发布的《关于落实以增加知识价值为导向分配政策促进省属高校科技成果转移转化的实施意见》等相关规定不符："国家设立的研究开发机构，高等院校对其持有的科技成果除涉及国家秘密、国家安全外，可以自主决定或者授权科技成果完成人决定转让、许可或者作价投资，不需报相关主管部门审批或者备案。"

四是目前的财务管理制度对科技成果创造、转化没有体现出科研人员的劳动价值。按照现有财务制度规定，科研立项关于研究经费的分配中没有与科研人员智力劳动付出相对应的部分。事实上带来科技成果的主要价值是科研人员的创造性劳动付出但整个创造过程却不能得到任何报酬。并且在创造完成以后，如果是职务科技成果，那么其产权就属于单位而与科研人员没有任何关系。虽然，有的项目中设置了劳务费、专家咨询费等费用，但均

● 陕西师范大学. 关于科技成果转化暂行办法（2019）第8条 [EB/OL]. （2020-05-11）[2022-05-15]. http://xxgk.snnu.edu.cn/info/1025/3000.htm.

不允许课题组成员获得。

4. 支持科技人员参与科技成果转化的中介服务保障体系有待完善

一是知识产权服务业法人单位数量少，分布不均衡，行业总体规模小。尽管近些年来，陕西省知识产权服务业特别是专利代理机构的数量有了较快增长，截至 2019 年 12 月份全省专利代理机构发展到 115 家，执业专利代理师增加到 342 人，具有专利代理资格的储备人才增加到 1077 人，"与 2014 年相比，全省专利代理机构增加了 86 家，执业专利代理师增加了 178 人，分别是 2014 年的 4.1 倍和 2.1 倍"。❶ 但是相比陕西科技成果转化的需求而言，还有一定差距。这些中介代理机构从业人员规模偏小，主要经济指标，如年营业收入、主营业务收入、营业利润等均处在全国"中游"水平，与北京、浙江、广东等发达省市差距较大。

二是知识产权中介机构的服务层次低，商用化和咨询服务能力弱。提供的服务内容主要是代理企业申请专利等处于下游的业务，附加值低，而知识产权评估、价值分析、交易、转化、质押、投融资、运营、托管等商用化服务能力弱，特别缺乏针对高校院所科技研发与科技成果转化提供专利布局、专利预警、风险评估等知识产权战略类的高端咨询服务。知识产权服务与科技成果的创新转化结合不够，专利产出率和市场化率低。

5. 科研人员参与科技成果转化的法治环境有待进一步完善

科技成果是无形财产，属于知识产权法调整和保护的范围。由于具有无形性、易复制等特点，很容易受到侵权，加之我国知识产权法律制度还不完善，行政保护力量薄弱，司法保护程序冗

---

❶ 艾娜. 2019 年全省专利代理机构发展到 115 家 [EB/OL]. (2020-05-11) [2022-05-15]. www. snipo. gov. cn/admin/pub_newsshow. asp?id=1011590&chid=100118.

长、赔偿低、执行难等原因，使得高校院所科技成果受到侵权后得不到有效法律救济。同时，作为权利人的高校院所相关部门法律意识不强，信息搜集不及时，缺乏主动和有效的自我保护机制，这些对科研人员参与职务科技成果转化造成不利影响。

一是尊重知识产权的社会文化意识不强。在科技成果转化中，无论是作为转化方的高校院所，还是作为被转化方的企业等市场主体，或是作为科技成果完成人的科研人员都普遍缺乏保护与尊重知识产权的意识。首先，调研中发现一些科研人员重视职务科技成果的技术信息，对其所拥有的知识产权关心不够，缺乏主动运用知识产权获取利益的意识。具体表现在：有些科技成果还未申请专利，一些科研人员就发表了相关论文，使得相关创新性技术信息被泄露，不仅导致在申请专利时的新颖性存疑，而且还发生被其他主体吸收转化后研发出新技术，从而使自己技术的市场价值大打折扣；有些科研人员对专利申请并不在行，其专利申请书往往是"权利要求不明确，申请太单薄"，使获得专利权遇到很多障碍；有些科研人员将专利申请事务完全委托给专利代理机构，但因缺乏必要的专利知识而不会选择和使用合适的专利代理人，并导致申请效果差；一些科研人员既没有用知识产权保护科技成果的意识，也没有运用专利布局引导科技研发的意识等。其次，高校院所对科技成果的知识产权保护意识普遍不足。这体现在其转化科技成果时对侵权行为不敏感，对保护措施不严密，对救济方式准备不足等方面。有许多高校没有建立系统的知识产权保护机制，特别是没有保护预案和专门的机构，往往是在遭受侵权很久的情况下才启动救济程序，但救济效果较差。最后，企业等市场主体知识产权意识淡漠，在合作过程中存在窃取或变相窃取高校院所及科研人员科技成果的现象。调研中一些高校院所反映，在与企业合作过程中，有的企业往往不愿意付钱买成果，而是在合作中偷学或仿制高校院所的科技成果，甚至有些企业通过高薪挖人等手段将掌握相关技术的科研人员聘请到企业工作，有的企业则通过兼职或招聘高校院所培养的研究生而达到挖人、挖技术的目的，致使高校院所的科技成果还未转化就已流失。在全社会还没有形成尊重知识产权的普遍意识和社会舆论氛围时，高校院所有时候也感到非常无奈。由于缺乏尊重和保护知识产权的社会氛围，知识产权价值在社会经济发展中的作用还未完全凸显，科研人员作为社会群体的一部分必然会受整体社会意识的影响而对知识产权作用及其转化不够重视。特别是身处非营利性的事业单位，没有转化的压力，更缺少对科技成果知识产权转化的动力。

二是对知识产权侵权惩处机制不完善，影响了高校院所及其科研人员转化科技成果的信心。首先，入罪门槛高。从立案数额来看，定罪数额在不断降低，如最高人民法院、最高人民检察院联合颁发的《关于办理侵犯知识产权刑事案件具体应用法律若干问题的解释》中将原来规定的起刑标准按照非法经营数额达20万元降低至5万元，将违法所得数额达到5万元降至3万元。但是，一直以来对知识产权侵权行为犯罪的入罪门槛主要关注于违法所得数额或非法经营数额，对于实践中当事人提起刑事自诉的立案标准，证据标准以及侵权数额计算方面都存在较高门槛，"公安机关往往要求当事人在立案时就承担较重的举证责任，甚至接近于证明犯罪成立的标准，这几乎已经达到检察机关审核提起公诉的标准"，其后果是"许多人求诉无门或望而却步"。❶其次，赔偿数额低。我国《专利法》等法律虽然对侵犯专利权的赔偿有明确规定，甚至允许"人民法院可以根据专利权的类型，

---

❶ 何国强，马婷婷. 知识产权刑事案件立案、定罪、量刑问题考察［J］. 湖北警官学院学报，2013（5）：29-30.

侵权行为的性质和情节等因素，确定给予一万元以上一百万元以下的赔偿"。但据统计，"我国专利侵权实际赔偿额平均只有 8 万多元"。❶ 再次，取证难、鉴定难。索赔需要证据，确定索赔数额往往需要鉴定后方能得出。但是由于科技成果的无形性以及生产的隐蔽性，使得权利人取证难。而无形财产价格鉴定难也导致索赔数额确定难。这些都导致对权利人的法律救济难以实现。最后，专利行政执法力量薄弱，执法处罚力度不够，难以对专利侵权等违法行为形成有效震慑。陕西省知识产权局虽设立保护协调处，专门负责全省知识产权执法等工作，但该处不到 10 人。在市、县（区）一级人员更少，承担的任务更重，很少有专门负责知识产权事务的机构与人员，甚至具有执法资格的人员也不多。有些虽然具有专利执法资格，但由于专利侵权技术性很强，普通执法人员在查处时对很多具体情况难以判断，这进一步加剧了执法难度。

四、小结

从以上分析可以看出，产权配置问题是影响科技成果实际转化的主要障碍，其表现为项目完成人想转化而无权自主决定，高校院所有权决定但不愿实施，不合理的产权配置无法有效释放各方主体参与职务科技成果转化的积极性，而与收益比例是否提高没有直接关系。当科技成果不能转化时，规定转化收益分配比例对调动科研人员参与转化的积极性毫无意义。正因如此，产权的初始界定非常关键，而目前大多数法律法规将产权初始界定给国家或者高校并不是最优选择。当然，在现行体制下大多职务科技成果价值形成及其顺利转化无法依赖任何单一主体独立完成，需

---

❶ 宋河发. 科技成果转化与知识产权运用［N］. 光明日报，2015-02-06（10）.

304 | 知识产权治理机制研究 ——以支撑陕西创新驱动发展为视角

要平衡国家、单位与项目完成人之间的利益关系。促进职务科技成果转化而赋予项目完成人一定产权不能以损失国家、单位利益为代价，同时要遵循权责利相一致原则。在赋予某一主体权利的同时，也要规定其应有的转化义务，基于此，在单位与项目完成人之间探索知识产权混合所有制就成为一种现实而有效的路径。

第四节　推进陕西高校院所职务科技成果知识产权混合所有制改革的对策建议

职务科技成果转化离不开高校院所与科研人员的共同参与，但激励科研人员参与高校院所科技成果转化的关键不仅在于提高科研人员对科技成果转化收益的分配比例，还需要建立有助于科研人员主动参与、督促科技成果转化实施以及转化收益及时兑现的权利保障体系。这就需要在完善现有激励机制的基础上，打破科研人员参与科技成果转化不得改变科技成果权属关系的制度藩篱，承认科研人员对科技成果具有权利主体地位的正当性和必要性，赋予科研人员对科技成果拥有一定比例的知识产权，从而更好发挥科研人员参与科技成果转化的积极性、主动性、创造性，同时完善知识产权管理，严格知识产权保护，优化知识产权服务，提升尊重知识产权的社会意识，以此形成一整套以职务科技成果产权界定、产权管理、产权运用、产权服务、产权保护等为重点内容的知识产权混合所有制改革模式，加快职务科技成果转化。

一、合理赋权，探索公平且富有激励性的职务科技成果知识产权混合所有制

职务科技成果的创造离不开项目完成人的智力创造，也离不开国家财政资金的支持与单位的组织、管理、平台等方面的支持。加强科技成果产权对科技成果转化的长效激励作用，就是在现行体制下承认国家、单位与承认项目完成人作为职务科技成果产权主体的正当性，尤其是要承认科研人员个人的发明灵感、创新思路和实现能力在科技成果创造与转化中的作用及其应当占有的权属份额。在现有政策背景下，除涉及国家秘密、国家安全及重大公共利益等情形外，国家已将财政资金形成的职务科技成果所有权下放给高校院所等单位，因此当前确权的核心是考虑单位、项目完成人在职务科技成果权利分配中的地位与份额，在兼顾各方利益基础上，形成公平且富有激励性的混合产权制度。其中的关键内容包括：

1. 明确试点知识产权混合所有制改革的职务科技成果类型

从知识产权的表现形式而言，高校院所职务科技成果种类很多，有些职务科技成果（如专利技术）与市场联系紧密并易于转化，而另外一些职务科技成果（如软科学成果、基础理论研究成果）则与市场联系并不紧密甚至无法转化。应当依据现行法律法规的规定，从易于向市场转化的角度出发，制定开展知识产权混合所有制的职务科技成果清单。建议可以借鉴北京市等地做法，将专利技术、计算机软件、技术秘密、集成电路布图设计、植物新品种、设计图专利技术、新药、配方等列入陕西推进知识产权权属混合所有制改革的职务科技成果范围。

2. 赋予科研人员对职务科技成果享有所有权或长期使用权的权利主体地位

首先，项目完成人或负责人可以在自项目立项到项目完成的整个过程中向该科研项目所属单位提出产权确认申请，通过约定权属比例的方式，对职务科技成果进行分割确权。

其次，对权属比例的约定，应该制定合理的评估体系，综合评估双方在科技成果研发与转化过程中的价值贡献。既要考虑双方在项目成果形成的价值贡献，如高校对研发工作的物质投入、组织管理、项目完成人付出的创造性智力劳动、应得的报酬奖励等，也要基于有利于实现科技成果转化的原则，比较双方在转化期限、转化收益、转化方式、转化风险等方面的优劣，合理确定产权比例。具体比例由双方协商，若双方自项目完成一年内达不成一致意见，可按照项目完成人不低于51%的比例享有产权，赋予项目完成人优先转化权。也可以借鉴四川大学等单位的如下做法：完成人在研发过程中主要依赖学校的设备、数据库、信息服务等，且这些物质条件的提供对成果的完成具有决定性作用，那么完成人最低可分科技成果所有权的51.5%；反之，成果的完成主要依赖于完成人的智力等投入，那么完成人可获得科技成果所有权的90%。

最后，健全科技成果权属分割手续。权属的分割比例经事先约定后，高校与完成人可通过变更登记和共同申请两种方式进行，分割成果后高校与完成人是知识产权的共有人，依据《专利法》第15条之规定，共有人对权利的行使，约定优先。转化前确权的优势之一是将完成人与成果紧密绑定，可以保证完成人有参与转化的选择权以及转化事项的决策权，完成人是对成果熟悉程度最高的人，其深度参与有利于挖掘成果的现实价值与潜在价值，"完成人进入转化工作对成果作价评估、成果质量、预期收益都是最好的选择"❶。与此同时,参与试点的高校院所应将市场定价信息机制公开透明化,以保证交易过程公开。高校的转化部门应严格监督决策的行使力度,并在履行本单位职责的提前下,予以批准并公示。

3. 规范双方权责义务

首先,除非国家法律法规明确规定或经双方约定,产权及产权比例是单位与项目完成人在职务科技成果转化中行使决策权、经营权、收益权、使用权、处置权等各项权能的依据。

其次,在行使上述各权能时,单位与项目完成人应协商取得一致。在达不成一致意见时,以产权比例大者的意见为准,产权比例小者不得影响职务科技成果转化中产权权能的运行。

最后,产权占比大者负有在一定时间内推进职务科技成果转化并取得预期收益的义务。在约定时间内,产权占比大者未按照约定实现科技成果转化或未取得预期的转化收益,经双方协商,可以终止产权分割协议,使职务科技成果产权恢复到初始状态。

二、科学管权,提升职务科技成果知识产权混合所有制改革的制度效能

1. 加强制度建设,不断夯实高校院所职务科技成果知识产权混合所有制改革的制度基础

一是加快制定《陕西高校院所职务科技成果混合所有制改革试点指导意见》等文件,明确推进职务科技成果混合所有制改革的指导思想、基本原则、试点对象、改革目标、试点内容,为推进该项改革提供总体依据。

二是充分利用西安市作为国家全面改革试验区的契机以及陕

---

❶ 于华. 高校职务科技成果混合所有制探析 [D]. 天津:天津商业大学,2019:15.

西自贸区等区域具有的制度创新优势，在西安市高校院所及自贸区内开展职务科技成果知识产权混合所有制改革探索，围绕职务科技成果的确权、鉴价评估、金融担保、中介服务、法律保护等制定具有创新性的政策，先行先试，为在全省推广提供经验。

三是指导省内开展知识产权混合所有制试点的高校院所完善相关制度，推动该项改革有序进行。第一，试点单位应按照中央和各省文件精神的要求，从科研项目管理、科研成果转化、科技人才队伍制度、科研经费使用等方面加快推进科技成果产权混合所有制改革进程。健全职务科技成果转化内部配套办法，制定职务科技成果产权归属和收益分配管理办法，明确职务科技成果产权共享的条件、程序、方式和份额、收益分配、成果处置和双方的权利、义务与责任等内容。第二，应重视完成团队内部建立健全决策和收益分配机制。研究项目过程中的重大问题决策，应建立项目主持人负责制下的民主协商制度，在充分听取团队意见基础上，由主持人作出最终结论。项目收益的分配应在扣除相关研究成本的基础上，经团队成员民主协商后，按照各参与人对项目的贡献程度来决定。

四是建立和完善无形资产单独管理制度。依据《事业单位国有资产管理暂行办法》（2019 年修订），国家设立的研究开发机构、高等院校"对其持有的科技成果，可以自主决定转让，许可或者作价投资，不需报主管部门，财政部门审批或者备案，并通过协议定价，在技术交易市场挂牌交易，拍卖等方式确定价格。通过协议定价的，应当在本单位公示科技成果名称和拟交易价格""将其持有的科技成果转让、许可或者作价投资给国有全资企业的，可以不进行资产评估""将其持有的科技成果转让、许可或者作价投资给非国有全资企业的，由单位自主决定是否进行资产评估"以及"转化科技成果所获得的收入全部留归本单位",❶ 以上规定使得国家设立的研究开发机构、高等院校在职务科技成果的知识产权等无形资产管理方面完全不同于对有形资产的管理,因此有必要建立相对独立的无形资产管理制度以推动高校院所知识产权混合所有制改革试点的推进。

2. 完善组织机构和专职人员配备,为推进"混改"和职务科技成果转化提供组织保障

一是支持试点单位成立由科技成果管理、资产管理、财务、审计、学院(所、中心等)、技术专家及投融资专家等组成的工作小组,或授权相关机构,负责职务科技成果权属比例认定工作。

二是支持试点单位组建技术转移办公室等专业化、市场化机构,负责管理高校院所成果数量及分类、了解科技市场运营情况、对接科技交易市场等工作,同时提供及时有效的中介信息、指导合同签订、法律维权等服务。

三是壮大职业化科技成果转移转化人才队伍,支持试点单位自主设置技术转移机构岗位和技术转移转化职称,建立相应的评聘制度,探索实行技术经理人市场化聘用制。2019 年上海出台的"上海科改 25 条"已经开始关注高校院所科技成果转化的专业服务机构建设,在可转化净收入中提取不低于 10% 的比例作为机构建设基金,用于机构发展、人员鼓励和专业人才引进;设立科技成果转化专业岗位,提供晋升渠道;将科技成果转化的绩效列入科技成果完成人职称评聘、单位考核评价的重要依据。

四是设立高校院所职务科技成果转化专项基金。鼓励进行成

❶ 财政部. 关于修改《事业单位国有资产管理暂行办法》的决定 [EB/OL].
(2019-04-05) [2022-06-25]. http://www.gov.cn/xinwen/2019-04/05/content_
5379874.htm?tdsourcetag=s_pcqq_aiomsg.

果转化的完成人与单位以股权质押融资等方式获得创业起步资金。

五是将成果转化工作绩效纳入职称评价体系，同时加大对成果转化优秀的科研团队的表彰力度，形成以科研转化成绩突出为荣的氛围。

3. 增强试点高校院所内部知识产权管理能力

一是积极推进陕西高校院所知识产权贯标活动，强化高校院所职务科技成果的知识产权管理水平。首先，知识产权管理部门应当向高校院所介绍宣传《企业知识产权管理规范》，解读贯标流程、文件编写、审核实施、管理评审与体系改进以及认证准备与认证流程等内容，提高对高校院所等事业单位知识产权贯标重要性的认识和积极开展贯标工作的意识。其次，应当加大对通过贯标高校院所的资助与扶持力度，形成示范带动效应。最后，加强政策联动，加大对通过知识产权贯标单位的各项政策优惠，扩大高校院所贯标的覆盖面。如在省内科技项目申报、科技奖励评审等方面将单位知识产权贯标情况作为一项考核条件。

二是建立知识产权管理职业水平评价制度，逐步推行知识产权管理资质考核，不断提升高校院所科技成果管理人员的知识产权能力。

三是发挥知识产权行政主管部门作用，除联合中小企业局、国资委、科技厅等相关部门围绕高校院所知识产权重点工作开展综合培训外，积极落实国家关于停征专利登记费、公告印刷费、著录事项变更费、PCT 专利申请的传送费等各种优惠措施，切实降低高校院所及科研人员申请、运用知识产权的成本和门槛，增强其自觉、主动运用知识产权的信心。

4. 完善尽职豁免制度

依据科技部等九部门印发的《赋予科研人员职务科技成果所

有权或长期使用权试点实施方案》并借鉴四川等省份做法，制定陕西省推进高校院所职务科技成果混合所有制改革中的尽职豁免制度，支持和允许改革试点过程中容错和纠错。充分发挥"容错纠错"等三项机制在探索高校院所职务科技成果混合所有制改革中的作用，对在改革过程中出现的一些偏差失误，只要不违反党的纪律和国家法律法规，勤勉尽责，未谋私利，能够及时纠错改正的，不作负面评价，免除相关责任或从轻减轻处理。

一是试点单位在执行上级相关文件精神和经本单位集体决策的相关管理办法、规定等，单位领导和部门在勤勉尽责、没有牟取非法利益的前提下，免除其在成果赋权中的相关决策失误责任。

二是试点单位通过挂牌交易、拍卖，或协议定价成交并进行公示拟交易价格的，单位领导和部门在勤勉尽责、没有牟取非法利益的前提下，免除其在科技成果定价中因科技成果转化后续价值变化产生的决策责任。

三是制定勤勉尽责的规范和细则，激发试点单位的转化积极性和科研人员干事创业的主动性、创造性，免除科研人员在科技成果转化中非因个人重大过失造成的转化不能转化收益低于预期等方面的责任。

三、高效用权，加快职务科技成果价值实现

尽快实现价值转化是推进职务科技成果知识产权混合所有制改革的核心要义，这就需要在权责利相一致基础上，从转化时间、转化途径等方面督促权利人提供转化效率，同时完善中介服务为加快职务科技成果的价值实现提供有力支撑。

1. 明确职务科技成果转化的时间期限

根据科技成果种类、转化难度以及同行业的实际情况，由高

校院所与完成人协商确定职务科技成果转化实施工作的时间期限、转化方式及转化进度，以及未在约定期限内实施转化的后果，以督促权利人积极履行职责，加快科技成果转化。

2. 实施产权回转制度

若职务科技成果自完成之日起三年内未转化，或者在转化未成功后恢复职务科技成果产权初始状态一年内仍未转化的，应当执行产权回转制度，即将该职务科技成果产权收归国有，由当地政府国资管理部门协同有关机构在产权交易市场进行转让、拍卖、作价入股或者，或者用于激励本省科技型中小微企业发展需要，以减免使用费等方式交由这些企业使用或作价入股该企业。

3. 积极发展中介行业，为职务科技成果转化提供有力支撑

一是大力扶持和发展专业化、规范化知识产权服务机构，鼓励专利代理服务机构延伸服务链条，拓展知识产权全链条服务。向前延伸服务参与高校院所创新研发环节，提高科技成果知识产权创造质量；向后延伸促进知识产权保护和运用，打通知识产权创造、运用、保护、管理、服务全链条。针对高校院所科技成果转化中具体问题提供专利情报分析、专利布局、专利维权、国际专利申报等服务，特别是要有针对性地指导高校院所及其科研人员深挖科技成果背后的专利价值，努力设计长链条、多方向、立体式专利申请方案，大力提升科技成果的市场价值。

二是建立和完善知识产权服务高校院所示范企业制度。对在推动高校院所科技成果转化、知识产权申报维权等方面做出突出贡献的知识产权中介服务机构给予奖励；将为高校院所长期提供免费中介服务并成功推动高校院所科技成果就地转化的知识产权代理机构的部分免费服务项目纳入政府采购项目；联合优秀服务企业探索建立区域知识产权服务业标准制度，不断提升区域知识产权代理机构的服务高校院所的整体水平。

　　三是探索有助于高校院所科技成果转化的知识产权中介服务新形态。第一，深化"互联网+"工程，利用公共财政打造促进陕西高校院所科科技成果转化的知识产权公共服务"云平台"，无偿为省内高校院所提供知识产权信息服务。第二，推动成立陕西高校院所科技成果转化联盟，建立高校院所专利池、科技成果池，成立专利池、科技成果池管理委员会，整合相关或相类似技术专利进行整体性转让或许可，提升科技成果转化的效率。第三，围绕具有比较优势、可市场化的技术与专利，努力形成具有实用市场价值的专利壁垒，自行生产或与企业合作生产转化。第四，深挖科技成果市场价值，提前进行专利布局，申报高质量科技成果。第五，打造政府引导，高水平知识产权服务机构、高校院所共同参与构建的知识产权托管工作体系，运用中介机构力量为高校院所科技成果知识产权转化提供稳定、优质、专业的知识产权运营服务。

　　四是深化金融服务，支持高校院所科技成果转化。首先，改革现行银行知识产权质押融资体制，逐步放宽将知识产权质押融资与有形资产捆绑的做法，支持纯知识产权质押融资业务，不断凸显知识产权资产价值，为高校院所科技成果价值转化提供新的路径。其次，推行专利保险，丰富保险种类，探索建立专利科技成果转化融资保险，针对高校院所转让、许可或利用科技成果投融资过程中出现的知识产权风险提供保险服务，以科技成果转化转移合同为依据，由保险公司对高校院所等投资主体的投资风险进行适当补偿。最后，建立权威客观的第三方科技成果鉴价机制。可由省科技、教育、知识产权管理、银监、保监、证监等部门与高校院所代表、知识产权优势示范企业代表等单位共同选择多家业内声誉好的评估机构并制定科技成果评估鉴价机构名册，供高校院所在转移转化科技成果时选择。制定科学的知识产权鉴价方案或标准，合理评估高校院所知识产权资产价值，减少科技成果转化中的风险。

四、强化维权，构建推进职务科技成果混合所有制改革的知识产权大保护格局

高校院所知识产权保护是一个复杂的系统工程，除不断完善知识产权法律体系，制定"惩罚性赔偿"等更加严格的知识产权保护制度外，还需要构建行政执法、司法、仲裁、社会组织与高校院所自身相结合的知识产权"大保护"工作格局，形成有助于高校院所职务科技成果转化的知识产权保护机制。

1. 严厉惩处高校院所科技成果转化中的违法犯罪行为

一是强化行政效能，发挥行政执法对科技成果转化中违法行为的惩处作用。执法机构要定期或不定期主动巡查，抽查高校院所职务科技成果转化情况，发现违法行为及时查处；对于高校院所等创新主体反映的侵权行为要尽早介入，如果属于违法行为应当及时查处，如果是一般侵权行为则可在当事人同意下进行行政调节；建议省政法委牵头省高院、省检察院、科技厅、省知识产权局拟定具有申请司法强制执行力的知识产权侵权行政调处文件，增强行政调处的法律效力。

二是支持和保护创新，依法惩治假冒专利权的犯罪行为，特别是加大对涉及国家重大战略需求、重大科研项目和工程、关键核心技术以及优势产业等领域假冒专利犯罪的打击力度，加强对高校院所等科技创新主体合法权益的法律保护。

三是加快知识产权司法审判效率，降低高校院所知识产权诉讼成本。总结北京、上海、广州等地知识产权法院有关知识产权纠纷适用简易程序的经验，探索扩大高校院所在知识产权转化过程中可能涉及的专利代理、专利融资及专利侵权案件的适用简易

程序范围，缩短审理时间，减少高校院所知识产权诉讼成本。同时与法院失信系统相关联，建立知识产权严重侵权人黑名单制度，通过信誉处罚使侵权人付出代价。

2. 建立知识产权多元纠纷解决机制

一是在陕西自贸区、高新技术产业园、大学科技园、众创空间等高校院所科技成果转化密集区设立包括司法机关、行政管理机关、专业组织、行业协会等各种社会力量参与的知识产权侵权纠纷快速调解组织，形成具有可执行力的调解文书。

二是加强国家"12330"平台及维权援助与举报投诉体系建设，拓展维权援助服务渠道，更好为包括科研院所在内的各种创新主体提供维权服务。

三是鼓励各知识产权维权援助中心在大学城等高校密集区或者科技成果转化量大的高校设立分中心、工作站等，积极主动提供维权服务，帮助高校院所制定完善的维权方案，提高确权效率，降低维权成本。

3. 提升高校院所知识产权自我保护能力

一是科研人员应当与本单位知识产权管理部门密切联系，加强专利检索和分析，收集信息，及时发现科技成果信息是否被他人所窃取或利用，提前作出预判及处理方案。一旦发现被侵权，立即搜集证据，依法举报，通过行政或司法渠道实施有效维权。

二是对没有申请专利的科技成果在转化前加强专利预警分析，判断其是否与已有专利技术重合，以免在转化中造成侵权。

三是聘请法律顾问或发挥本单位法律教学研究人员力量，将他们纳入科技成果转化管理部门中。

五、广泛尊权，形成有助于职务科技成果混合所有制改革的知识产权文化氛围

思想是行动的先导，只有在高校、科研院所、企业等各种社会主体之间形成"倡导创新文化，尊重知识产权"的知识产权文化氛围，形成尊重知识产权、爱护知识产权的社会意识，才能使知识产权真正深入人心，才能有效发挥知识产权机制对激励科研人员积极性、加快高校院所科技成果转化的支撑作用。

1. 加强培训，大力提升高校院所及其科研人员的知识产权意识

一是省内各级知识产权管理部门要积极开展知识产权培训年活动，做好针对高校院所领导层、管理层以及重大项目承担者等重点群体的知识产权培训工作，保持培训工作常态化、专题化、系统化、规范化。

二是开展"专利进校园（院所），技术进市场"活动，鼓励专利代理机构、专利评估机构、金融机构、律师事务所、会计师事务所、高新技术企业等单位与高校院所加强交流和开展知识产权培训，及时有效解决高校院所在科技成果转化中出现的专利申请、维护、布局、融资、维权、鉴价等问题，不断提升高校院所知识产权能力与科研人员知识产权意识，加强高校院所与中介服务部门的交往互信。

2. 加强宣传，不断形成尊重知识产权的良好社会氛围

一是充分利用报刊、电视，电台，网络等大众传媒和科普设施，以"世界知识产权日""知识产权宣传周""3·15"消费者权益保护日""科技之春"宣传月、专利技术展示交易会、知识产权知识竞赛等为载体，多形式、多渠道地开展尊重创新、尊重智力劳动、尊重知识产权的宣传活动，提升全社会尊重和保护知

识产权意识。

二是以《专利法》《商标法》《著作权法》等为基本教材，分类别、分层次、有重点，有针对性地在高校院所开展以学法、懂法、守法、执法为主要内容的知识产权普法教育活动，着力推进高校院所科研人员、管理人员的知识产权意识和水平，形成尊重知识、崇尚创新、鄙弃侵权的良好氛围。

第七章　建设知识产权强省
　　　为创新驱动发展提供系统支撑

　　实施创新驱动发展，加快科技创新成果向经济效益转化，是陕西在"十四五"期间实现"换挡不减速"，保持经济中高速增长、产业迈向中高端水平的关键工作。知识产权通过激励、保护、引领等机制，发挥着"一头连着创新，一头连着市场"的枢纽作用，成为促使科技创新成果向经济效益转化的桥梁和纽带，也是有效发挥市场对科技创新资源配置决定性作用的前提。没有完整有力的知识产权机制支撑，科技创新资源就无法在市场中有序流转，也不能与经济发展形成富有效率的结合。推进知识产权强省建设，就是以体制机制制度创新全面提升陕西知识产权创造、运用与保护水平，通过科技创新成果产权化、知识产权产业化、知识产权产业聚集化与规模化，将陕西科技创新实力不断转化为经济发展动力和区域竞争力，进而推动陕西创新型省份和西部强省建设目标的实现。所以，建设知识产权强省、打造陕西知识产权运用与保护升级版是加快陕西创新驱动发展的基础工程与重要支撑，是实现知识产权强国的重要环节，也是陕西适应和引领经济发展新常态，早日建成创新型省份的重大战略举措。

第一节　陕西建设知识产权强省的背景与意义

对陕西而言，建设知识产权强省既是落实国家知识产权强国战略的具体任务，也是加快区域创新驱动发展的内在需要，更是抢抓"一带一路"等国家机遇、加快陕西在新时代加快追赶超越的现实要求。

一、是落实知识产权强国战略的具体实践

2015 年国务院印发了《关于新形势下加快知识产权强国建设的若干意见》（国发〔2015〕71 号），明确提出"建成一批知识产权强省、强市，知识产权大国地位得到全方位巩固，为建成中国特色、世界水平的知识产权强国奠定坚实基础"❶。对此，国家知识产权局申长雨局长进一步指出，加快知识产权强国建设应坚持点线面结合、局省市联动、国内外统筹，"通过知识产权强市、强省、强企建设，整体带动强国的建设"❷，即充分发挥国家知识产权局和地方各省市两个方面的积极性，凝聚各方力量，形成知识产权强国建设全国"一盘棋"。因此，知识产权强省是新发展阶段知识产权强国战略的重要一环。《知识产权强国建设纲要（2021—2035 年）》则进一步规定"围绕国家区域协调发展战略，制定实施区域知识产权战略，深化知识产权强省强市建

---

❶ 国务院关于新形势下加快知识产权强国建设的若干意见（国发〔2015〕71 号）［EB/OL］.（2015-12-22）［2022-09-17］. http://www.gov.cn/zhengce/content/2015-12/22/content_10468.htm.

❷ 国务院新闻办. 2014 年中国知识产权发展状况发布会［EB/OL］.（2015-04-16）［2022-05-15］. http://www.scio.gov.cn/xwfbh/xwbfbh/wqfbh/2015/32710/tw32713/Document/1415669/1415669.htm.

设，促进区域知识产权协调发展"。处于新发展阶段，知识产权强省建设依然是推进强国建设的基础和支撑，深化知识产权强省建设需要深入贯彻新发展理念，围绕国家区域协调发展战略和地方实际，谋划强省建设新篇章。

二、是陕西在新时代加快追赶超越的必然要求

建设知识产权强省不是一项孤立的任务，不能与陕西经济社会发展的实践相脱节，而必须融入陕西以创新型省份建设为抓手的追赶超越进程中去，通过知识产权强省建设推动陕西经济高质量发展。

创新驱动发展战略的实施，无论是创新主体权利的保护、社会创新创造热情的激励还是创新成果的流动、创新成果价值的分配等，都离不开知识产权创造、运用、保护、管理、服务等机制的支撑。如就培育新动能而言，无论是"坚持以创新为引领，围绕产业链布局创新链、围绕创新链培育产业链，推动陕西发展由要素驱动为主向以创新驱动为主转变"，还是"紧扣主导产业提质扩能，大力实施产业技术创新工程，依靠创新增强产业核心竞争力，推动产业迈向中高端水平"，或是"立足优势领域挖潜蓄能，保持科技创新领先地位，抢占未来发展制高点"，❶ 其本质都是知识产权创造能力和创造质量的提升，都是对优质知识产权的有效运用。再如，按照推进共同富裕、共建新生活的要求，重点应是"促进就业增收，让群众生活更宽裕""改善基础条件，让群众生活更便利""营造宜居环境，让群众生活更舒适""全力推进乡村振兴，让群众生活更自尊"等，这些工作同样离不开知

---

❶ 决胜全面小康　加快富民强省　奋力谱写陕西追赶超越新篇章——娄勤俭在中国共产党陕西省第十三次代表大会上的报告 [EB/OL]. (2017-05-07) [2022-09-17]. http://cpc.people.com.cn/n1/2017/0515/c64102-29275872.html.

识产权的支持支撑。就乡村振兴而言，知识产权无疑是提升农村产业附加值的重要方法方式。近年来，陕西省实施商标战略，在运用地理标志商标精准扶贫和商标富农方面取得显著成效，如"紫阳富硒茶"就是入选全国商标富农和运用地理标志精准扶贫的典型案例。省内许多地方注重对地理标志保护与运用，通过"企业+合作社+农户"等模式逐步将当地苹果、核桃等农副产品引上品牌发展道路，增加了农副产品的附加值，加快了乡村振兴的步伐。

三、是陕西抢抓"一带一路"等国家倡议机遇的重要举措

知识产权制度是加快对外开放的有力支撑，良好的知识产权法治环境不仅能有效保护外资企业的知识产权合法权益，更能增强其在中国投资的信心。

随着"一带一路"倡议等的实施，来陕投资的外资、外企快速增加，同时，陕西"走出去"企业数量明显增多，对外投资合作规模不断扩大。但企业在"走出去"过程中遭遇知识产权国际纠纷也会越来越多，这就要求陕西在预警分析、海外维权、涉外执法等诸多方面以更高的标准强化知识产权能力建设，提高应对和化解知识产权国际纠纷的水平。

此外，在"一带一路"倡议的实施中，无论是促进"政策沟通"，还是保障"贸易畅通"，沿线国家间的知识产权国际规则制定与完善都是其中的重要内容。作为"丝绸之路经济带"新起点的陕西省具有先发的优势地位，可以与沿线国家在知识产权规则制定与政策沟通中先行先试，这不仅有助于加强陕西应对国际知识产权纠纷能力，提升陕西知识产权工作的国际化水平，也可以作为知识产权强国建设中相关领域的先行地和试验田，为国家参与国际知识产权规则制定提供鲜活经验。

四、是促进陕西科技资源转化为与经济效益的基础工程

促进科技与经济紧密融合是实施创新驱动发展的关键，知识产权则是促进科技与经济紧密融合的桥梁与纽带。特别是在市场经济语境中，知识产权就是创新成果的法律表达，创新成果的创造、流转与产业化是相关种类知识产权的形成、交易与聚集的过程。科技创新与经济融合也就体现在知识产权的创造、运用过程中，体现为知识产权对经济发展的贡献度。通过加强知识产权的创造、运用、保护和管理，有效激发全社会的创新、创造、创业热情，可以更好地支撑创新驱动发展。

知识产权强省建设就是要进一步厘清科技创新、经济发展与知识产权保护三者的关系，要把知识产权运用水平作为衡量科技创新与经济发展融合度的标志，把提升知识产权实力作为科技创新能力转化为经济发展动力的关键举措，通过打造知识产权运用和保护升级版，形成促进科技创新优势向经济实力顺畅转化的知识产权链条，使知识产权成为实现陕西创新驱动发展的重要抓手。

第二节　知识产权强省的内涵与陕西建设知识产权强省的定位

知识产权强省具有动态与静态两个层面的内涵，但对于知识产权强省的认识还需要从制度类型、评价指标等方面深入分析。就陕西具体情况而言，建设"支撑型知识产权强省"与陕西省情相符。

一、知识产权强省的内涵

从语义学角度看，"强"字既可作为形容词，意指某事物强

大的状态；也可作为使动词，即使某事物强大起来。由此，知识产权强省也可以从两方面来理解：一方面，可以理解为知识产权工作成绩突出的省份；另一方面可以理解为将知识产权作为一种工具，通过发挥知识产权内在的激励保护机制使其经济社会等各方面综合实力逐步增强的省份。前者描述的是知识产权在某一时期的发展水平；后者则表达出以知识产权为工具的努力过程。前者可称为静态意义上知识产权强省，后者可称为动态意义上知识产权强省。

基于以上划分，有学者认为知识产权强省的内涵也应从静态与动态的层面分别界定，所谓静态意义上的知识产权强省是指"那些具有大量高水平知识产权成果，知识产权运用顺畅，效果明显，知识产权工作基础扎实、环境优良，知识产权综合实力及核心知识产权实力达到中等发达国家平均水平，知识产权整体水平及重要的知识产权指标在全国处于领先地位或位于前列的省、自治区和直辖市"；而动态意义上的知识产权强省包含两层含义："一是通过知识产权促进某省经济与社会发展，主要是通过知识产权工作的引领和知识产权成果的有效运用，促进某省经济建设、文化繁荣和社会发展；二是通过知识产权提高某省在国内的地位，使其在经济、文化、社会等方面具备领先优势，在区域竞争中具有较强实力，成为综合实力较强的地区。"❶ 相较而言，动态意义上的知识产权强省不仅强调对优质知识产权成果的拥有量，更强调以促进知识产权运用和转化为核心，以推进知识产权支撑地方经济发展为目标，重视知识产权创造与运用、保护、管理、服务等环节之间的相互配合，将知识产权视为实现经济增长和社会进步提供源源不断的动力，以此提高该地区竞争力

❶ 董新凯，田源. 知识产权强省界定及其评价指标体系构建［J］. 科技进步与对策，2015（7）：113.

和各方面综合实力的过程。或者说，知识产权强省更加强调知识产权对于强省建设的支撑作用，知识产权应该成为国家竞争力的核心要素和经济发展的根本驱动力。

本书认为，知识产权强省两个层面的含义是紧密联系而非相互脱节的。一方面，拥有一定数量和质量的知识产权是实现强省的物质基础和前提。知识产权强省首先要建立在一定实力的基础上。被称为知识产权强省的地区在知识产权创造与运用方面必须有较好的基础，特别是在一些核心知识产权数量和质量上具有较好的成绩。在区域知识产权基础还比较薄弱时谈知识产权强省建设未免过早。另一方面，知识产权强省不能仅仅盯着知识产权工作本身，而要重视知识产权内在的经济价值以及对区域经济发展的引领作用、对创新驱动发展以及区域竞争力的支撑作用。需要注意的是，这种"强"是综合实力的衡量，应该在硬实力和软环境方面都要有所体现。从硬实力而言，知识产权强省首先应在知识产权创造能力与运用效率上具有突出优势，一定要在一些核心知识产权方面处于领先地位。从软环境而言，应当在管理、服务、保护、文化氛围等方面同知识产权的创造与运用水平相配套。还需要注意的是，这种"强"要与区域经济社会发展目标相契合，与地方经济发展水平和阶段相适应，才能更好实现知识产权与地方经济发展的契合性。

基于以上理解，本书认为，知识产权强省是指本省重点产业领域高质量知识产权成果数量具有明显的比较优势，知识产权运用水平突出且对支撑本省经济社会创新发展成效显著，包含知识产权营商环境、服务水平、文化氛围、对外交往等指标在内知识产权治理体系与治理能力现代化水平位居全国前列的省、自治区或直辖市。

二、知识产权强省建设的制度类型

国家知识产权局《加快推进知识产权强省建设工作方案（试行）》（国知发管字〔2015〕59号）根据国内省份知识产权发展水平的差异和现阶段知识产权在支撑各省经济社会发展中的功能差异，提出了未来国内知识产权强省建设的三个主要发展方向，并由此形成三种知识产权强省建设模式，分别是引领型知识产权强省、支撑型知识产权强省和特色型知识产权强省。这三种类型的知识产权强省建设在发展目标、关键指标、主要任务等方面都存在明显差异（如表9所示）。

表9　三种类型知识产权强省发展目标对照

引领型知识产权强省	以运用知识产权提升区域经济发展国际竞争力为重点，对标西方主要国家知识产权发达区域，大幅提升知识产权对经济社会发展的贡献度，推动知识产权创造、运用、保护、管理和服务能力全面提升。知识产权在经济社会发展中的引领带动作用显现
支撑型知识产权强省	以增强知识产权支撑创新驱动发展能力为重点，结合知识产权事业发展阶段和相对优势，推动知识产权创造、运用、保护、管理或服务等某几个重点环节突破发展，引领带动其他环节加速发展，实现知识产权与区域经济、科技有效融合。知识产权成为经济社会发展的有力支撑
特色型知识产权强省	以夯实知识产权基础，优化知识产权环境为重点，聚焦区位优势和特色产业，统筹知识产权资源布局，在知识产权支撑特色产业升级发展、加强与周边国家知识产权合作交流等方面培育形成特色优势

注：依据国家知识产权局《加快推进知识产权强省建设工作方案（试行）》等文件的规定整理。

可以看出，引领型知识产权强省的发展目标强调"国际化"，是将"西方主要国家知识产权发达地区"作为其发展的参照系，要发挥和显现出"知识产权在经济社会发展中的引领带动作用"；支撑型知识产权强省的发展目标强调"支撑"与"融合"，即"增强知识产权支撑创新驱动发展能力"与"实现知识产权与区域经济、科技有效融合"，从而实现"知识产权成为经济社会发展的有力支撑"；特色型知识产权强省的发展目标强调的是"特色"，即聚焦其地方特色产业，"发展形成知识产权特色优势"。

从知识产权创造、运用指标来看，要求引领型知识产权强省达到国际一流水平，支撑型知识产权强省要相对自身有大幅提升，特色型知识产权强省要在"每万人口有效发明专利拥有量等指标"上实现突破；从建设知识产权示范城市的指标来看，分别为"行政区域内60%地级市成为知识产权示范城市""行政区域内40%地级市成为知识产权示范城市""行政区域内2~3个地级市成为知识产权示范城市"；从建设知识产权执法强局指标来看，引领型支撑型知识产权强省都要求"建成一批知识产权执法强局"，而特色型知识产权强省要求"建成若干知识产权执法强局"；从建设知识产权强企指标来看，分别要求"建成""培育建成""培养"一批知识产权强企（如表10所示）。

表10　三种类型知识产权强省关键指标对照

引领型知识产权强省	每万人口有效发明专利拥有量，美日欧三方专利数量，PCT国际专利申请量，知识产权密集型产业产值占GDP的比重，知识产权许可费收入等指标达到国际一流水平，行政区域内60%地级市成为知识产权示范城市，建成一批知识产权执法强局，形成一批知识产权强企

支撑型知识产权强省	每万人口有效发明专利拥有量，PCT 国际专利申请量，知识产权密集型产业产值占 GDP 的比重，知识产权许可费收入等指标大幅提升，行政区域内 40% 地级市成为知识产权示范城市，建成一批知识产权执法强局，培育形成一批知识产权强企
特色型知识产权强省	每万人口有效发明专利拥有量等指标实现突破，行政区域内 2~3 个地级市成为知识产权示范城市，建成若干知识产权执法强局，培育一批知识产权强企，发展形成知识产权特色优势

注：依据国家知识产权局《加快推进知识产权强省建设工作方案（试行）》等文件的规定整理。

从与创新驱动发展的关系来看，引领型知识产权强省的任务是"构建知识产权驱动型创新生态体系"，支撑型知识产权强省应"提升知识产权支撑创新驱动发展能力"，特色型知识产权强省则是"营造激发创新活力的知识产权环境"；从制度建设来看，引领型知识产权强省的任务是"推进中国特色知识产权制度的地方实践"，支撑型知识产权强省是"健全知识产权制度实施体系"；从知识产权领域改革来看，引领型知识产权强省的任务是"全面深化知识产权领域综合改革"，支撑型知识产权强省是"推进知识产权重点环节专项改革试验"，特色型知识产权强省是"强化知识产权基础能力建设"；从与产业的关系来看，引领型知识产权强省是"培育发展知识产权密集型产业"，支撑型知识产权强省是"支撑优势产业转型升级"，特色型知识产权强省则是突出培养特色知识产权产业并形成知识产权的特色优势。此外，提升区域知识产权国际竞争力也是引领型知识产权强省建设的重要任务（如表 11 所示）。

表 11　三种类型知识产权强省未来主要任务对照

引领型知识产权强省	1. 构建知识产权驱动型创新生态体系；2. 推进中国特色知识产权制度的地方实践；3. 全面深化知识产权领域综合改革；4. 培育发展知识产权密集型产业；5. 提升区域知识产权国际竞争力
支撑型知识产权强省	1. 提升知识产权支撑创新驱动发展能力；2. 健全知识产权制度实施体系；3. 推进知识产权重点环节专项改革试验；4. 支撑优势产业转型升级
特色型知识产权强省	1. 营造激发创新活力的知识产权环境；2. 强化知识产权基础能力建设；3. 培育知识产权特色优势；4. 助推特色产业做大做强

注：依据国家知识产权局《加快推进知识产权强省建设工作方案（试行）》等文件的规定整理。

三、知识产权强省的评价指标

从建设知识产权强省的总体要求而言，一方面，三种强省类型的评价指标有相同的地方，如在每万人口有效发明专利拥有量、建设知识产权示范城市、建成知识产权执法强局、形成知识产权强企等指标方面均有要求，只不过存在量的差异。另一方面，由于定位和发展目标存在差异，因此具体评价指标方面也存在不同，除了上述相同指标存在的量的差异，对于不同的省份还有不同的指标要求。如相较于特色型知识产权强省而言，在建设支撑型型知识产权强省中，还提出 PCT 国际专利申请量、知识产权许可费收入等指标要求。建设引领型知识产权强省，则不仅在上述指标量级上提出更高要求，还提出了美日欧三方专利数量、知识产权密集型产业产值占 GDP 的比重等指标要求（如表12 所示）。

表 12 三种类型知识产权强省关键指标对照

引领型知识产权强省	每万人口有效发明专利拥有量，美日欧三方专利数量，PCT 国际专利申请量，知识产权密集型产业产值占 GDP 的比重，知识产权许可费收入等指标达到国际一流水平，行政区域内 60% 地级市成为知识产权示范城市，建成一批知识产权执法强局，形成一批知识产权强企
支撑型知识产权强省	每万人口有效发明专利拥有量，PCT 国际专利申请量，知识产权密集型产业产值占 GDP 的比重，知识产权许可费收入等指标大幅提升，行政区域内 40% 地级市成为知识产权示范城市，建成一批知识产权执法强局，培育形成一批知识产权强企
特色型知识产权强省	每万人口有效发明专利拥有量等指标实现突破，行政区域内 2~3 个地级市成为知识产权示范城市，建成若干知识产权执法强局，培育一批知识产权强企，发展形成知识产权特色优势

注：依据国家知识产权局《加快推进知识产权强省建设工作方案（试行）》等文件的规定整理。

从知识产权创造、运用指标来看，要求引领型知识产权强省达到国际一流水平，支撑型知识产权强省要相对自身有大幅提升，特色型知识产权强省要在"每万人口有效发明专利拥有量等指标"上实现突破；从建设知识产权示范城市的指标来看，分别为"行政区域内 60% 地级市成为知识产权示范城市""行政区域内 40% 地级市成为知识产权示范城市""行政区域内 2~3 个地级市成为知识产权示范城市"；从建设知识产权执法强局指标来看，引领型、支撑型知识产权强省都要求"建成一批知识产权执法强局"，而特色型知识产权强省要求"建成若干知识产权执法强局"；从建设知识产权强企指标来看，分别要求"建成""培育形成""培养"一批知识产权强企。

随着《知识产权强国建设纲要（2021—2035 年）》的颁布

实施，其中关于专利密集型产业增加值占 GDP 比重、版权产业增加值占 GDP 比重、知识产权使用费年进出口总额、每万人口高价值发明专利拥有量等指标无疑也逐步会成为衡量知识产权强省的重要指标。

四、建设"支撑型陕西知识产权强省"与陕西省省情相符

按照国家知识产权局《加快推进知识产权强省建设工作方案（试行）》（国知发管字〔2015〕59 号）文件精神，建设支撑型知识产权强省就是指"以增强知识产权支撑创新驱动发展能力为重点，结合知识产权事业发展阶段和相对优势，推动知识产权创造、运用、保护、管理或服务等某几个重点环节突破发展，引领带动其他环节加速发展，实现知识产权与区域经济、科技有效融合。知识产权成为经济社会发展的有力支撑"。❶

就陕西来讲，选择建设知识产权强省的依据在于：陕西知识产权事业发展取得长足进步，各项知识产权制度较为健全，知识产权综合实力居于西部前列，位居全国中上水平，同时增长速度快，具有较强的后发优势。而未来面临的诸多重大战略机遇为陕西知识产权事业的持续快速发展提供了有力的环境条件。《2014年全国知识产权发展状况报告》显示，陕西 2010—2014 年地方知识产权发展综合指数年均增幅为 6.42%，增幅居全国第一。❷所以，从实际情况来看，陕西要在短期内发展到基本接近国际知识产权强国水准还不太现实，也就是说建设引领型知识产权强

❶ 国家知识产权局《加快推进知识产权强省建设工作方案（试行）》［EB/OL］.（2015-10-23）［2022-09-17］. https://www.cnipa.gov.cn/art/2015/10/23/art_67_28448.html.

❷ 国家知识产权局知识产权发展研究中心. 2014 年中国知识产权发展状况报告［EB/OL］.（2015-08-12）［2022-06-25］. http://www.nipso.cn/onews.asp?id=27452.

省的基础仍不牢固。当然，陕西也不适合建设特色型知识产权强省。其一，陕西某些地域和行业领域虽具有发展特色知识产权的条件，但是这些特色知识产权建设不是陕西知识产权工作未来发展的核心因素和重点任务。其二，加快创新驱动发展将成为陕西经济在"十三五"期间的基本战略，这决定了未来陕西知识产权工作的重心在于促进科技与经济融合，为推进创新驱动发展、建成创新型省份提供有力支撑，而这也恰恰正是建设支撑型知识产权强省的重要特点和主要目标。其三，陕西知识产权发展水平和在全国省份中所处的地位，也为建设支撑型知识产权强省奠定了较为扎实的基础。

可以看出，建设支撑型知识产权强省是基于陕西省情的客观定位，是推进创新型省份建设、实现产业优化升级、促进经济社会发展的迫切需要。

当然，知识产权强省建设是一个长期渐进的过程。在此过程中，无论陕西经济发展状况，还是陕西知识产权工作发展状况都会发生变化，相应的知识产权强省建设模式也应作相应调整。

知识产权强省包含指标众多，应当在坚持核心指标符合支撑型强省建设要求的情况下，依据陕西知识产权工作实际情况选择各种指标相适应的类型。比如，有些指标若可以达到引领型知识产权强省条件的就应该按照引领型知识产权强省的要求去设置。相应的，若有些指标还比较弱，也可以按照特色型知识产权强省建设要求去设置。

第三节　新时代陕西建设知识产权强省的基础

2008年首次提出"建成西部知识产权强省"目标以来，陕西知识产权创造、运用、保护、管理、服务、人才建设等各项工作取得显著成效。进入新发展阶段，尤其是随着《知识产权强国建设纲要（2021—2035 年）》的颁布实施，陕西省知识产权工作在质量提升、结构优化、加强转化、严格保护、科学管理等诸多方面还存在有待提升的空间。

一、陕西建设知识产权强省的历程

1. 《陕西省知识产权战略纲要》（2008）首提建设知识产权强省目标

建设知识产权强省是陕西知识产权事业长期追求的目标。早在 2008 年《陕西省知识产权战略纲要》中就明确提出要"建成西部知识产权强省"。该纲要不仅提出建设知识产权强省的目标，还初步论述了建设知识产权强省的思路、实施路径以及基本指标。具体来说，建设西部知识产权强省就是要"从陕西经济社会发展的全局出发，研究制定知识产权强省的发展规划、政策措施。重点提升知识产权创造、运用能力，在重点领域、优势产业的核心技术与关键技术方面取得重大突破，知识产权拥有量居于西部前列。实现自主创新的知识产权化、商品化、产业化，提高知识产权对经济发展的贡献，知识产权综合能力接近发达省份，逐步把陕西建成西部知识产权强省"。❶

可见，该纲要提出的目标是"建成西部知识产权强省"。实施路径是"从我省经济社会发展的全局出发，研究制定知识产权强省的发展规划，政策措施。重点提升知识产权创造、运用能力，在重点领域，优势产业的核心技术与关键技术方面取得重大

---

❶ 陕西省知识产权战略纲要（2008—2020 年）［EB/OL］.（2008-12-04）［2022-09-17］. http://www. shaanxi. gov. cn/zfxxgk/fdzdgknr/zcwj/szfwj/szf/200812/t2008 1204_1667347. html.

突破；实现自主创新的知识产权化、商品化、产业化，提高知识产权对经济发展的贡献"。而考察指标是"知识产权拥有量居于西部前列；知识产权综合能力接近发达省份"。建成西部强省的过程不是一蹴而就，而是要以"逐步"发展的方式予以实现。应该说"建成西部知识产权强省"是符合当时陕西知识产权实际状况的定位，也对后来知识产权强省建设起到非常重要的影响。但总体来说，当时对于强省建设的具体内容没有详细规划。

2. 陕西成为全国首批支撑型知识产权强省试点省市

为加快推进知识产权强省建设，国家知识产权局颁发了《加快推进知识产权强省建设工作方案（试行）》，该方案根据国内省市知识产权发展水平的差异和知识产权在支撑各省经济社会发展中的功能差异提出了未来国内知识产权强省建设的三项主要目标，并由此形成三种知识产权强省建设模式，分别是引领型知识产权强省、支撑型知识产权强省和特色型知识产权强省，并最终确立了三类共 13 个试点省市，陕西被确立为支撑型知识产权强省试点省市（如表 13 所示）。

表 13　第一批知识产权强省试点省市分类表

类　别	省　　　市
引领型	广东、江苏、上海、四川
支撑型	山东、湖南、福建、重庆、河南、陕西
特色型	江西、广西、甘肃

注：本表内容参考了国家知识产权局发布的相关信息及相关学术论文研究成果。研究成果参见：徐文，等. 提升专利质量　助推江西知识产权强省建设[J]. 质量探索，2020（Z）：37.

按照该方案的规定，支撑性强省要"提升知识产权支撑创新驱动发展能力"，即通过知识产权综合实力的提升，实现知识产权与区域经济、科技有效融合，知识产权成为经济社会发展的强有力支撑。支撑型省份的提出为陕西建设知识产权强省指出了更加明确的发展方向和实施路径。

3. 党的十九大以来陕西持续推进知识产权强省建设

被确立为国家首批支撑型知识产权强省试点省份以来，陕西积极统筹推进强省建设。2017年12月25日陕西省人民政府印发《陕西省人民政府关于建设知识产权强省的实施意见》，提出通过优化知识产权制度环境、稳步推进知识产权综合管理改革等，显著增强知识产权对经济、社会和文化发展的促进作用，主要指标在"十二五"末基础上翻一番，达到西部领先水平，基本建成自身硬、支撑强、可持续的知识产权强省。至此，陕西知识产权强省建设沿着更加明确的方向前进。

二、陕西建设知识产权强省的成效

从2008年首次提出"逐步把陕西建成西部知识产权强省"目标以来，陕西系统开展知识产权创造、运用、保护、管理、服务、人才建设等各项工作，持续深化知识产权领域改革，知识产权综合实力显著增强，知识产权事业逐步迈入"从大到强"的新阶段，驶入"从多到优"的高质量发展快车道。

核心专利、知名商标、优质地理标志、精品版权、优良植物新品种等高价值知识产权数量不断增加，质量持续提升，一批重大专利技术实现了从技术到标准的战略升级，知识产权创新创造活力更加强劲，动能更加持久。国家知识产权军民融合试点省、地理标志专用标志审批试点省、国家知识产权运营公共服务平台（西安）试点平台等知识产权运营重大项目先后落地，为提高陕西知识产权运用水平提供了坚实基础。积极推进知识产权地方立法，有效发挥政策法规在知识产权保护中的规范保障作用，严厉打击各类知识产权侵权违法犯罪活动，加大行政执法力度，支持知识产权司法领域改革，基本形成"严、大、快、同"知识产权保护新格局，不断拓展社会力量参与知识产权保护途径，知识产权保护环境持续优化，全社会知识产权满意度明显提升。顺利推进新一轮机构改革，上下衔接、顺畅高效的全省知识产权工作体系基本完善，在全国率先形成"三标同贯"的工作格局，知识产权管理效能普遍提高。深入实施知识产权服务能力提升工程，非正常专利申请和商标恶意注册得到初步遏制，多层次加强专业人才培养，完善知识产权运营全链条服务体系，加快军民融合技术转移，有力推动了科技产业和特色经济创新，为陕西实现高质量创新发展和加快追赶超越步伐提供了强大支撑。

三、陕西建设知识产权强省的机遇

首先，知识产权强国建设为陕西知识产权强省建设提供了顶层指导。知识产权强省是知识产权强国建设的重要组成部分，是国家知识产权战略实施的重要支点和在区域层面探索知识产权强国建设的具体实施途径，是"十四五"以至未来一段时期内进行强国建设的先行地和试验田。所以，积极推进知识产权强省建设是各省（区、市）知识产权工作的重要内容，也是一次重大战略机遇。如果设计得当，必会搭上中国知识产权事业发展的快车，并以此推动地方经济快速发展和有效转型。

其次，"一带一路"等国家倡议为陕西知识产权强省建设提供了有利的外部环境。这体现在以下三方面：第一，随着"一带一路"等国家倡议的布局与推进，无论是促进"政策沟通"，还是保障"贸易畅通"，沿线国家间的知识产权国际规则制定与完善都是其中的重要内容。作为"丝绸之路经济带"新起点的陕西省具有先发的优势地位，可以与沿线国家在知识产权规则制定与政策沟通中先行先试，这不仅有助于加强陕西应对国际知识产权纠纷能力，提升陕西知识产权工作的国际化水平，也可以作为知识产权强国建设中相关领域的先行地和试验田，为国家参与国际知识产权规则制定提供鲜活经验。第二，随着陕西省"走出去"企业数量明显增多，对外投资合作规模不断扩大，企业在"走出去"过程中遭遇知识产权国际纠纷也将会越来越多，这就要求陕西在预警分析、海外维权、涉外执法等方面加强知识产权建设，提高应对与化解知识产权国际纠纷的能力。第三，借此机遇加强与沿线国家交流，学习借鉴他国或地区先进经验。

最后，陕西科技创新能力的快速提升为建设知识产权强省提供了内在动力。2015 年国务院批复科技部、陕西省人民政府，同意西安高新技术产业开发区建设国家自主创新示范区，并享有国家自主创新示范区相关政策，支持西安高新区在科技成果转移与转化、知识产权运用和保护、科技金融结合、军民融合、人才聚集、产城融合等方面进行积极探索。这不仅是对西安高新区工作的肯定，也是陕西科技创新综合实力提升的表现。结合此前国家科技部正式批复支持陕西省开展创新型省份建设试点工作等，创新驱动发展是陕西"十四五"期间保持经济较高速发展的最重要路径。要发展创新驱动型经济，离不开健全的知识产权制度支撑。

四、推进更高水平知识产权强省建设

一切过往，皆为序章。之前取得的成就为陕西面向 2035 年知识产权中长期发展奠定了坚实基础，但与适应建设知识产权强国建设总体要求、与国内先进省份及助力陕西奋力谱写新时期追赶超越新篇章的实践需要相比，陕西省知识产权工作也面临严峻

挑战，在质量提升、结构优化、加强转化、严格保护、科学管理等诸多方面还存在提升空间。这表现在：知识产权整体质量效益还不够高，知识产权创造"大而不强，多而不优"的局面还未有根本改观，高质量高价值知识产权偏少，解决产业关键技术和"卡脖子"技术难题的核心专利亟须较大突破；以知识创新为主导、信息技术为基础、人才创业为支持的新经济形态，正在成为经济增长的重要引擎，对知识产权保护提出了诸多新要求，但促进新技术新业态蓬勃发展的知识产权保护法治化进程还不够快；知识产权运用水平亟待提升，加快职务科技成果转化，深挖"沉睡专利"市场价值的工作有待加强；知识产权保护环境有待进一步加强，行政执法机关与司法机关的协调有待加强，仍存在侵权易发多发和侵权易、维权难等现象，知识产权侵权违法行为呈现新型化、复杂化、高技术化等特点，知识产权侵权惩戒不足，快速维权体系还不健全，社会力量参与知识产权治理渠道不畅，多元化纠纷解决机制亟待完善；全社会对知识产权保护的重要性认识和知识产权法治意识有待进一步提高；服务体系仍有发展空间，运营效率和效益质量不高，转化渠道不畅，资本投入较少，知识产权服务业整体水平不高，知识产权服务专门人才紧缺，知识产权对外开放合作能力有待加强；全社会知识产权意识仍然薄弱，适应创新驱动发展的知识产权市场环境和文化环境亟待改善。加之新冠肺炎疫情对全球经济产生深远影响，中国与世界主要经济体之间的竞争加剧，知识产权环境不确定性增大，陕西须统筹抓好知识产权工作，打造创新驱动的基本保障，优化营商环境，夯实新经济、新科技的大发展。

进入新发展阶段，以知识创新为主导、信息技术为基础、人才创业为支持的新经济形态，正成为经济增长的重要引擎，创新驱动为核心的高质量发展成为时代主题，建设更高水平知识产权强省面临新机遇、新挑战、新任务。这体现在：高价值知识产权创造规模亟待扩大，高效能知识产权综合运用亟待提升，高水平知识产权保护体系亟待完善，高标准知识产权协同治理亟待推进，高品质知识产权服务供给亟待优化，高层次知识产权跨区域交流合作与知识产权文化培育亟待加强，支撑陕西创新驱动发展的知识产权综合实力亟待系统强化。面向 2035 年，加快推进知识产权强省战略升级，着力打造立足中国西部、积极融入世界先进水平的"一带一路"知识产权新高地、先行省，完善知识产权制度体系，深化知识产权领域各项改革，优化知识产权营商环境，对于充分释放陕西创新潜能，推进以创新为核心的高质量发展，不断满足人民日益增长的美好生活需要具有重大战略意义。

第四节 陕西建设知识产权强省的具体路径

知识产权是加快科技创新成果向市场转化的重要制度保障，其具体运行机制体现在以下方面：一是创新激励机制。通过依法保护创新者的合法权益来激励人们发明创新。二是产权保护机制。通过赋予创新成果的财产权，进一步赋予了创新主体对创新成果的支配权，使用权以及通过成果转移转化获取收益的权利。三是市场交易机制。通过各种类型知识产权许可转让规则，能够为创新成果在市场经济环境中顺利地实现转移转化提供法律支持。四是引导机制。知识产权对创新的引导至少体现在两个方面：其一是通过预警分析等手段引导创新主体在创新领域的布局；其二是通过专利池、知识产权联盟等手段聚集创新资源促进其产业化发展，同时形成对市场份额的巩固与扩大。

可以看出，促进科技与经济紧密融合是实施创新驱动发展的关键，知识产权则是促进科技与经济紧密融合的桥梁与纽带。特别是在市场经济语境中，知识产权是创新成果的法律表达，创新成果的创造、流转与产业化是相关种类知识产权的形成、交易与聚集的过程。科技创新与经济融合也就体现在知识产权的创造、运用过程中，体现为知识产权对经济发展的贡献度。通过加强知识产权的创造、运用、保护和管理，有效激发全社会的创新、创造、创业热情，可以更好地支撑创新驱动发展。

知识产权强省建设就是要进一步厘清科技创新、经济发展与知识产权保护这三者的关系，要把知识产权运用水平作为衡量科技创新与经济发展融合度的标志，把提升知识产权实力作为科技创新能力转化为经济发展动力的关键举措，通过打造知识产权运用和保护升级版，形成促进科技创新优势向经济实力顺畅转化的知识产权链条，使知识产权成为实现陕西创新驱动发展的重要抓手。

一、建设陕西知识产权强省的指导思想

以全面贯彻落实党的十九大和习近平总书记系列重要讲话精神为指导，坚持把创新摆在陕西发展全局的核心位置，以发挥知识产权支撑陕西创新驱动发展和贯彻落实"五新战略"为统领，按照创造高质、运用高效、保护严格、管理科学、服务优化的方针，以增强知识产权综合能力主线，发挥市场导向和企业主体作用，更好发挥政府作用，运用法治思维和法治方式建立起有效保障创新主体权利和维护市场交易秩序的知识产权法治保障体系，大幅提升知识产权对经济增长的贡献度，加快推进支撑型陕西知识产权强省建设。

二、建设陕西知识产权强省的基本原则

1. 战略引领原则

要服从和服务创新驱动发展与"一带一路"等倡议部署的要求，深化知识产权战略实施，进一步提升知识产权创造、运用、保护、管理和服务能力，提升知识产权质量，实现从大向强、从多向优的转变，促进陕西经济持续快速健康发展。

2. 市场主导原则

建设知识产权强省应坚持以市场为导向，发挥市场对知识产权资源配置的决定性作用，促进创新要素合理流动和高效配置，按照市场需求布置知识产权链条，加强知识产权政策支持、公共服务和市场监管，着力构建公平公正、开放透明的知识产权市场环境，促进大众创业、万众创新。

3. 企业主体原则

保障和突出企业在知识产权强省建设中的主体作用，引导知识产权资源向企业集聚，提高企业知识产权创造、运用的规模、质量与能力，培育一批具有较强国际国内竞争力的知识产权密集型企业，大力支持知识产权密集型企业的产业化发展。

4. 依法推进原则

充分发挥法治的引领和推动作用，确保在法治轨道上推进知识产权强省建设。坚持依法行政，注重运用法治思维与方式保护创新主体的知识产权，严厉惩治各类知识产权违法行为，有效维护创新环境。

三、建设陕西知识产权强省的目标

到 2035 年，适应新发展阶段要求的知识产权制度环境进一

步优化，支撑陕西创新驱动高质量发展的知识产权新格局不断巩固，创造高质、运用高效、保护严格、服务优质、管理规范的知识产权治理体系更加完善，知识产权综合实力和主要指标稳居中西部领先水平。

——实现知识产权高质量创造。知识产权数量、质量进一步提升，结构明显优化，在主要产业领域形成一批高价值专利、高知名度品牌、核心版权。到 2035 年知识产权产出主要指标保持快速增长，每万人高价值有效发明专利拥有量达 20 件，❶ PCT 专利申请量累计达 800 件❷；拥有有效注册商标 190 万件，❸ 马德里商标注册量累计达 700 件❹；国家地理标志商标达 240 件，❺ 地理标志产品累计 150 个❻。

——实现知识产权高效能运用。知识产权运用能力明显增

---

❶ 2020 年陕西每万人高价值有效发明专利拥有量为 4.94 件，预计"十四五"末达到 10 件，年增长率约为 20%，照此计算，到 2035 年约为 0.2×4.94×15+4.94 = 19.76，预估值为 20 件。

❷ 2020 年陕西 PCT 专利申请量为 476 件，预计"十四五"末达到 600 件，年增长率约为 5%，以 2020 年为基数，到 2035 年测算值约为 0.05×476×15+476 = 833，预估值为 800 件。

❸ 2020 年陕西拥有有效注册商标量为 49.03 万件，2015 年至 2020 年平均增长率约为 20%，以 2020 年为基数，到 2035 年约为 0.2×490 300×15+490 300 = 1 961 200，预估值为 190 万件。

❹ 2020 年陕西马德里商标注册量累计为 228 件，2017 年至 2020 年三年平均增长率为 20%，《陕西省知识产权"十四五"规划》提出"十四五"末预期增长率为 8%，取平均值 14%，以 2020 年为基数，到 2035 年约为 0.14×228×15+228 = 706.8，预估值为 700 件。

❺ 陕西省 2009 年至 2020 年数据显示，个别年份陕西地理标志数量增长过于迅速，因此取最近三年数据和"十四五"目标为计算基础，得出平均增长率约为 5%，以 2020 年陕西地理标志数量 139 件为基数，经测算，2035 年陕西省拥有国家地理标志商标为 0.05×139×15+139 = 243.25，预估值为 240 件。

❻ 根据陕西省 2009—2020 年地理标志产品数量，结合"十四五"预期目标，得出平均增长率约为 5%，以 2020 年陕西累计获批地理标志保护产品 86 个为基数，经测算，2035 年地理标志产品数量为 0.05×86×15+86 = 150.5，预估值为 150 个。

强，知识产权转化更加顺畅，知识产权密集型产业产值占全省GDP 的比重大幅提升，知识产权许可转让贸易额明显增长。知识产权质押融资累计金额达到 100 亿元，❶ 地理标志专用标志使用企业达到 900 家❷。

——实现知识产权高水平保护。知识产权保护体系更加完善，保护环境明显优化，行政执法效能和市场监管水平大幅提升，建成一批知识产权执法强局，知识产权执法人员达到 500 人以上，❸ 案件结案率达到98%以上❹。积极发挥西安知识产权审判庭区位优势和在知识产权司法保护领域的影响力，推动知识产权法院落地西安。多元化的知识产权维权援助机制不断健全，司法保护、行政执法、仲裁调解、维权援助、行业自律、权利人自我保护相结合的知识产权协同保护体系更加完善。知识产权保护社会满意度超过全国平均水平。

——实现知识产权高标准管理。知识产权行政管理体制更趋完善，部门沟通和协调更加高效、顺畅。企事业单位的知识产权管理能力显著增强，新增贯标单位累计达到 2500 家❺。国家及省

---

❶ 根据 2015 年至 2020 年知识产权质押融资累计金额，计算得出平均年增长率约为 10%，2035 年知识产权质押融资累计金额为 0.1×39.84×16+39.84＝103.584 亿元。

❷ 根据 2019 年、2020 年两年数据，计算得出年增长率为 26.8%，由于数据较少，故暂定长期年增长率为 20%，经测算，2035 年地理标志专用标志使用企业数量为 0.2×246×15+246＝984。

❸ 参考 2017 年《陕西省知识产权强省实施意见》以及《西安市知识产权"十四五"规划》指标。

❹ 参考 2017 年《陕西省知识产权强省实施意见》以及《西安市知识产权"十四五"规划》指标。

❺ 2016—2018 年三年贯标单位达 501 家，其中 2018 年全省新增贯标单位 175 家（170 家企业，5 家科研机构），平均每年新增贯标单位 170 家以上，截至 2025 年应达到 1350 家（省知识产权"十四五"规划设定数值为 1300 家，基本相符），以此类推，至 2035 年应达到 2750 家。考虑到随着贯标单位增多，后期增速会放缓，预设目标值为 2500 家。

级知识产权试点示范城市、园区、县（区）达到 80 家❶，知识产权优势企业和示范企业累计达到 400 家❷。

——实现知识产权高品质服务。推进知识产权服务业有序发展，提升服务机构专业化水平，知识产权高端服务供给更加充分，国家知识产权服务业集聚发展试验区达到 3 个。全省知识产权信息公共服务网点布局更加均衡，知识产权信息公共服务体系更加完善。专利、商标行业组织建立健全，行业自律，行业自我发展能力不断增强。

四、建设陕西知识产权强省的重点任务

（一）大力提升知识产权创造水平，持续培育新动能，支撑陕西产业结构转型升级

1. 强化企业知识产权创造主体地位，提升企业知识产权创造的规模、质量与水平

进一步加强企业知识产权自主创造能力。鼓励和帮助企业制定与实施知识产权战略，结合市场导向与预警分析做好知识产权布局。支持企业加大知识产权创造投入，激励企业更加注重知识产权创造质量和效益。加大重点领域、优势特色产业、战略性新兴产业专利申请和 PCT 专利申请支持力度。进一步增加企业自主商标拥有率，增加商标附加值，提高商标知名度，努力形成一批

---

❶ 截至 2018 年陕西省知识产权试点示范城市、县区、园区 48 个，考虑到省知识产权"十四五"规划确定的目标为 60 个，平均每年增加约 2 个，经测算，至 2035 年约增加至 80 个。

❷ 据统计，每年新增国家知识产权优势企业 10 家左右，示范企业 2~3 家，结合省知识产权"十四五"规划确定的 230 家的目标，至 2035 年可达到 350~360 家。考虑到培养知识产权优势/示范企业对于建设知识产权强省的重要性，建议将目标值适当扩大。

在国际国内具有较高知名度的省内品牌。支持企业加强著作权、植物新品种和集成电路布图设计登记。

加强培育知识产权密集型企业。制定《陕西省知识产权密集型企业认定办法》，统一标准，着力培育一批知识产权密集度高、国际竞争力强、能引领产业发展的知识产权密集型企业。加强分类指导，集成创新资源，促进专利密集型、商标密集型、版权密集型企业发展，并逐步推动向知识产权密集型产业转变。

加强企业协同创新能力，形成以企业为主体的知识产权协同创新体系。建立健全以市场为导向、以企业为主体的产学研知识产权协同创造体系，促进创新要素向企业聚集。积极推进混合所有制经济建设，推动央企与地方企业、国企与民企、军工与民用企业等企业之间的知识产权协同创造。

加强支撑传统产业升级换代增效。强化农业知识产权信息服务，加大农业植物新品种和涉农技术产品推广力度。增强装备制造、有色冶金、能源化工、食品加工、纺织服装等传统产业知识产权创造和运用，借助专利技术改造升级传统技术、工艺、装备。推广农户、基地、龙头企业、地理标志和农产品商标紧密结合的农产品经营模式。开展"一人一标""商标富农"工程，提高优势农产品附加值。

2. 加快培育知识产权密集型产业，促进经济发展提质增效

围绕特色优势产业和支柱产业，支持高新区、特色版权产业园区、产业集群品牌培育基地集聚知识产权资源，提高产业知识产权密集度，依靠知识产权实现产业创新发展、跨越发展。引导知识产权创新资源向陕西省航空航天、电子信息、新能源汽车等新兴产业聚集，通过市场手段和政府引导，将关联度大的专利技术进行整合，对驰（著）名商标进行重组，依靠知识产权打造产业竞争新优势。

明晰产业态势和竞争格局，研究建立知识产权密集型产业目录，选择有条件的战略性新兴产业，分类推进专利、商标和版权等密集型产业发展，开展知识产权密集型企业培育、产业导航、产品推广、海外布局、环境优化和预警分析等工作。

支持有条件的设区市、县（市区）和各级各类园区，培育发展具有区域特色知识产权密集型产业。扶持鼓励文化领域商业模式创新，加强文化品牌开发和建设，活跃文化创意产品传播，增强文化创意产业核心竞争力。

实施重点产业专利联盟推进计划。推进重点产业和产业集群以知识产权共享和共同维权为纽带，实施有效的利益协调机制和发展策略。面向产业集聚区、行业和企业，实施专利导航试点项目，开展专利布局，在关键技术领域形成一批专利组合，构建支撑产业发展和提升企业竞争力的专利储备。

3. 发挥高校院所在知识产权协同创造中的重要作用，支撑陕西重点领域和行业的知识产权发展

鼓励高校院所面向推进陕西知识产权强省建设的需求和未来产业发展，大力推进原始创新，努力在科学技术前沿领域获取具有战略储备价值的知识产权。支持高校院所针对制约产业发展的技术瓶颈，与企业开展协同创新，集成攻关，突破产业发展重大关键技术，创造一批支撑陕西支柱产业和战略性新兴产业发展的知识产权。

4. 抢抓"一带一路"重要机遇，引导知识产权产业布局，全面提高陕西知识产权创造水平

充分利用"一带一路"重要机遇和西安建设国际化大都市这一契机，加强知识产权海外布局。与"一带一路"沿线国家和地区建立知识产权联盟并开展合作，强化企业知识产权风险防范与应对措施。鼓励省内企业专利合作协定申报，提升陕西国际专利

申请水平和省内企业的国际竞争力。

(二) 进一步完善服务体系, 不断推进知识产权服务业高质量发展, 为陕西建设科技创新高地提供有力的服务保障

1. 加快知识产权公共服务平台建设, 提升知识产权公共服务的普惠性

依托高校、科研院所、骨干企业, 建设一批专业专利信息公共服务平台。推动专利、商标、版权、植物新品种、地理标志、民间文艺、遗传资源及相关传统知识等各类知识产权基础信息公共服务平台互联互通, 逐步实现基础信息共享。向所有企业和社会主体提供免费或低成本知识产权基础信息; 基本检索工具免费供社会公众使用, 提高知识产权信息利用便利度。指导有关行业建设知识产权专业信息库, 鼓励社会机构对知识产权信息进行深加工, 提供专业化、市场化的知识产权信息服务, 满足社会多层次需求。

降低门槛, 加大针对科技型中小微企业的普惠性知识产权公共服务。继续发挥省知识产权服务中心专利大数据等知识产权公共信息平台作用, 持续推进 "入企入园" 专利服务行动, 每季度向陕西省内科技型中小微企业免费推送最新专利信息; 鼓励企业建立符合自身需求的知识产权数据库; 发挥行业协会、商会等社会机构力量, 整合本行业资源, 打造行业知识产权数据库共享平台; 建议省内公共图书馆、高校图书馆、大型国有企业图书馆等有关各类知识产权信息检索库对科技型小微企业开放, 为提升科技型小微企业专利信息检索等方面的能力创造条件; 深化 "互联网+" 工程, 打造陕西知识产权公共服务 "云平台", 无偿为本省境内科技型中小微企业提供各类知识产权信息服务。

2. 提升知识产权中介机构的商用化服务能力

完善审批备案制度，支持知识产权代理、咨询、评估、法律等服务机构加快发展。支持有实力的中介机构积极开展知识产权评估、价值分析、交易、转化、质押、投融资、运营、托管等商用化服务以及专利战略分析和产品市场战略、风险评估、预警等高端咨询服务。建立并推行服务质量管理规范地方标准，促进知识产权服务更好地满足知识产权发展的需要。加强知识产权服务执业培训，切实提高知识产权服务从业人员业务素质。引导知识产权服务机构增强品牌意识，着力创建、开发和运营品牌，形成一批国内外有影响力的服务品牌。支持知识产权保护协会、律师协会等社会组织发挥自律作用，开展知识产权服务机构分级评价，建立健全信用管理制度，规范服务机构经营行为，引导服务机构高端发展。加快各类知识产权服务企业产业化、规模化发展。

3. 加快知识产权服务示范企业、优势企业培育

一方面，引导服务机构数量扩张。在积极培育本省代理机构的同时，大力引进省外甚至海外高水平代理机构参与本省市场竞争；另一方面，促进服务质量、水平和国际接轨。支持知识产权服务机构采取联合经营、上市融资等方式发展壮大，培育一批营业收入达千万元规模的知识产权服务企业。加强特色化、高端化服务，培育服务新业态。

4. 加快知识产权军民融合平台建设，深化科技型中小微企业与军工产业知识产权融合发展

积极探索军民融合新制度、新机制，降低科技型中小微企业准入门槛，扩大参与范围。同时，以发展混合所有制经济为契机，以知识产权价值运用为纽带，深化科技型中小微企业对军民

融合的参与度。

5. 构建企业知识产权托管体系

政府引导和支持行业组织、高水平知识产权服务机构、企业共同参与构建的知识产权托管工作体系，引导和支持知识产权服务机构为企业提供较低成本的专业化知识产权托管服务。

（三）加快"放管服"等领域改革，提升知识产权管理效能，强化知识产权保护，不断激发创新创业创造活力

1. 加强"放管服"改革力度

加快电子政务建设，加大知识产权相关行政管理部门的职能整合力度，打造"一站式"知识产权服务大厅，减少企业申报、维持、运用及申请资助等方面的环节与手续，切实降低企业运用知识产权的门槛，增强企业自觉、主动运用知识产权的信心。

2. 推进知识产权行政管理体制改革

创建"三位一体"或"多位一体"的知识产权管理体制。支持国家级知识产权示范园区和有条件的地区先行先试，整合专利、商标、版权等知识产权管理职能。加强县域知识产权行政管理机构建设，着力构建高新区、经济技术开发区、大学科技园、科技产业园等基层知识产权工作体系。

3. 推进知识产权贯标活动，不断完善知识产权管理机制，持续提升市场创新主体的知识产权管理能力，激发其创新活力

一是向企业大力推介《企业知识产权管理规范》，解读贯标流程、文件编写、审核实施、管理评审与体系改进以及认证准备与认证流程等内容，提高企业对知识产权贯标重要性的认识和积极开展贯标工作的主动性；二是加大对实施知识产权贯标工作的科技型中小微企业的资助与扶持力度，对取得较好成效的科技型

中小微企业加强宣传，努力在全省形成示范带动效应；三是落实对通过知识产权贯标的企业的各项政策优惠，不断扩大科技型中小微企业的贯标覆盖面。对通过贯标的企业，积极支持其优先申报国家高新企业"国家级知识产权优势企业"、优先支持设立"工程技术研究中心"，并落实相关税收优惠，对企业积极开展知识产权贯标等活动给予一定的经费支持或者其他优惠政策，引导企业重视知识产权合规经营和知识产权管理的规范化。

4. 完善重大经济活动知识产权评议制度

加强知识产权主管部门和产业主管部门的沟通协作，针对重大产业规划、政府重大投资活动等开展评议，实现重大投资项目和重大产业规划项目知识产权评议全覆盖，引导企业自主开展知识产权评议工作，规避决策知识产权风险。围绕重点产业和领域开展专利预警分析工作。

5. 建立以知识产权为重要内容的创新驱动发展评价制度

完善发展评价体系，将知识产权产品逐步纳入国民经济核算，将知识产权指标纳入国民经济和社会发展规划。在对党政领导班子和领导干部进行综合考核评价时，注重鼓励发明创造、保护知识产权、加强转化运用、营造良好环境等方面的情况和成效。探索建立经营业绩、知识产权和创新并重的国有企业考评模式。按照国家有关规定设置知识产权奖励项目，加大各类国家奖励制度的知识产权评价权重。

6. 进一步完善激励机制，充分调动各方创新主体的创造积极性

在省内知识产权发展较好的地区与行业试点和推行知识产权成果处置权、收益权改革，充分激发科研人员创造活力。如参照《财政部、科技部、国家知识产权局关于开展深化中央级事业单位科技成果使用、处置和收益管理改革试点的通知》的有关内容，学习和借鉴中关村、武汉东湖高新区等地做法，鼓励省内高校科研院所等应用科技类科研人员及青年教师开展科技创业或到高新技术区内的企业进行有利于本职工作的兼职活动，以及支持高校设立市场导向、机制完善、运行高效的技术转移转化机构，加大科研院所及其科技人员对职务作品的处置权限，加大科技创新成果收益向科研院所及其科研人员倾斜度，激发其科技创新热情。探索建立激励专利维持计划。根据企业、高校与科研院所在专利维持方面的不同特点，分类实施。对企业而言，核心是通过提升专利质量延长维持时间；对高校而言，核心是将市场化原则落实在专利创造、专利评价及相关政策中，通过激励专利转化和价值实现提升专利维持率，同时对有市场前景的专利给予减免维持费用。

（四）实行严格保护，为激发创新创造活力提供良好的市场法治环境

1. 坚持依法行政，规范行政执法，提高执法水平

制定公开知识产权行政管理部门权力清单，明确有关知识产权审批权、监督管理权等权力边界，提升各项工作法治化、规范化水平。完善知识产权行政执法地方法规规章体系，适时出台关于本省知识产权统一执法的地方性法规或规章，为规范执法提供更明确具体的法律依据。

2. 加大打击知识产权违法行为力度

严厉打击各种知识产权侵权违法行为，强化重点领域知识产权行政执法与刑事司法的协作和衔接。加大商标监管执法工作力度，严厉打击各种专利假冒侵权、侵犯注册商标专用权行为。加强战略性新兴产业、电子商务等领域及展会的专利行政执法检

查。加强对视听节目、文学、游戏网站和网络交易平台的版权监管，规范网络作品使用，严厉打击网络侵权盗版。完善软件正版化工作长效机制，有序推进党政机关、事业单位、国有企业软件正版化。

公开侵犯知识产权行政处罚案件信息，建立和实施知识产权诚信档案和重点监控制度，将知识产权恶意侵权情况纳入社会信用体系。

及时发布预警信息，推动建立丝绸之路经济带知识产权对外交流与合作平台，完善海关保护和海外维权援助机制。

3. 完善执法体系，增强执法能力

逐步完善省、市、县三级知识产权行政执法体系的建制，适时开展知识产权行政执法机构改革，在西安高新区等知识产权自主示范区开展知识产权"三合一"保护模式试点。充分发挥省知识产权协调领导小组及其办公室的职能，完善专利、版权、商标、技术标准，地理标志、植物新品种等不同行政执法部门之间对重大侵权案件的联合督办和沟通移交机制。以专利、商标、版权等管理部门为基础，整合全省知识产权行政执法力量，主动巡查侵权问题，积极开展联合行政执法活动。

4. 强化知识产权司法保护能力

推进知识产权民事、行政和刑事司法审判"三合一"改革，规范和完善知识产权司法鉴定工作，提高知识产权审判质量。推进行政执法与司法保护的衔接，加强信息共享平台建设，完善案件移送、案情通报、信息共享、委托调解、沟通协调等制度，努力形成知识产权保护合力。

5. 提升企业知识产权自我保护能力

引导和支持企业加强知识产权预警分析，通过信息检索把握行业知识产权最新动向，规避侵权风险。对企业自主知识产权在市场的运行状况进行实时追踪检测，一旦发现被侵权，立即搜集证据，依法举报，通过行政或司法渠道实施有效维权。

6. 提升知识产权法律援助能力

在省法律援助中心增设知识产权法律援助处，组织相关律师事务所、高校知识产权研究机构在重点产业园区设立知识产权法律援助站，进而形成全省知识产权维权援助网络。进一步完善和强化"12330"知识产权维权援助平台服务功能，建立和完善知识产权举报投诉受理和奖励机制，开展及时、有力的知识产权法律援助行动。

(五) 完善知识产权运用机制，大幅提升知识产权对陕西经济增长和社会发展的贡献度

1. 健全运营平台和投融资机制建设，畅通实现知识产权经济价值的渠道

(1) 推进陕西知识产权运营平台建设

做好"国家知识产权运营公共服务特色试点平台"建设工作，以此为重点，整合相关资源，加快建设"陕西省知识产权运营交易中心"。运营一批对经济增长有重大带动作用的核心专利技术，知名品牌、地理标志、版权等知识产权。鼓励社会资本参与知识产权运营，孕育一批具有较强创新实力、产品技术含量高的品牌企业。

以运营平台为支撑，引导企业之间、行业之间的知识产权池建设。通过相互授权，加强专利的利用率，同时建立起协同保护体系。以专利信息深度加工和专利技术价值分析为基础，以"盘活存量、增值增量"为目标，以"联合共建、汇集资源"为手段，打通专利供求链条，并将专利导航产业、导航项目、导航科

研等业务有机融入平台应用。

加快培育知识产权交易市场，建设一批省级专利技术展示交易中心。做大做强包括陕西省知识产权服务中心、西安科技大市场服务中心、西部版权交易中心等一批知识产权交易中介，努力建成具有知识产权招标、拍卖、挂牌转让多种功能的一体化平台和专业化市场。以西部国家版权交易中心为依托，促进版权资源更多地转化成产品。鼓励国内外高等学校、科研机构与省内企业通过专利技术转让、许可和交叉许可等形式开展产学研合作。

（2）拓展知识产权投融资渠道

支持担保机构提供相关担保服务，降低企业经营活动中的知识产权风险。以形成政府、保险、投融资公司与知识产权人风险共担的模式，降低知识产权质押风险，推动知识产权投融资活动常态化、多元化开展。

进一步完善《陕西省知识产权质押贷款管理办法（试行）》等政策法规，推动建立以金融机构、创业投资公司为主的知识产权投融资体系，引导各类信用担保机构为其提供担保服务，探索建立质押融资风险多方分担机制。

探索建立知识产权证券化交易机制，支持拥有自主知识产权的企业通过资本市场直接融资。采取政府补贴相关费/息的办法，支持拥有自主知识产权的新兴产业和支柱产业的企业发行企业债券，创造条件打造面向社会的知识产权证券、保险、基金、信托等多样式知识产权金融产品，促使更多企业尝试和享受知识产权融资之惠。

设立专利保险引导资金，深入开展专利保险试点工作。引导保险业拓展业务范围，丰富知识产权险种。

（3）完善知识产权评估机制

研究制定较为完善的知识产权资产评估规范，改进知识产权资产评估方法，为加快知识产权运用转化提供客观、公正、高效的评估依据。研究制定高校科研院所以及国企等国有知识产权评估转化机制，推动"军转民、国转社、公私混"等混合所有制经济发展，不断释放各类存量知识产权活力。加强知识产权评估机构管理，推动知识产权评估机构规模化、品牌化发展，形成具有国内重要影响力的知识产权评估机构。加强知识产权资产评估队伍建设，实行资格准入制度，不断提升从业人员的业务素质建设和职业道德水准。

（4）调整优化知识产权扶助和奖励政策

加大财税金融支持，运用财政资金引导和促进科技成果产权化、知识产权产业化。对省优秀专利项目及关键技术领域品种权、驰名商标、优秀著作权作品等进行奖励。强化对知识产权产品的推介和展示交易，各级政府部门在同等条件下，优先采购使用具有本省自主知识产权产品。

2. 大力支持众创空间等创新基地新业态建设，为创新创业提供有力支持

提炼西安光机所、西北有色院模式在孵化科技创新项目、加快科技成果转化中的有益经验，促进各类知识产权要素高效配置和有效集成，为科技型企业特别是中小微企业提供专业化服务。同时，采取对众创空间孵化项目形成的专利等知识产权优先资助等政策，使众创空间在提升品牌影响力中获取实实在在的经济效益。

3. 助力智慧城市建设，提升民众生活品质

通过减免知识产权申请费、维持费等手段，加大知识产权政策扶植力度，鼓励为民服务、城市治理、数据开放、绿色开源、网络空间等智慧城市建设领域的重大项目尽快运用实施，不断提升社会治理水平和民众生活品质。

4. 推动知识产权小镇、知识产权示范镇（乡）建设，支持新农村发展，助力乡村振兴

学习深圳等地"知识产权特色小镇"建设经验，结合"全域旅游""三产融合"等项目，深挖各地知识产权资源，打造陕西知识产权特色小镇，以知识产权引领县经济转型发展，支撑乡村产业向品牌化、高端化发展，增加农副产品、产业的附加值，支持新农村发展。

（六）加强知识产权文化建设，加大知识产权文化宣传力度，讲好陕西知识产权故事，不断彰显尊重知识、崇尚创新、诚信守法的时代新形象

一是探索构建公益主导、社会参与、技术先进、传输快捷、覆盖广泛、城乡兼顾的知识产权文化传播体系，加快知识产权宣传的常态化、规范化、制度化。

二是全面广泛报道陕西省知识产权事业取得的成就、典型代表、典型案例、重大事项，讲好陕西知识产权故事，有效激发全社会的创新热情和创造活力。

三是结合国家普法规划，在省内分类别、分层次、有重点、有针对性地开展知识产权普法教育活动，提升公众对专利、商标、版权等知识产权的认知水平，宣传知识产权对国家富强、民族振兴、人民幸福、社会和谐、国家形象提升的重要价值和意义。

四是与教育相结合，形成从小学到成人教育阶段的知识产权教育体制，使尊重知识、崇尚创新、诚信守法观念深入人心，让融入改革创新的时代精神成为社会新风尚，不断提高全民法律素质、思想道德素质和科学文化素质。

五是鼓励、支持教育界、学术界广泛参与，提高知识产权学

术和文化建设理论研究水平。在省内建立若干知识产权文化研究传播基地，支持学者深入挖掘陕西优秀传统文化，探索知识产权文化建设规律，研究知识产权文化建设的新情况和新问题。努力推出一批优秀知识产权研究成果和普及读物，引领社会广泛参与和探讨知识产权文化建设，扩大知识产权文化的社会影响力，支撑和促进中国特色知识产权文化建设。

五、建设陕西知识产权强省的保障措施

1. 强化顶层设计和完善配套政策体系

省内各级政府要充分认识到建设知识产权强省对于推动陕西创新驱动发展、促进陕西经济结构调整和经济转型升级的重大意义，要从服务适应和引领经济新常态、建成创新型陕西的大局出发，围绕建设陕西知识产权强省进行顶层设计。加快制定《陕西知识产权强省战略纲要（2021—2035）》，为推进知识产权强省工作提供政策依据。建立知识产权强省指标体系，实行目标管理，将知识产权主要指标纳入省政府考核指标体系。对全省知识产权政策法规进行必要的立改废释，完善有助于推进知识产权强省建设的政策法规体系，为建设陕西知识产权强省提供良好的制度环境。

2. 加强组织领导

发挥省知识产权工作领导小组作用，形成由各级政府主要领导负责、相关行政职能部门积极参与、相互配合的工作局面，为深化专利制度运用提供必要的人员、机构、资金等保障。各地区、各有关部门要高度重视、加强组织领导、结合实际制定实施方案和配套政策，推动各项措施有效落实。

3. 推进知识产权人才建设

一是按照高起点、高标准建设陕西知识产权智库，作为建设知识产权强省的高级智囊团;二是鼓励省内各类企业建立知识产权企业智库,为企业知识产权布局和提供预警信息分析,应对知识产权纠纷;三是组建高水平综合性的"一带一路"知识产权专业人才队伍,为"走出去"的企业提供知识产权服务;四是建立陕西知识产权研究院,吸引和聚集省内外高级研究力量为知识产权强省建设中遇到的重大问题提供对策建议;五是建立更为灵活的人才流动机制,聚集创新资源,为建设陕西知识产权强省提供人力资源保障。

4. 加大财政资金支持

建立与知识产权强省建设相适应的知识产权资金保障制度,加大各级政府财政金融对知识产权强省建设的支持力度,形成持续稳定的投入机制。引导企业加大对知识产权战略实施的资金保障,调动社会各类资本参与知识产权强省建设的各环节。逐步建立以政府投入为引导,金融信贷为支撑,企业投入为主体的多渠道、多元化资金投入体系。

主要参考文献

［1］习近平. 习近平谈治国理政（第 1 卷）［M］. 北京：外文出版社，2014.

［2］习近平. 习近平谈治国理政（第 2 卷）［M］. 北京：外文出版社，2017.

［3］习近平. 习近平谈治国理政（第 3 卷）［M］. 北京：外文出版社，2020.

［4］申长雨. 迈向知识产权强国之路（第 1 辑）［M］. 北京：知识产权出版社，2016.

［5］申长雨. 迈向知识产权强国之路（第 2 辑）［M］. 北京：知识产权出版社，2017.

［6］吴汉东. 知识产权精要：制度创新与知识产权创新［M］. 北京：法律出版社，2017.

［7］吴汉东. 知识产权法总论［M］. 北京：中国人民大学出版社，2020.

［8］俞可平. 中国如何治理——通向国家治理现代化的中国之路［M］. 北京：外文出版社，2018.

［9］杨雪冬. 国家治理的逻辑［M］. 北京：社会科学文献出版社，2018.

［10］蒋万来. 知识产权法与民法关系之研究［M］. 北京：中国社会科学出版社，2010.

［11］刘春田. 知识产权法［M］. 北京：高等教育出版社，2014.

［12］郑成思. 知识产权法论［M］. 北京：法律出版社，2003.

［13］王太平. 知识产权客体理论范畴［M］. 北京：知识产权出版社，2008.

［14］李琛. 论知识产权法的体系化［M］. 北京：北京大学出版社，2005.

［15］南振兴，温芽青. 知识产权法经济学论［M］. 北京：中国社会科学出版社，2010.

［16］冯晓青. 知识产权法利益平衡理论［M］. 北京：中国政法大学出版社，2006.

［17］黄洪波. 中国知识产权刑法保护理论研究［M］. 北京：中国社会科学出版社，2012.

［18］钱建平. 江苏省知识产权强省建设研究［M］. 北京：知识产权出版社，2015.

［19］熊绍员，张祥志. 强企支撑强省：知识产权入园强企的理论构架与江西实践［M］. 北京：知识产权出版社，2017.

［20］单晓光，姜南，漆苏. 知识产权强国之路［M］. 上海：上海人民出版社，2016.

［21］俞文华. 知识产权强国评价体系研究［M］. 北京：知识产权出版社，2016.

［22］韩忠谟. 法学绪论［M］. 北京：中国政法大学出版社，2002.

［23］彭礼堂. 公共利益论域中的知识产权限制［M］. 北京：知识产权出版社，2008.

［24］华鹰. 企业技术创新与知识产权战略［M］. 北京：科学出版社，2013.

［25］赵锐. 创意产业的知识产权保护研究［M］. 北京：知识产权出版社，2012.

［26］康德. 法的形而上学原理［M］. 沈叔平，译. 林荣远，校. 北京：商务印书馆，1997.

［27］彼得·德霍斯. 知识财产法哲学［M］. 周林, 译. 北京: 商务印书馆, 2019.

［28］卡尔·波普尔. 客观知识［M］. 舒炜光, 卓如飞, 梁永新, 等译. 上海: 上海译文出版社, 1987.

［29］孟德斯鸠. 论法的精神［M］. 张雁深, 译. 北京: 商务印书馆, 2010.

［30］哈特. 法律的概念［M］. 许家馨, 李冠宜, 译. 北京: 北京大学出版社, 2006.

［31］库恩. 科学革命的结构［M］. 李宝恒, 纪树立, 译. 上海: 上海科学技术出版社出版, 1980.

［32］库恩. 必要的张力［M］. 纪树立, 译. 福州: 福建人民出版社, 1981.

［33］雷炳德. 著作权法［M］. 张恩民, 译. 北京: 法律出版社, 2004.

［34］莫诺·卡佩莱蒂. 福利国家与接近正义［M］. 徐俊祥, 译. 北京: 法律出版社, 2000.

［35］富田彻男. 市场竞争中的知识产权［M］. 廖正衡, 金路, 张明国, 等译. 北京: 商务印书馆, 2004.

［36］布拉德·谢尔曼, 莱昂内尔·本特利. 现代知识产权法的演进: 英国的历程（1760—1911）［M］. 金海军, 译. 北京: 北京大学出版社, 2012.

［37］迈克尔·A.埃因霍温. 媒体、技术和版权［M］. 赵启彬, 译. 北京: 北京大学出版社, 2012.

［38］卡拉·A.赫茜. 知识产权的兴起: 一个前途未卜的观念［M］//金海军, 译. 刘春田. 中国知识产权评论（第三卷）. 北京: 商务印书馆, 2008.

［39］习近平. 全面加强知识产权保护工作 激发创新活力推动构建新发展格局［J］. 求是, 2021（3）.

［40］易继明. 历史视域中的私法统一与民法典的未来［J］. 中国社

会科学, 2014 (5).

[41] 徐元. 美国知识产权强保护政策的国际政治经济学分析 [J]. 宏观经济研究, 2014 (4).

[42] 安雪梅. 现代民法典对知识产权制度的接纳 [J]. 法学论坛, 2009 (1).

[43] 吴汉东. 中国知识产权法制建设的评价与反思 [J]. 中国法学, 2009 (1).

[44] 吴汉东. 国家软实力建设中的知识产权问题 [J]. 知识产权, 2011 (1).

[45] 吴汉东. 论知识产权一体化的国家治理体系——关于立法模式、管理体制与司法体系的研究 [J]. 知识产权, 2017 (6).

[46] 冯晓青, 刘淑华. 试论知识产权的私权属性及其公权化趋向 [J]. 中国法学, 2004 (1).

[47] 董涛. "中国特色知识产权理论体系" 论纲 [J]. 知识产权, 2013 (5).

[48] 熊文聪. 知识产权权利冲突：命题的反思与检讨 [J]. 法制与社会发展, 2013 (3).

[49] 李琛. 质疑知识产权之 "人格财产一体性" [J]. 中国社会科学, 2004 (2).

[50] 张玉敏, 易健雄. 主观与客观之间——知识产权信息说的重新审视 [J]. 现代法学, 2009 (1).

[51] 张玉敏. 谈谈知识产权的法律特征 [J]. 中国发明与专利, 2008 (4).

[52] 张艳梅. 论知识产权法的公共领域：利益冲突之镜像 [J]. 社会科学战线, 2013 (8).

[53] 李杨. 著作财产权客体结构中的使用行为——审视著作权法权利作用 "焦点" 的一个阐释进路 [J]. 法制与社会发展, 2012 (3).

[54] 田力普. 国内外知识产权最新形势分析 [J]. 知识产权, 2014 (1).

[55] 张道许. 知识产权保护中 "两法衔接" 机制研究 [J]. 行政法

学研究，2012（2）.

[56] 余海燕. "智力成果权"范式的固有缺陷及危机——兼论知识产权统一性客体 [J]. 理论导刊，2011（7）.

[57] 陈婉玲. 经济法调整：从"权力干预"到"法律治理" [J]. 政法论丛，2014（1）.

[58] 李芬莲. 中国知识产权行政执法的困境及出路 [J]. 广东社会科学，2014（3）.

[59] 杨代雄. 我国未来民法典中知识产权规范的立法模式 [J]. 上海商学院学报，2012（4）.

[60] 尹锋林. 知识产权法院建设刍议 [J]. 前线，2014（1）.

[61] 李亚杰. 试析知识产权权利冲突及其协调 [J]. 长沙大学学报，2013（3）.

[62] 刘祥超. 权利的性质探析 [J]. 桂海论坛，2013（2）.

[63] 姜芳蕊. 知识产权行政保护与司法保护的冲突与协调 [J]. 知识产权，2014（2）.

[64] 冯晓青. 论利益平衡原理及其在知识产权法中的适用 [J]. 江海学刊，2007（1）.

[65] 张勤. 知识产权客体之哲学基础 [J]. 知识产权，2010（3）.

[66] 刘雪凤，许超. 知识产权全球治理的结构功能主义解读 [J]. 中国行政管理，2011（9）.

[67] 刘雪凤. 知识产权治理中的利益平衡机制——基于参与主体多元化的视角 [J]. 科技进步与对策，2010（11）.

[68] 朱一飞. 论知识产权行政执法权的配置模式 [J]. 法学杂志，2011（4）.

[69] 张艳梅. 私权扩张的限制与公共利益的重构 [J]. 求索，2011（7）.

[70] 蒋秋明. 司法理性与法律治理 [J]. 学海，2004（6）.

[71] 唐添雄. 范式与理性：知识产权法学现代性的演进 [J]. 法学杂志，2011（9）.

[72] 高轩，伍玉娣. 非物质文化遗产的私权性及其体现 [J]. 河北

学刊，2012（5）.

［73］刘华. 利益共同体意识下知识产权文化治理结构的整合与优化
［J］. 华中师范大学学报（人文社会科学版），2021（6）.

［74］王坤. 知识产权对象中存量知识、增量知识的区分及其功能
［J］. 浙江社会科学，2009（7）.

［75］马一德. 全球治理大局下的知识产权强国建设［J］. 知识产权，
2021（10）.

［76］李娜，蔡琳. 论我国知识产权创造行为保护的二元结构与法律
调整［J］. 青岛社会科学，2019（2）.

［77］葛现琴. 论知识产权领域的私权保护与社会公共利益博弈［J］.
理论学刊，2005（9）.

［78］王坤，李春成. 知识产权创造与高技术产业发展关系研究——
以京津冀地区为例［J］. 科技管理研究，2017（13）.

［79］张月花，高敏，薛平智. 陕西省高新技术产业知识产权创造能
力评价研究［J］. 科技进步与对策，2017（14）.

［80］宋河发. 激励知识产权创造运用和创新的增值税优惠政策研究
［J］. 知识产权，2016（12）.

［81］向波. 知识产权正当性理论之批判分析［J］. 理论界，2011（1）.

［82］牛士华. 江苏省高校专利转化运用的困境与突围路径［J］. 中
国高校科技，2020（11）.

［83］邓相军，张靖. 提升高校专利质量促进转化运用工作思考与探
究［J］. 中国高等教育，2020（17）.

［84］袁慧，马建霞，王媛哲. 专利运营模式发展研究及其在国内外
运用的对比分析［J］. 科技管理研究，2017（24）.

［85］曾金晶，张文德. 基于系统动力学的企业专利运用法律风险研
究［J］. 科技管理研究，2017（16）.

［86］刘珊，庄雨晴. 从冲突、融合到战略运用——专利与技术标准
研究综述与展望［J］. 管理学报，2016（4）.

［87］毛昊. 专利运用引发的制度冲突及其化解途径［J］. 知识产权，

2016（3）.

[88] 郭爱君，雷中豪. 加强知识产权保护能否促进我国产业结构转型升级 [J]. 中国地质大学学报（社会科学版），2021（6）.

[89] 杨庆庆. 现代农业发展战略下植物新品种的知识产权保护法规建设 [J]. 分子植物育种，2021（20）.

[90] 徐磊，宋泓锑，徐亮. 知识产权保护视角下双向 FDI 的区域创新驱动机制研究 [J]. 云南财经大学学报，2021（10）.

[91] 陈伟，刘颖华. 区块链技术应用于知识产权保护的有关问题探讨 [J]. 科技与法律，2021，（5）

[92] 刘庆. 生物多样性保护知识产权条款的功能：危机与应对 [J]. 中国环境管理，2021（4）.

[93] 夏道虎. 最严格知识产权司法保护的三大核心要义 [J]. 中国应用法学，2021（4）.

[94] 孙山. 法益保护说视角下知识产权法的概念还原与体系整合 [J]. 浙江学刊，2021（4）.

[95] 赵云海. 国外知识产权贸易保护的实践经验及其对中国的启示 [J]. 价格月刊，2021（6）.

[96] 姚林青. 知识产权保护促进影视文化市场供给侧改革 [J]. 人民论坛，2021（17）.

[97] 万勇. 新型知识产权的法律保护与国际规则建构 [J]. 中国政法大学学报，2021（3）.

[98] 邵思蒙. "后 TRIPS 时代"我国国际知识产权保护路径 [J]. 人民论坛·学术前沿，2021（4）.

[99] 万志前，张文斐. 知识产权视角下农民品种保护的规范构造 [J]. 华中农业大学学报（社会科学版），2021（2）.

[100] 曾望军. 制度与模式：知识产权转化运用创新探索——基于 H 省高校知识产权中心项目的实践分析 [J]. 中国高校科技，2020（10）.

[101] 陶一桃，张超. 中国自贸试验区健全知识产权运用体系的实践

与发展路径［J］.经济体制改革，2019（5）.

［102］华劼.区块链技术与智能合约在知识产权确权和交易中的运用及其法律规制［J］.知识产权，2018（2）.

［103］李文丽，陈景翊.运用知识产权推动战略性新兴产业发展的对策［J］.经济纵横，2014（11）.

［104］邵兴东.外向型企业应积极实施知识产权管理规范贯标［J］.对外经贸实务，2019（11）.

［105］邢战雷，马广奇.陕西高校知识产权贯标创新实践的思考［J］.科技管理研究，2018（18）.

［106］许燕，麻思蓓，郑彦宁，等.科学数据的法律属性与知识产权管理［J］.科技管理研究，2020（22）.

［107］宋河发.财政性知识产权国有资产管理与权利下放研究［J］.科学学研究，2021（5）.

［108］刘成杰.我国知识产权管理体制改革成果与遗留问题对策研究［J］.河南社会科学，2020（9）.

［109］徐亮，徐磊.知识产权管理视域下中外专利资助政策比较［J］.学术交流，2020（6）.

［110］陈春霞，陈春莲.关于我国大学知识产权管理机构设置研究［J］.教育理论与实践，2020（12）.

［111］朱雪忠，胡锴.中国知识产权管理40年［J］.科学学研究，2018（12）.

［112］何培育，涂萌.知识产权行政管理体制变迁及其走向［J］.改革，2018（3）.

［113］徐波，刘辉.知识产权综合管理改革背景下知识产权行政执法探析［J］.电子知识产权，2018（1）.

［114］谢地.试论国有科技成果知识产权管理制度的完善思路［J］.中国行政管理，2018（1）.

［115］董莎，陈汉君.科技型中小企业知识产权信息管理平台构建研究［J］.电子知识产权，2017（5）.

[116] 赵霞. 论知识产权法的体系化 [J]. 理论界, 2014 (4).

[117] 任声策, 胡尚文. 面向 2035 年促进科技型中小企业知识产权发展的对策研究 [J]. 中国科技论坛, 2021 (6).

[118] 马彧崧, 齐天凤. 科技型中小企业知识产权融资服务体系探究 [J]. 学术交流, 2018 (8).

[119] 于立强. 科技型中小企业知识产权质押融资模式探究 [J]. 科学管理研究, 2017 (5).

[120] 潘香岑, 刘凤侠. 我国高校图书馆知识产权信息服务发展研究 [J]. 图书馆工作与研究, 2021 (11).